대한책략

대한책략

최재덕 지음

논형

대한민국
청년들에게

책을 펴내며

미 · 중 패권전쟁과 일본 경제보복이 심화되고 동북아시아의 급변하는 상황 속에서 한국의 지정학적, 외교 · 안보적 고민이 깊어지는 지금, 필자는 그동안의 연구를 바탕으로 한국의 미래를 위한 길, 한국이 처한 동북아시아의 상황과 미 · 중 · 일 · 러 4강과의 관계에 대한 점검, 불확실성이 높은 국제정치 상황 하에서 한국이 나아갈 길에 대해 논의하고 함께 고민해 보고자 한다. 북한의 비핵화 선언, 남북 정상회담, 북 · 미 정상회담, DMZ 남 · 북 · 미 정상회동 등이 이어지면서 한반도는 평화체제의 대전환기를 맞이하였고 한반도 평화에 세계의 이목이 집중되고 있다. 한국이 속한 유라시아와 동북아시아는 갈등과 협력이 혼재한 가장 역동적인 지역이면서 불확실성이 높은 지역이다. 가장 역동적이고 불확실성이 높은 동북아시아 정세에도 불구하고 어느 때보다 한반도 평화에 대한 4강의 높은 지지를 얻고 있다. 한국은 이 기회를 살려 한반도의 완전한 비핵화, 한반도의 평화체제 정착, 남북한 공동 번영을 이루어내길 간절히 바란다.

지난 30년간의 중국의 부상과 최근 일대일로, 중국제조 2025, 강군전략 등을 통해 중화민족의 위대한 꿈, 중국몽(中國夢)을 실현하기 위해 맹렬하게 전진하는 호전적인 중국의 모습은 2차 세계대전 후 미국이 재편한 세계질서 속에서 지난 150년 동안 잃어버렸던 중국 중심의 국제질서를 구축하고 사회주의 강대국을 이루려는 중국의 총력전이라고 할 수 있다. 이에 미국은 중국의 부상을 예의주시했지만 2008년 금융위기와 9·11 사건 이후 테러와의 전쟁, 중동분쟁 개입 등으로 중국의 동아시아 질서 재편 움직임에 적극적으로 대응할 수 없었다. 그러나 셰일가스 혁명은 미국이 더 이상 에너지 수송을 위해 중동 분쟁과 해상 안전에 몰입하지 않아도 되며, 에너지 독립뿐만 아니라 에너지 수출국이 됨으로써 미국 제조업의 회생과 경제성장의 기반을 마련했다. 미국의 에너지 독립은 미국의 지정학적 가치를 중동에서 동북아로 옮기는 데 결정적인 역할을 했고, 2011년 오바마 정부의 '아시아 재균형 전략'이 트럼프 정부의 '자유롭고 개방된 인도-태평양 전략(Free and Open Indo-Pacific Strategy)'으로 대체되면서 대중국 봉쇄전략이 본격화되었다.

따라서 도전국 중국과 패권국 미국의 대결은 이미 예정된 것이었고 정치·경제·외교·안보 등 다각도에서 갈등과 긴장이 심화되어 무역분쟁으로 분출되었다고 볼 수 있다. 더욱이 무역전쟁은 패권전쟁의 시작인 동시에 자존심 대결로 치달으면서, 양국은 큰 손해를 감수하고서라도 목적 달성을 위해 포기할 수 없는 장기전을 치를 가능성이 높다. 미·중 무역분쟁이 장기화되면서 미·중 수출의존도가 37%에 이르는 한국은 고민이 깊어지고 있다. 한국 경제의 높은 대중국 경제의존도와 대중국 중간재 수출 편중은 미·중 갈등 상황에서 한국 경제의 아킬레스건이다. 더욱이 주한미군의 사드배치와 그에 따른 중국의 경제보복으로 미·중 갈등이 한국에 투사되었을 때 한국이 겪었던 경제적·외교적 어려움을 반추한다면, 양국의 자존심을 건 패권전쟁에 대한 한국의 대응전략 수립이 그 어느 때보다 중요하다.

2차 세계대전 이후 미국이 구축한 자유무역체제와 항행의 자유로 쇠퇴했던 지정학이 21세기 보호무역과 자국중심주의에 의해 다시 강화되고 있다. 특히 지난 30여 년간 세계 경제를 주도해 온 동북아시아에서 4강을 중심으로 지정학적 경쟁은 심화되었다. '일대일로'로 자국 중심의 질서 확립과 역내 통합을 이루려는 중국, '인도-태평양 전략'과 미 · 중 무역전쟁을 중심으로 중국의 팽창을 저지하면서 흔들리는 아시아에서 패권을 지키려는 미국, 에너지 협력 · 신동방정책을 중심으로 강한 러시아를 표방하면서 동아시아와의 협력을 모색하는 러시아, 미 · 일 동맹을 강화하면서 인도양을 넘어 아프리카까지 영향력을 확장하는 일본까지 동북아는 미국 · 중국 · 일본 · 러시아의 지정학 전략으로 자국의 이익을 극대화하려는 강대국의 각축장이 되었다. 한국은 지정학적으로 동북아 4강의 중심과 미 · 중 대결구도 사이에 있으며, 미국의 '인도-태평양 전략'과 중국의 '일대일로 전략'의 최접점에 위치해 있다.

그동안 한국은, 안보는 미국, 경제는 중국에 의존하면서, 미 · 중 사이에서 전략적 모호성을 최선으로 선택하였다. 하지만 이런 한국의 대응은 중국에는 한국을 얕잡아 보는 빌미를 제공하고, 미국에는 동맹국으로서 신뢰를 주지 못한다는 불신을 갖게 했다. 결과적으로, 미 · 중 모두에게 한국은 기회주의적이라는 이미지를 주어 마이너스 효과를 가져왔다. 미 · 중 갈등이 극대화된 상황에서 한국은 경제적 피해를 최소화하고 동북아 중견국으로서 경제적 · 외교적 · 지정학적 위상을 지키기 위한 국가전략 차원의 대비책 마련과 한국 경제의 구조적 체질 개선이 시급함을 깨닫고, 원칙과 일관성 있는 한반도 미래전략을 수립하는 기회로 삼아야 한다.

한 · 미동맹을 기반으로 한 안보 및 국제정치적 영향력 강화와 한 · 중 경제협력을 동력으로 한 경제발전은 미 · 중 관계가 협력 관계일 때는 양립이 가능하다. 그러나 미 · 중 패권전쟁과 같은 장기적 갈등 상황에서 끊임없이 양자택일을 강요받고, 그 선택에 대한 책임이 경제적 타격 및 국제 사회에서의 외교적 고립으로 귀결됨으로써 지정학적 딜레마에 빠지게 될 것이다. 이러한 상황은 미 · 중이 그들의 갈등을 한국에 투사함으로써 구한말 한반도가 강대국들의 이권 다툼의 각축장이 되었던 것과 같은 상황이 벌어질 수 있다. 우리가 미 · 중 무역분쟁을 가장 민감한 현안으로 받아들이는 것은 한국이 희생양이 될지 모른다는 불안감, 미 · 중 선택의 딜레마, 우리 경제 대응전략의 부재라는 실존적 고민에 직면했기 때문이다. 이럴 때일수록 미 · 중 무역분쟁이 미 · 중 패권전쟁의 시작이라는 현실을 직시하고, 시대적 · 공간적 · 시간적 프레임에 따라 한국이 처한 상황을 다각도로 분석해야 한다. 따라서 한국 경제의 대응전략도 거시적 관점에서 한반도의 전략적 지정학의 수립, 4강과의 협력적 파트너십 유지, 신남방 · 신북방 정책 가속화와 경제적 · 외교적 공간의 확장을 염두에 두고 미시적 전략 수립이 이루어져야 한다.

미 · 중 무역전쟁은 미 · 중 무역협상에서 합의를 이루더라도 중국굴기가 계속되는 한 또 다른 양상으로 미 · 중 패권전쟁은 계속될 것이다. 현 시점에서 이분법적으로 우리나라가 어느 편에 설 것인가를 논하기 어렵다. 소규모 개방경제인 한국의 입장에서는 미 · 중 양국이 합의점을 찾아

빠른 시일 내에 미 · 중 무역협상이 타결되길 바란다. 그러나 멀리 볼 때 미 · 중 패권전쟁이 어떤 방식으로든 장기간 계속되고 갈등이 지속된다면, 지정학적으로 국경을 마주하고, 또한 한국 경제에 막대한 영향을 미치고 있는 중국이 실행하는 혹은 실행하려고 하는 자국 중심 질서 창출에 대한 전략들과 그 영향들이 한국의 경제와 미래에 미칠 영향을 바로 알아야 한다. 그래야 한국은 중국과의 협력적 파트너십을 유지하고 갈등 관계를 풀어나갈 해법을 찾을 수 있다. 그런 의미에서 이 책은 필자가 지난 2년간 동북아시아 정세와 중국의 일대일로 전략 분석, 한반도 평화체제 구축 하에서 남북한의 주도권 강화 방안, 중 · 러 관계 긴밀화에 대한 한국의 대응, 북방 경제협력, 차이나 리스크에 대해 연구한 자료들을 토대로 만들어졌다.

제1장에서는 한국을 비롯하여 전 세계가 당면한 가장 큰 문제인 미 · 중 무역전쟁의 의미와 전망에 대해 살펴보고 미국과 중국에 가장 큰 영향을 받는 한국은 어떠한 대응을 해야 하는가에 대한 고민을 함께 나누고자 하였다. 특히, 미 · 중 무역분쟁은 중국이 지난 30년간의 고도성장의 부작용인 차이나 리스크를 촉진하고 중국발 금융위기 가능성을 높이기 때문에 이에 대해서도 한국은 국가적 전략을 세워야 한다. 차이나 리스크의 내 · 외부적인 요인과 한 · 중 경제협력의 취약점, 차이나 리스크 발생시 한국 경제에 미치는 영향을 알아보고, 한국 경제의 손실을 줄일 수 있는 방안을 모색해보고자 한다.

제2장은 중국 중심의 질서 구축과 위대한 중화민족의 부흥을 지향하는 중국의 지정학 전략의 핵심인 일대일로를 다루었다. 2013년 중국이 사활

을 걸고 시작한 일대일로 전략은 고대 동서양 교통로였던 육상 · 해상 실크로드를 확장하여 경제협력을 통해 개발도상국들의 경제성장을 돕고 침체된 세계 경제의 신성장동력을 제공하여 이익공동체, 운명공동체, 책임공동체를 실현하자는 계획이다. 또한, 교통인프라 건설, 기술 표준화 시스템 연계 강화, 자유무역 확대, 금융협력강화 등의 실질적인 목표를 이루려는 전략이다. 그러나 중국은 이를 통해 중국의 팽창과 지역패권주의를 강화하고 부채외교로 협력국의 경제 상황을 더욱 악화시키는 결과를 초래하였고, 부채 미상환에 대한 대가로 지정학적 요충지에 건설된 인프라, 지하자원이나 토지에 대한 소유권을 요구하는 등 그 과정에서 많은 문제점을 야기하였다. 이 장을 통해 중국이 대외적으로 선포하는 평화담론 이면의 일대일로 사업 협력의 문제점을 밝히고자 하였다.

제3장은 북한 문제와 안보 불안으로 한반도를 일대일로 전략에 포함시키지 않았던 중국이 평양공동선언 직전에 한반도에 대한 일대일로 확장 계획을 발표한 중국의 의도를 파악한 내용으로, 한반도 신경제지도와 일대일로 협력의 기회요인과 위협요인에 대해 고찰하였다. 남북 정상회담과 북 · 미 정상회담으로 한반도 비핵화와 평화체제 구축에 대한 논의가 이루어지면서 북 · 중, 북 · 러 접경지역을 중심으로 한 일대일로 협력과 북방 경제협력에 대한 논의가 활발히 이루어졌다. 한반도 신경제지도와 일대일로의 협력은 한국의 전략적 다자 경제협력 공간의 확보, 한반도의 동아시아 물류 허브 실현, 남북한이 주도하는 동북아 경제협력의 기회임과 동시에, 미 · 중 갈등으로 인한 일대일로 사업 중단, 중국의 북한 인프라 건설과 이익 독점, 경제성이 결여된 사업 진행, 중국 자본 투자에 대

한 과도한 요구와 북한 경제 잠식 우려 등의 위협요인이 반드시 고려되어야 한다는 내용을 담고 있다. 일대일로 사업이 전 세계에서 활발히 이루어지고 있지만, 그로 인해 양산된 문제점이 적지 않고 국가의 핵심 이익을 침해할 수 있는 중대한 문제이므로 한국의 일대일로 참여에는 반드시 위협요인에 대한 면밀한 검토가 이루어져야 한다.

제4장에서는 중국과 러시아 관계의 긴밀화와 지속가능성 그리고 중·러 관계에 영향을 미치는 변수에 대해 살펴보고 중·러의 한반도 전략과 이에 대한 한국의 대응은 어떠해야 하는지 논의하였다. 미국과 서방세력의 압박에 공동 대응하기 위해 유라시아 대륙의 두 강대국 중국과 러시아가 다방면에서 긴밀한 협력 관계로 발전하며 동북아시아의 지정학 지형에도 큰 영향을 미치고 있다. 최근 중·러 관계의 긴밀화 동향을 외교, 경제, 군사·안보, 에너지 분야까지 분석하고 발전적인 한·중, 한·러 관계를 모색하고자 한다.

제5장에서는 21세기 동북아 정세와 동북아에서 이루어지고 있는 4강의 지정학 전략, 이 지정학 전략을 강하게 뒷받침하고 있는 지경학 전략에 대해 분석하고 한반도 전략적 지정학 정립의 필요성과 요건, 지정학 전략으로서의 신북방·신남방 정책, 신남방 정책과 인도-태평양 전략의 협력이 한반도 지정학에 갖는 함의를 살펴보고자 한다. 한국은 강대국에 의해 규정된 지정학의 결정론적, 숙명론적 상황에서 벗어나 해륙국가로서의 위상을 정립하고, 동아시아 중추 국가로서 경제영토를 확장하며, 지정학을 뒷받침하는 지경학적 전략을 포함한 한반도의 전략적 지정학을 정립해야 함을 피력하고자 했다. 한반도 평화체제와 미래 한반도

100년을 준비하는 한국의 경제 · 외교 · 안보 측면에서 한반도의 전략적 지정학의 수립이 자강의 길임을 주장하였다.

제6장에서는 한반도 평화의 시대를 준비하면서 한반도에 대한 남북한의 주도권 강화방안을 지경학적 방안인 남북한 중심의 경제협력과 남북한과 제3국과의 경제협력에서 찾고자 했다. 남북한 중심의 경제협력은 개성공단과 남북철도연결 사업을, 남북한과 제3국과의 경제협력은 남 · 북 · 러 가스관 연결사업, 남 · 북 · 러 송전망 연결과 동북아 수퍼그리드를 중심으로 살펴보고, 남북한 경제협력이 나아갈 방향을 모색하였다. 남북한 중심의 지경학적 요소의 강화는 한반도에서 강대국들을 한반도 평화체제의 이익공유 주체로 참여시킴으로써 남북한 주도권 강화와 한반도 평화정책으로 이어질 것으로 보았다.

제7장에서는 북방 경제협력과 한반도의 미래에 대해 다루면서 역대 정권의 북방정책의 흐름과 한계점, 에너지 패러다임의 변화와 북방 경제협력의 방향과 전략에 대해 논의하였다. 아울러, 신재생에너지와 에너지 수퍼그리드의 실현가능성, 러시아의 신동방정책 추진을 위한 법 · 제도적 보완과 정책적 노력, 북한을 통한 남 · 북 · 러 에너지 협력의 가능성과 난제에 대해 고찰했다.

마지막으로 제8장에서는 항구적 한반도 평화를 위한 최상의 시나리오에 대해 언급하였다. 필자는 한반도에 가장 좋은 시나리오를 남 · 북 · 미 · 러의 협력으로 상정하였다. 미국이 미 · 중 패권전쟁 전략으로 친러 정책을 추진하여 미 · 러 관계를 회복할 경우, 중 · 러 관계가 약화되어 러시아로 인한 중국 견제가 가능해지고, 남 · 북 · 미 · 러의 협력 관계로 동북아의 평화와 번영, 한반도 신경제지도 완성, 대중·대일과의 대등한 외교 관계 정립이 가능할 것으로 예상한다. 이 시나리오는 한반도의 미래를 위해 최적화된 지정학 상황을 설정하고자 노력한 것이다. 현재 시점에서 실현가능성이 낮더라도 30여 년 후인 2050년, 한반도의 평화와 번영을 위해 동북아 4강과 한반도 평화 이익을 공유하여 상생과 협력으로 지켜지는 한반도 평화를 위한 시나리오이다.

책을 출간하려는 시점에 일본 경제보복이 발생하였다. 일본은 반도체 핵심 소재에 대한 한국 수출을 제한한 데 이어, 한국을 백색국가에서 제외하였고, 한국도 강제징용 배상판결을 이유로 보복성 경제제재를 단행한 일본에 강경대응을 준비하고 있다. 한국은 올해 3·1운동과 대한민국 임시정부 수립 100주년을 맞았다. 100년 전 역사의 매듭을 풀지 못해 한일 관계가 악화일로에 있는 것이 안타깝다. 역사적 정당성을 가진 우리 나라가 일본의 부당한 경제보복과 역사적 과오를 바로 잡아야 함은 명백하다. 다만, 양국 관계가 매듭을 풀고 상생하는 발전적인 방향으로 나아가야 한다는 의미로 일본 경제보복과 한국의 대응을 모색해보았다.

이 책의 내용은 과거의 내용이 일부 포함되었을 수 있지만 대부분 2년 이내의 한국이 처한 상황들을 배경으로 하고 있으며, 그 당시 예측된 내용을 담고 있어 시점을 그대로 유지하고 있음을 미리 밝혀둔다. 최근 연구 자료를 바탕으로 책을 출간하는 데 있어 부담과 염려가 있지만, 한국의 미래를 걱정하는 한 개인으로서, 동아시아 국제 관계와 남북 관계를 연구하는 연구자로서 한국이 처한 현안에 대한 생각과 고민을 나누고 한국의 경제·외교·안보에 대한 미래지향적인 견해를 밝히고자 함이니,

부족한 부분은 후속 연구에서 더 보완하도록 노력할 것이다.

지금 우리는 구한말 자강의 기회를 살리지 못하고 제국주의의 침략에 대응하지 못했던 실패를 거울삼아 한반도 미래 100년을 설계해야 할 중대한 시점에 있다. 필자는 이 책을 통해 이 시대의 미래를 고민하는 청년들에게 꿈과 희망을 제시하여, 변화하는 한반도의 도전과 기회가 개인에게도 도전과 기회가 되길 바란다.

'하면 된다'와 '잘 살 수 있다'라고 외치던 구호가 우리의 유일한 자원이었다. 전 세계에 한류 열풍을 일으킨 문화강국이다. 대한민국은 지금까지 국가적 도전 앞에 물러서지 않고 응전하며, 위기를 통해 발전해 왔다. 한국은 현재의 미 · 중 패권전쟁, 일본경제보복, 북한 핵문제도 위기를 기회로 만드는 역사를 다시 쓰게 될 것이다!

꿈을 가진 나라는 미래가 있다. 우리는 독립의 꿈, 민주화의 꿈, 경제성장의 꿈을 꾸었고 이루어냈다. 지금은 한반도 평화와 통일의 꿈을 꾸고 있지 아니한가. 늘 그래왔듯이 희망과 용기, 자강(自强)의 노력이 우리의 든든한 밑천이다.

대한민국, 미래가 있다.

차례

1장

미 · 중 무역전쟁과 한국의 대응

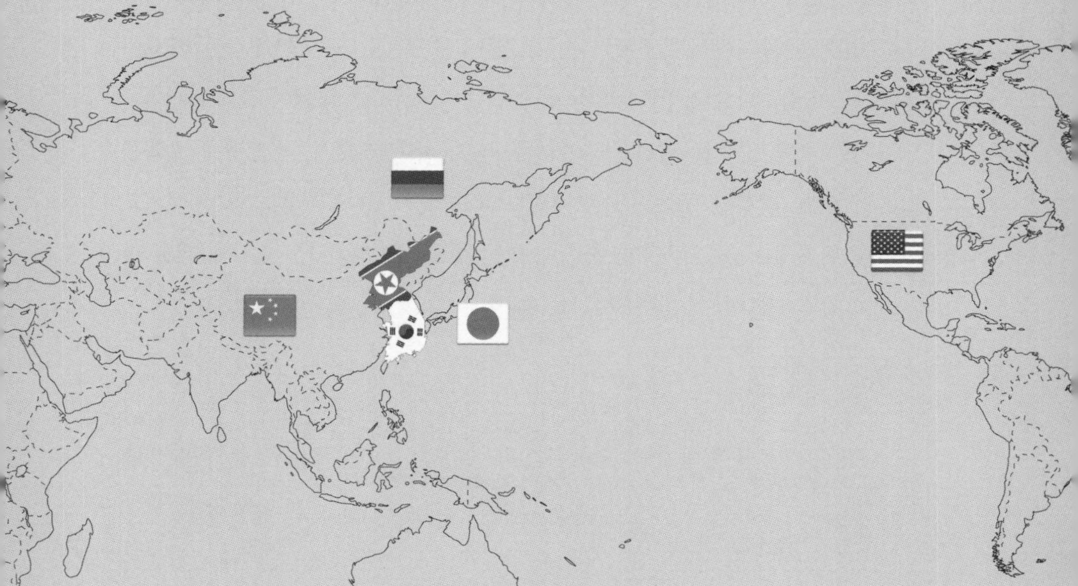

미 · 중 무역전쟁은 지난 2018년 한 해 동안 글로벌 교역질서의 위축과 경기둔화 · 금융시장 충격을 초래한 최대 악재로 작용하며[1] 글로벌 경제의 경직성과 중국발 금융위기에 대한 불안감을 고조시켰다. 정치 · 경제 · 군사 · 안보 영역에서 미국과 중국은 첨예하게 대립하고 있다. 심화하는 중국위협론은 미 · 중 간의 무역전쟁으로 표출되었다.

본 장에서 첫째, 장기전으로 돌입한 미 · 중 무역전쟁의 전망, 한국에 미칠 영향과 대응방안에 대해 알아보고자 한다. 둘째, 세계 경제의 저성장 기조, 중국의 경제성장률 하락과 부채증가로 점증하는 차이나 리스크의 원인과 한국의 대응방안에 대해 논의하고자 한다. 셋째, 한반도 평화시대에 북 · 중 접경지역에서의 경제협력, 남 · 북 · 중 경제협력, 동북아 경제안보공동체 형성 등에서, 한국의 높은 대중국 의존도는 중국과 대등한 협력을 불가능하게 하는 장애 요인이 될 수 있다는 점을 피력하고자 한다. 지정학적으로 한국은 중국과 긴밀한 협력 관계를 구축해야 한다. 하지만 지나치게 높은 대중국 의존도는 한국 경제의 중국경제 동조화를 촉진하고, 경제적 종속을 야기시킴으로써 한 · 중 경제협력의 안정성과 외교적 자주성을 확보하기 어렵게 만들기 때문이다. 사드배치에 대한 중국의 경제보복이 그 대표적인 예이다.

＊ 이 장은 최재덕, “차이나 리스크에 대한 대비와 한반도의 전략적 지정학 정립의 필요성”, 『슬라브 학보』 제34권 2호를 중심으로 재구성한 것이다.

1) 장재은, “[무역전쟁 1년] 공정무역 빙자한 미 · 중 패권 다툼…지구촌 전쟁터로”, 『연합뉴스』 (검색일: 2019.03.17.)

1. 미 · 중 무역전쟁 전망과 한국에 미칠 영향

미 · 중 무역전쟁의 전개

트럼프 대통령은 2018년 3월 무역법 301조에 의거, 중국의 지적재산권 침해에 대한 대응으로 관세부과, 세계무역기구(WTO) 제소, 대미 투자제한 등을 골자로 하는 행정명령에 서명하였다. 미국은 수차례에 걸쳐 중국 수입품에 고율 관세를 부과하였고 중국은 매번 보복관세를 부과하면서 전면전으로 돌입했다.[2)]

[표 1] 미 · 중 분쟁 경과 (2019.05.22. 기준)

구분	미국측		중국측	
	일시	세부 내용	일시	세부 내용
1차	'17.8.18	대중 '슈퍼 301조' 발동	'17.8.21	미국의 '보호무역주의' 강력 비판
2차	'18.7.6	340억 달러, 818개 품목 관세 25% 부과	동일자	340억 달러, 545개 품목(주로 농산품) 관세 25% 부과
3차	'18.8.23	160억 달러, 279개 품목 관세 25% 부과	동일자	160억 달러, 114개 품목(주로 에너지) 관세 25% 부과
4차	'18.9.24	2,000억 달러, 5,745개 품목 관세 10% 부과	동일자	600억 달러, 5,140개 품목(주로 농산품) 관세 5%, 10%(2단계) 차등 부과
5차	'19.5.10	4차 대상 품목 관세 25%로 상향	'19.6.1	4차 대상 품목 관세폭 5~25%(4단계)로 상향 예정
6차	미정	3,000억 달러, 3,805개 품목 관세 25% 부과 예정	미정	맞대응 예상(수단 미확정)

자료: WIND 및 미 · 중 언론자료 정리
출처: 미 · 중 무역분쟁의 실체와 5대 쟁점 분석 by 한국수출입은행 상해 사무소

2) 미국은 중국의 수입품에 대해 2018년 3월 2천 500억 달러 규모와 7월에 340억 달러 규모의 관세를, 8월에 160억 달러 규모의 중국 수입품에 25% 고율 관세를 부과하였다. 9월에 2천억 달러 규모의 중국 제품에 10% 관세를 부과하였고, 2019년 5월 기존에 10%의 관세율이 부과됐던 2천억 달러 규모의 중국산 제품의 관세를 25%로 인상하였다.

미국은 세계의 패권국으로 군림하기 훨씬 전인 20세기 초부터 동아시아에 깊숙이 개입해 왔다. 미국의 동아시아 전략은 기본적으로 이 지역이 어느 한 국가의 지배적 영향력 안에 들어가지 못하도록 막는 것이었다.[3)] 냉전체제 붕괴 이후 미국은 세계 유일 초강대국으로서의 패권적 지위를 누려왔다. 미국의 번영은 이라크 · 아프가니스탄 전쟁과 2008년 발생한 금융위기로 쇠퇴하였으며 이를 극복하려고 노력하는 동안 동아시아에서 중국의 군사력과 경제력은 급성장하였다. 2008년 금융위기는 동아시아에서 미국의 입지와 영향력이 축소되는 결과를 낳았고, 적어도 중국이 동아시아 차원의 하위 지역질서의 변화를 주도하는 게임 체인저(game changer)로서의 역할이 가시화되는 계기가 되었다. 미국 중심의 단극(單極)질서 하에서 떠오르는 중국은 주로 경제적 측면에 국한될 것이며 시간이 지나면 전형적인 서구 국가가 되거나 자유민주주의 국제 사회에 순응할 것으로 보았다.[4)] 또 다른 측면에서는 소련의 붕괴와 동구 사회주의권의 와해로 인해 1990년대 초 국제문제 전문가들은 중국도 급격한 정치변동이 일어날 가능성을 제기하였다.[5)] 그러나 지금 중국은 아시아에서뿐 아니라 세계질서를 재조정할 수 있는 영향력을 지닌 강대국으로 평가받고 있다.

오바마 정부는 중국의 부상을 세계질서 재편의 핵심 변수로 인식하고 2011년부터 아시아 재균형(Asia Rebalancing) 전략을 추진[6)]하였으며,

---

3) Henry Kissinger, *Diplomacy* (New York: Simon& Schuster, 1994), pp. 674~702.

4) Martin Jacques, *When China Rules the World: The End of the Western World and the Birth of a New Global Order* (New York, Penguin Books, 2012), p.25

5) Maria Hsia Chang, "China's Future: Regionalism, Federation, or Disintegration", *Studies in Comparative Communism*, Vol.25, No.3 (September 1992).

6) 오바마 정부의 아시아 재균형 정책은 경제, 외교적 측면에서 뚜렷한 성과를 보이지 못한 반면, 군사적 동맹 측면에서는 가시적 성과를 도출했다. 미국은 호주, 필리핀,

트럼프 대통령은 '자유롭고 개방된 인도-태평양 전략(FOIP: Free and Open Indo-Pacific)'을 통해 일대일로 전략의 해상 실크로드를 차단하는 데 초점을 두고 있다.[7)]

개혁 · 개방 이후, 중국의 외교정책이 도광양회(韜光養晦: 빛을 감춰 밖으로 새지 않게 하면서 은밀하게 힘을 기른다), 분발유위(奮發有爲: 떨쳐 일어나, 해야 할 일을 한다), 유소작위(有所作爲: 해야 할 일을 적극적으로 나서서 해낸다)를 거쳐 돌돌핍인(咄咄逼人: 기세등등하게 힘으로 몰아친다)으로 전개되었고, 중국 중심의 거대통합경제권을 목표로 하는 일대일로 전략, 중국 국가 주석 임기 제한 규정 삭제로 시진핑 주석의 장기집권 가시화, 세계 1위의 첨단 제조국을 목표로 하는 '중국제조 2025', 세계 일류군대를 목표로 하는 '강군(强軍)전략'[8)] 등이 중국위협론을 더욱 고조시켰다. 일대일로 전략을 통한 중국의 지정학적 요충지 확보와 해군력 증강, 남중국해 영유권 분쟁과 미국의 '항행의 자유 전략'으로 인한 군사적 긴장, 2018년 중국의 대미흑자 최고 기록까지 중국의 부상은 미국이 좌시할 수 없는 수준에 이르렀다.

태국, 한국, 일본과 양자 동맹을 강화했고 대표적으로 호주 다윈 지역의 미 해병대 순환 배치, 필리핀 군사기지 접근과 이용을 10년간 보장한 미국-필리핀 간 '방위협력증진협정', '2015년 미일 방위협력지침 개정' 등이다.

7) 정용환, "'소련 봉쇄' 47년 트루먼 독트린 vs '중국 봉쇄' 2017년 '트럼프 독트린'", 『중앙일보』(검색일: 2017. 11.10)

8) 미국의 대중 포위전략 무력화와 역내 패권국 지위 확보를 위해 해공군을 중심으로 첨단기술로 무장한 현대화된 군대를 보유하고자 한다. 중국의 국방비는 꾸준히 증가하여 2016년 미국 국방비의 절반인 2,150억 달러였고, 2018년 예산은 1조 1,289억 위안 (약 192조 8,000억 원)으로 2006년 대비 국방비가 4배 증가하였다. 최근 일대일로, 신형국제 관계 등 이전에 비해 공세적인 대외전략으로 영향력을 확대하고 세계 각지에서 중국의 이익과 안보, 중국인의 재산과 생명보호를 위해 해외군사 활동영역을 확대하고 있다. 기존의 방어적 군대가 아닌 자국 핵심 이익(core interest)를 위해 강압적 전쟁 수행 능력을 적극 제고시키고 있다. (정재흥, "중국의 강대국화 전략과 한국의 과제", No. 2019-05, 세종연구소)

미 · 중 무역분쟁의 전망

2019년 들어 미국이 통신업체 화웨이에 대한 거래 제한과 통화가치 절하를 조장하는 국가에 대한 상계관세부과를 발표하면서 미 · 중 무역분쟁은 무역 분야를 넘어 안보와 환율 분야로 확전되고 있다. 미국은 화웨이 통신장비가 중국 정부의 스파이 활동에 이용될 수 있다며 동맹국에 5G 통신망 구축에 화웨이를 배제하라고 압박하였고,[9] 북미, 호주, 뉴질랜드, 일본, 독일, 프랑스, 영국 등이 동참하면서 미국의 글로벌 반(反) 화웨이 전선이 확대되었다. 미국은, '중국제조 2025'를 위해 중국이 강요해온 불공정 관행을 '외국 기업에 대한 기술이전 강요', '지식재산권 침해', '사이버 기술정보 탈취', '자국 기업에 대한 산업보조금' 등으로 규정하였다. 미국이 향후 중국에 대한 지적재산권 및 보안 등 규제 강화, 제조업 및 핵심기술 분야를 지키기 위한 법적 제도적 장치를 마련하는 데 더욱 노력을 기울일 것으로 보인다.[10] 미국은 중국의 기술굴기를 저지하기 위해 중국 기업인들의 미국 첨단기업 투자 · 인수 합병 및 산 · 학 협업에 대한 관리 · 감독 강화하고 첨단기술 관련 중국 유학생과 기업인 · 과학자에 대한 비자제한 조치 등을 취했다.[11] 미국 내 중국인 유학생은 36만여 명으로 전체 외국인 유학생 110만여 명의 3분의 1임. 비자 제한조치로 중국 유학생들은 학업 · 취업 포기하고 중국으로 귀국하였다. 시진핑 주석은 일대일로 정상포럼에서 "세계 각국은 중국인 기업가, 유학생, 학자 등을 공평하게 대우하고 우호적인 환경을 제공해야 할 것"이라고 촉구하였다. 또한, 미

---

9) 이준기, [글로벌pick] "무역 · 군사 총망라…트럼프의 대中 강공, 왜?", 『이데일리』 (검색일: 2019.05.07.)

10) 2019년 4월 26일 제2차 일대일로 국제협력 정상포럼 개막식에서 시진핑 주석은 시장화 · 법치화를 통한 경영환경 보완, 중국의 지적재산권 침해 행위 엄단, 강제 기술이전 중단, 기업 비밀 보호 규정 강화에 대해 약속하였다.

11) 이기성, "美 비자 규제에 中 유학생들 '좌절'…취업 포기 · 귀국 속출", 『SBS NEWS』 (검색일: 2019.04.30.)

국 상무부가 5월 23일 달러에 대한 자국 통화가치를 절하하는 국가들에 상계관세를 부과할 예정이라고 밝혔다. 한국은 중국, 일본, 인도, 독일, 스위스와 함께 미국의 환율 관찰대상국인 만큼 이 조치가 시행될 경우 한국에 미칠 영향에 대해 대비해야 한다.[12)]

이에 대해 중국도 희토류 수출 금지, 중국 진출 미국 기업 제품에 대한 불매운동, 미 국채매각 등 관세 전쟁의 열세를 만회하기 위한 대안을 검토 중이다. 그러나 이러한 대안은 미국을 공격하기 위해 중국 스스로 큰 경제적 손실을 감수해야 할 것으로 보인다.

미 · 중 무역전쟁이 심화될 경우, 상호연계성이 높은 미국과 중국 모두 심각한 타격을 입을 것이다. 미 · 중 무역협상에서 합의가 도출되더라도 근본적 해결이 어려우며, 미래산업과 첨단기술에 대한 패권 싸움은 계속될 것이다. 그 과정은 경제적 손익분기점이나 합리적 결정에서 벗어나 큰 손해를 감수한 장기전이 될 가능성이 크다. 2017년 12월 ' 국가안보전략보고서(NSS)', 2018년 1월 '국방전략보고서(NDS)', 2018년 2월 핵태세검토보고서(NPR), 2018년 8월 의회를 통과한 '2019 회계연도 국방수권법(NDAA)', 2019년 1월 '미사일방어검토보고서(MDR)' 등에서 트럼프 대통령 재임 중 중국을 저지하려는 미국의 전략적 목표를 확고히 하고 있으며, 중국과의 장기적 전략적 경쟁이 미국의 우선 사항임을 언급하고 있다. 미국 정부의 공식문서와 법안에 중국에 대한 적대적 표현이 명시되고, 이를 의회가 승인함으로써 트럼프 정부 이후에도 미국의 이러한 기조가 유지될 것으로 보인다.[13)] 미국은 최근 대만에 무기 수출을 승인하고, 대만을 국가로 인정하는 등 '하나의 중국'을 부인하는 행보로 중

12) 이정은, "美, 中에 환율전쟁 포문…한국도 사정권", 『동아닷컴』 (검색일: 2019.05.25.)

13) 이성현, "미국의 대중국 전방위 압박, 트럼프 이후에도 지속된다", 『중앙일보』 (검색일: 2019.04.24.)

국을 크게 자극하였다. 미국은 지난 10년 동안 대만이 요구하는 신무기 판매를 거부하거나 승인을 지연시켰다. 그러나 미 국무부는 최근 22억 달러(2조 6000억 원) 규모의 무기를 대만에 판매한다고 발표했다.[14] 무기를 사고 싶어도 파는 나라가 없어 군 전략을 증강하지 못했던 대만으로서는 군사력을 보강할 수 있는 절호의 기회를 맞았다. 2019년 5월 미국 하원이 2019 대만보증법안을 만장일치로 통과시키면서, 대만의 나토 참여를 지지하고 무기, 군사 물자 등을 정상화하는 내용이 포함했다. 이는 대만을 전략적 거점으로 삼아 중국을 더욱 압박하려는 시도로 풀이된다. 또한, 미국은 2019년 6월 1일 미 국방부가 발표한 '인도-태평양 전략 보고서'에 대만을 국가로 규정하여 1979년 미 · 중 수교 이후 처음으로 미국 정부가 대만을 국가로 인정하였다. 중국은 미국과 수교 당시 대만을 나라로 인정하지 않는 '하나의 중국' 원칙을 요구해왔고, 미국은 중국과 갈등 상황에서도 '하나의 중국' 원칙을 지켜왔다. 이 보고서에서 싱가포르, 뉴질랜드, 몽골, '대만'을 우방으로 표기하였고, "대만에 대한 중국의 압박이 계속된다면 미국과 대만의 협력은 필수적이며, 대만이 충분한 자기방어 능력을 유지하기 위한 국방 물자와 서비스를 전폭적으로 지원할 것"이라고 밝혔다.[15] 이는 미국이 사실상 '하나의 중국' 원칙을 폐기했다는 것을 의미한다.[16] 미국은 중국이 '핵심 이익'이라고 여기는 문제에 대해 중국을 자극하면서 무역분쟁이 안보 분야로 확전되었다고 볼 수 있다. 2019년 6월 오사카 G20 정상회의에서 트럼프 대통령과 시진핑 주석이 추가 관세부과없이 미 · 중 무역협상을 재개하기로 결정함에 따라,

14) 김봉수, "美 국무부, 대만에 2.6조대 최신형 탱크 · 미사일 판매 승인", 『아시아경제』 (검색일: 2019.07.10.)

15) 곽예지,"美 '하나의 중국' 사실상 폐기… 미 · 중 갈등 전면전", 『아주경제』 (검색일: 2019.07.01.)

16) 한영혜, "대만을 국가로 언급…美의 도발, 中 금기마저 건드렸다", 『중앙일보』 (검색일: 2019.06.15.)

[표 2] 미 · 중 무역분쟁 5대 쟁점 사항 분석

5대 쟁점	미국측 요구(⇒ '권리'만 제시)	중국측 반응(⇒ '의무'만 요구)
1. 무역불균형 재조정	적자폭 개선을 위해 농산품 등 미국산 수입품 대폭 확대	중국 정부, 동 규모(확인 불가)는 수용하기 과다한 수준, 향후 협의를 통해 수준 조정
	미국산 수입 품목 수량, 금액, 상품의 계량적 명확화	단시간 내 제시 불가, 충분한 검토 후 공동 협의
	환율 조작으로 무역수지 조정 행위 금지	환율 조작행위 없음, 금융상황에 따른 조치에 불과
2. 기술 및 지적재산권 보호	국유기업 산업보조금 철폐, (특히 '제조업 2025' 관련 산업) 불공정 재정원조 폐지	중국 진출 미국기업의 기술이전 금지 및 지적재산권 보호 및 법률 명문화 요구
	기간산업 육성은 합법적 범위 내 추진, 경제시스템 개선요구는 내정 간섭	국무원 행정규칙 등으로 초안 마련 중
3. 대내외 투자환경 개선	미국 내 국가안보 관련 기업 등 민감산업 투자 금지(특히 '제조업 2025' 관련 산업)	보호무역주의 일환으로 투자 제한은 불합리
	외상투자법 내 보호법(제21~23조) 및 위반 처벌조항(제39조) 수준 여전히 불명확 및 개정	외상투자법 개정 이후, 국무원 행정규칙 등으로 초안 마련 중, 보호 · 처벌조항 명확화 계획
	대중국 투자제한(네거티브 리스트) 범위 개선, 개선일정 명확화 및 제시 필요	국무원 행정규칙 등으로 초안 마련 중
	서비스시장(특히 금융) 개방	점진적으로 단계와 수준을 조율, 은행보험업 대외개방 신조치 발표로 금융 등 서비스시장 개방 지속 추진
4. 관세 및 비관세 장벽 완화	비민감성 부분에 대한 관세 수준 미국 수준으로 일치(즉 관세 수준 하향 조정)	협의를 통해 점진적 수준 조율
	비관세 장벽 철폐로 미국산 제품의 수입제한 완화	미국부터 최근의 보호무역주의 철폐
5. 협의 관련 이행	미국 관세부과 권리 보유, 중국 보복성 조치 불가	협의의 공정, 형평성 위배, 수용불가 입장
	대중 관세부과 철회 불가, 대미 관세부과 철회 요구	대미 관세부과만 철회는 불공평, 양자간 공동 철회가 타당

자료: 미국 협의문 초안(〈첨부 1〉 참조, 東北证券 보고서 및 미 · 중 언론자료 정리

출처: 미 · 중 무역분쟁의 실체와 5대 쟁점 분석(한국수출입은행 상해 사무소)

양국 간 긴장 수위가 조금 낮아졌으나 미국의 양안 관계 자극으로 미 · 중 갈등이 재점화되었다.

미 · 중 무역전쟁이 한국에 미치는 영향

한국은 '패권국' 미국과는 군사동맹을 맺고 있으며, '도전국' 중국과는 가장 밀접한 경제 관계를 유지하고 있기 때문에 미 · 중 관계의 변화 자체가 한국의 대외 관계와 국익에 직접적이고도 지대한 영향을 미칠 수밖에 없는 구조 안에 들어있다.[17] 한국은 미 · 중 무역전쟁이 한국 경제에 미칠 영향에 대한 대비가 시급하다. 미 · 중 간 남중국해에서의 군사적 긴장, 기술굴기 저지를 위한 미국의 일련의 조치들에 대해서는, 한국이 직접적인 영향권에서 벗어나 있다고 볼 수 있다. 그러나 미 · 중 무역전쟁은 한국의 높은 대중국 경제의존도, 미 · 중 수출 비중 37%, 차이나 리스크에 대한 우려 등 한국 경제에 직접적인 영향을 받고 있다. 때문에 그 피해가 한국 경제를 흔들어놓을 만큼 위협적일 수 있다. 현대경제연구원은 미국이 500억 달러 규모의 중국산 제품에 25% 관세를 부과해 대중 수입이 10% 감소할 경우, 한국의 대중 수출은 282억 6000만 달러(약 31조 5000억 원) 감소할 것으로 전망했다. 산업연구원은 대미 수출 연간 6000만 달러, 대중 수출 연간 2억 7000만 달러 감소할 것으로 예상했다. 무역협회는 2019년 4월 보고서에서 무역분쟁이 현 수준에 그칠 경우, 한국 총수출이 1억 9000만 달러(0.03%) 감소하지만, EU가 가세해 미국과 중국, 유럽연합이 관세를 10%씩 인상할 경우 한국 수출액은 367억 달러(약 41조 원) 줄어들 것으로 추산했다.

---

17) 정재호, 『중국의 부상과 한반도의 미래』(서울: 서울대학교출판문화원, 2011), 428쪽.

미 · 중 무역전쟁의 영향은 한국 경제의 구조적인 문제점과 맞물려 단기 정책으로 해결되기 어려운 사안으로 국가의 중장기적 · 전략적 차원의 접근이 필요하다. 미국의 반(反) 화웨이 정책에 대해 중국 정부는 자국 내 정보통신(IT) 인프라 사업자가 부품과 소프트웨어를 구매할 때 국가안보에 끼치는 위험 여부를 사전에 심사해 금지할 수 있는 새로운 규제 도입을 추진하고 있다. 화웨이는 한국 IT 기업으로부터 연간 12조 원의 부품을 구매하는 큰 손이다. 향후 한국의 IT 기업들도 중국 정부의 판단에 따라 규제 대상이 될 여지가 있다.[18)]

미 · 중 무역전쟁은 국가의 경제적 이익 수호에 국한되어 있지 않다. 미국은 한국에 대중국 압박 정책에 적극적으로 참여할 것을 요청하였다. 대중국 경제의존도가 높은 한국으로서는 고심이 깊을 수밖에 없다. 미국은 '반(反) 화웨이 캠페인'과 '항행의 자유 작전'에 한국을 비롯한 동맹국들의 확실한 지지 표명을 요청했다. 영국 · 프랑스 · 일본 · 호주 · 뉴질랜드 · 캐나다 등은 이에 동참하고 있다. 한국은 그간 '항행의 자유는 보장돼야 한다'는 원론적인 입장만 밝히고, 미국을 공개적으로 지지하지 않아 왔다. 그러나 현 상황에서 한국이 중요한 결정을 유보하거나 전략적 모호성으로 일관한다면 양국 모두에 신뢰를 잃을 수 있다. 따라서 미 · 중 무역분쟁에 대한 한국의 대응은 기존의 전략에서 벗어나 새로운 방안을 모색해야 할 것이다.

2. 차이나 리스크의 원인과 한국 경제에 미치는 영향

미 · 중 무역분쟁은 미국이 중국의 경제발전을 저지하여 미국에 대한

18) 신경진, "美의 화웨이 공격에 중국 반격 'IT부품 수입 때 안보위험 심사'", 『중앙일보』 (검색일: 2019.05.26.)

패권 도전을 막기 위한 것이다. 미 · 중 무역분쟁 초기에 중국은 대미 무역흑자 폭을 줄이는 정도의 단기전으로 끝날 것이라고 예측하였다. 그러나 중국은 이 예측이 빗나갔다는 것을 자각하고 '미국을 제외한 세계화(Globalization without America)'라는 슬로건을 내세우며, 장기전에 대비하고 있다. 오히려 5년 정도 어려움을 겪겠지만 결국 '시간은 중국의 편'이라는 자신감까지 보이고 있다. 그러나 중국의 경제성장률 저하와 미 · 중 무역분쟁의 영향, 세계 경제의 저성장 기조가 차이나 리스크를 높이는 원인으로 작용할 수 있고, 한국 경제가 아무런 대비 없이 중국발 경제위기를 맞는다면 큰 타격을 입을 것이다. 결국, 미 · 중 무역분쟁의 장기화는 차이나 리스크 심화에 상당한 영향을 미칠 수 있다고 판단된다. 따라서, 한국 경제 발전과 안정을 위해 점증하는 차이나 리스크에 대한 분석과 전략적 접근이 필요하다. 차이나 리스크에 대한 분석에 앞서 다음과 같은 사항을 미리 밝히고자 한다.

차이나 리스크의 분석 방향

첫째, 차이나 리스크의 내부적인 원인을 중국의 경제성장률 둔화, 기업과 지방정부 부채가 대부분을 차지하는 막대한 중국의 총부채, 생산공급과잉 문제 중심으로 살펴보고자 한다. 미국과 중국의 금융정책에 따라 변동하는 환율과 금리는 대상에서 제외하였고, 차이나 리스크의 외부적인 원인은 앞서 살펴본 미 · 중 무역분쟁으로 대신한다. 둘째, 차이나 리스크와 미 · 중 무역전쟁의 피해를 줄이는 바람직한 방안을 점진적인 대중국 경제의존도 감소와 한 · 중 경제협력 구조를 개선으로 삼고 있다. 중국은 한국 경제와 뗄 수 없는 긴밀한 관계에 있으며 앞으로 한반도 평화프로세스를 추진하는 데 있어서 중요한 협력 파트너이다. 따라서, 대중국 경제의존도의 감소가 급격한 대중국 수출 감소, 주변국으로의 대규모 생산시설 이전 등의 양적 변화만을 의미하는 것이 아니다. 한 · 중 경제협력을 변화된 한중경제구조에 맞게 개선하여 발전된 경제협력 관계를 형성하고 신북방 · 신남방 국가와의 협력 비중을 늘려 위험을 분산하여 한국 경제의 체질 개선을 모색해야 한다는 것이다. 셋째, 한국은, 안보는 미국에 경제는 중국에 의존하여 미 · 중 갈등 상황에서 한국의 대미 안보의존도 상당한 위험을 내포하고 있다. 대미 경제 의존에 기인한 '차이나 리스크'를 '대미 안보 의존'보다 한국에 더 큰 위험으로 설정하게 된 이유는 상호방위조약, 정전협정, '경제 및 군사문제에 관한 한미합의의사록'(Agreed Minute Relating to Continued Cooperation in Economic and Military Matters, 1954년 11월 17일 체결), '한미주둔군지위협정'(The US · ROK Status of Forces Agreement, SOFA로 약칭됨, 1967년 발효) 등이 한 · 미동맹의 제도적 틀을 구성하고 있으며, 한 · 미동맹의 상징인 주한미군이 약 60여 년간 주둔하며 국군과 연합하여 전쟁억제 역할을 수행하였다고 보기 때문이다. 또한, 미국은 유사시 한반도에 대규모 증원전력을 전개할 수 있으며, 한국전쟁 이후, 한국의 안보를 적극 지원하고 있기 때문이다. 한 · 미동맹은 양국의 지정학적 이익에 따른 전략적 선택이지만 양국의 정권 교체에도 흔들림 없이 유지되어 왔다. 그에 비해 한중 관계는 92년 수교 후 '선린우호 협력 관계', '동반자 관계'를 거쳐 현재의 '전략적 협력 동반자 관계'에 이르렀지만, 이는 양국의 외교적 관계를 지칭할 뿐 아무런 법적 · 제도적 구속력이 없다. 따라서, 분쟁 해결을 위한 협력 기제가 조성되었다고 보기 어렵다. 사드배치에 대한 중국의 경제보복 사례와 2000년 마늘 분쟁 사례를 비교하여 볼 때 중국의 경제보복 수위나 갈등 상황에 대한 대처가 양국 간 관계 격상에 대한 신뢰와 배려, '전략적 협력 동반자 관계'

에 대한 실효성이 있다고 여기기 어렵기 때문이다.

차이나 리스크의 원인

차이나 리스크의 내부적인 원인은 대표적으로 경제성장률 둔화와 생산 공급과잉, 국가부채를 들 수 있다. 개혁 · 개방 이후 중국의 투자주도 성장 전략은 국가가 사회주의 체제를 유지하면서 시장규칙을 활용하여 자본의 이익을 국가에 종속시키는 비자본주의적 시장경제[19]를 확립하였다. 중국은 세계 경제에 미치는 영향력이 크며, 국가가 직접 시장에 개입하여 경제 성장 방향을 조정하고 경제위기를 피함으로써 중국의 경제구조가 실제보다 더 견고하게 인식되어왔다. 2014년 시진핑 주석이 신창타이(신常態)[20]를 언급함으로써 중국경제가 30여 년간의 고도성장을 끝내고 중속 성장을 맞아[21] 안정 속 발전을 지속하면서, 산업구조의 고도화와 개혁 추진, 내수 주도형 경제 전환을 통한 새로운 성장을 모색할 것을 선언했다.[22] IMF는 2016년 5월 발표한 세계경제 전망 보고서 'Building on Asia's Strengths During Turbulent Times'는 급격한 성장 둔화를 막으면서 취약성을 개선하는 것과 구조적 개혁, 새로운 성장 모델 발굴이 중국이 당면한 과제라

---

19) Giovanni Arrighi, *Adam Smith in Bejing: Lineages of the twenty-first century* (London: Verso, 2007)

20) 신창타이(신常態)는 새로운 정상상태라는 뜻으로 뉴노멀(New Normal)과 비슷한 의미이다. 뉴노멀은 2008년 금융위기와 그 이후 2012년까지 이어진 경제 침체 기간 동안 만들어진 새로운 경제적 기준을 말함. 저성장, 저소득, 저수익률, 고위험을 특징으로 한다.

21) 네이버 지식백과, "신창타이(신常態), 중국 현대를 읽는 키워드 100, 국민대학교 중국인문사회연구소" (검색일: 2019.03.02)

22) 현 영국 왕립국제문제연구소 소장이며 전 골드만삭스 자산운용 회장인 짐 오닐(Jim O'neill)은 2001년 당시 2011~2020년 동안 중국의 경제성장률을 평균 7.5%로 예측했으며, 2021~2030년에는 중국의 노동력 감소를 이유로 연 5%대 성장을 달성하기 위해 고군분투할 것으로 예상하였다. ("브릭스 용어 만든 나의 성장률 예측 틀렸다", Economy Chosun 296호, 2019.04.22.)

고 언급했다.[23] 중국의 경제성장률에 크게 기여한 과잉생산은 신도시 건설, 철도 · 도로 등의 인프라 확충, 도시화로 인한 소비 증가의 선순환 구조가 이루어짐으로써 지속되었다. 지난 30년 동안 연평균 9.7% 성장 중에서 3~4%는 도시화 효과에 의해 발생하였고, 현 6%대 성장에서 도시화율의 성장을 제외하면 중국의 실제 성장률은 3~4%로 하락할 것이다.[24]

또한, 기업과 지방정부의 천문학적인 부채 리스크 문제가 심각하다. 2008년 글로벌 금융위기에 중국은 부동산과 인프라에 대규모 재정을 투입하여 경제 규모는 세계 2위로 커졌으나 무분별한 투자와 과잉생산으로 부채가 급증하였다. 2018년 2분기 기준 중국의 국내총생산(GDP) 대비 기업 부채 비율은 155.1%로 주요 신흥국에 비해 2~3배 높다. 국제결제은행(BIS)에 따르면 2018년 2분기 기준 중국의 총부채는 219조 1000억 위안(3경 7800조 원)으로 GDP 대비 253.1%에 달해 2008년 138%의 2배에 육박했다.[25] 지방정부는 'LGFV(local government financing vehicles)'로 불리는 특수법인을 만들어 그 법인이 인프라 건설사에 부채를 떠넘기는 방식으로 자금을 조달하여, 지방정부 부채를 실제 부채보다 현저히 축소시켰다.[26] 중국국제금융공사(CICC)은 중국 전역의 지방정부 특수법인은 1만 1천 566개로 추산했으며, 이들 법인은 2019년 현재 상환해야 할 부채 원리금의 40%밖에 감당할 수 없는 것으로 보고되었다. 최근 후난성, 장쑤, 산시, 윈난, 충칭 등 2019년 만기 부채 규모가 2018년 재정수입의 절반을 넘어 재정 건전성을 유지하기 힘든 지방정부가 속

23) Regional Economic Outlook: *Asia and Pacific: Building on Asia's Strengths during Turbulent Times*, April. 2016.

24) 최윤식, 『앞으로 5년 미 · 중전쟁 시나리오』 (서울: 지식노마드, 2018), 347쪽,

25) 김충남, "국유기업 · 부채 리스크? 발등의 불…바오류도 불투명", 『문화일보』 (검색일: 2019.05.09.)

26) 안승섭, "중국 부채통계 허구…공공부채, GDP의 140%", 『MIDAS』 2019년 5월호 (검색일: 2019.04.20)

출하고 있으나 만성적인 지방정부의 재정난은 구조적 혁신 없이는 해결될 수 없다. 2018년 중국 기업의 채무불이행 규모는 160억 달러(약 18조 원)로 경제성장률 둔화에 따른 채무 레버리지 상승으로 채무불이행이 더욱 확대될 것으로 보인다.

2019년 4월 중앙정치국 회의에서 개혁 · 개방과 구조조정을 통한 새로운 경제사회발전, 제조업의 질적 발전과 신흥산업 강화와 함께 지속적인 부채 축소로 리스크를 예방해야 한다고 명시했다. 중국은 2015년 '구조적 문제', '공급 측 구조개혁'을, 2019년 '시스템 혁신'을 언급함으로써 경제 구조개혁이 필요한 현실은 절감한 듯 보이지만 중국 정부는 구조적 위기 해소보다 여전히 단기 대응책에 주력하고 있다. 중국 정부는 4조 위안(약 689조 원) 이상의 감세 및 인프라 투자로 경제성장률을 떠받치기에 급급하다. 계속되는 재정확대 기반의 정부주도 경기부양은 중국의 재정건전성을 더욱 악화시킬 수 있다.[27] 국유기업 주도의 경제 운영, 시진핑 주석의 '경성 권위주의' 체제 확립[28]에 따른 정치적 불안 요소, 부의 불균형과 실업 문제, 인구 구조의 변화 등이 차이나 리스크를 심화시키는 내부요인으로 작용할 수 있다.

중국의 정치적 불안요소는 최근 일어난 홍콩 시위를 통해 수면 위로 떠올랐다. 2019년 6월 4일 중국 본토는 조용했지만, 홍콩에서는 천안문 사태 30주년 추도 집회에 참석한 수많은 인파가 촛불을 들고 중국 정

---

27) 윤용선, "중국 부채의 불편한 진실4가지…포스코경영연구원, 'GDP대비 253%' 경고", 『글로벌 이코노믹』(검색일: 2019.01.31.)

28) 19차 당 대회에서 '시진핑 신시대 중국 특색 사회주의 사상'이 새로운 통치 이념으로 확정되어 종신 집권이 가능한 1인 지배체제를 확립함에 따라 시진핑 2기에는 반부패 투쟁이 고위간부에서 기업가 · 연예인 비리와 탈세로 확대되고 사상 통제, 미디어 검열 등 사회 전반에 걸쳐 당의 통제가 강화되었다. 다양성 추구, 시장경제 확대, 대외 개방이 제한되고 있으며, 삶의 질적 향상에 부응하는 인민의 자율성과 권익 보장에 대한 욕구가 억제되고 경직성이 증가하고 있다.

부의 강압적인 통치에 대한 저항의 뜻이 담긴 구호를 외쳤다.[29] 중국 정부는 2047년까지 홍콩 자치를 보장한다고 약속했지만 많은 홍콩 시민들은 천안문 유혈 사태가 재연될 수 있다는 두려움에 떨고 있다. 또한, 홍콩 시민들은 2019년 3월 31일부터 '범죄인 인도법'에 반대하며 시위를 벌여왔고 6월에는 100만 명 이상이 참여했다. 이에 홍콩 캐리 람 행정장관은 6월 15일 법안 잠정 중단 방침을 밝혔으나 홍콩 시민들은 법안 완전철폐를 위해 시위를 계속 이어갔고, 결국 7월 9일 '범죄인 인도법안'은 완전히 폐기됐다. 이를 계기로, 세계가 중국의 일국양제(一國兩制: 한 국가 두 체제) 하에서 홍콩 시민들이 느끼는 중국의 위협을 고스란히 목도했다. 이 사건으로 1국 2체제에 대한 대만 국민들의 불신이 높아지고 차이잉원 총통의 지지율이 급상승했다. 또한, 세계의 이목이 시진핑 주석의 대응에 주목하며, 미국 · 영국을 비롯한 많은 나라들이 홍콩의 입장을 지지하면서 시진핑 주석의 정치적 부담이 가중될 것으로 보인다.[30] 일국양제는 중국이 주장하는 핵심 이익으로 이를 침해할 경우 중국은 전쟁도 불사한다는 입장이다. 최근 대만을 국가로 인정한 미국의 행보에 대한 중국의 대응 양상에 따라 양국이 더욱 극명한 갈등 관계에 놓일 것이다.

차이나 리스크의 외부적 요인은 미 · 중 무역분쟁이 주요하다. 1979년 미 · 중 수교 이후, 미 · 중 관계는 상대국에 대한 인식과 정책의 상호작용을 통해 일정한 거리를 유지하면서 갈등과 경쟁, 우호와 협력 관계가 교차되어 왔다. 미 · 중 무역전쟁은 글로벌경제의 경직성과 중국발 금융위기에 대한 불안감을 고조시키며, 외교 · 안보 분야까지 확대되고 있다.

29) 나일 보위, "천안문 사태 30주년, 재연 가능성 우려하는 홍콩", 『아시아타임즈 코리아』 (검색일: 2019.06.15.)

30) 김중호,"시진핑, 홍콩 시위 직접 개입할까…'톈안먼 참사 재현 우려까지'", 『노컷뉴스』 (검색일: 2019.07.10.)

미 · 중 무역협상이 진전되지 않자 트럼프 대통령은 2019년 5월 5일 기존 부과된 10% 관세를 25%로 올릴 것을 경고하면서 미군함 2척을 영유권 분쟁지역인 남중국해로 보냈고, 마이크 폼페이오 미 국무장관은 제17차 북극이사회 각료회의에서 중국과 북극 사이의 가장 짧은 거리는 900마일(1448km)이며 중국은 정확히 어떤 권리도 없다고 지적하면서 중국의 북극개발 참여를 강하게 견제했다.

차이나 리스크가 한국에 미치는 영향

한국은 2차 세계대전 후 세계 경제의 고도성장과 무역확대, GATT 체제에서 선진국–개도국간 무역의 비대칭적 혜택, 중국 · 동유럽이 뒤늦게 세계무역체제에 편입된 데 따른 유리한 경쟁 환경 등 우호적 국제경제 환경을 활용하였다. 지난 70년 동안 한국 경제는 오일쇼크, 아시아 외환위기, IT버블 붕괴, 글로벌 금융위기 등의 경제위기 극복과 70년대 노동집약적 공산품 수출에서 중화학공업육성정책으로의 전환, 1990년대 개방화와 2000년대 글로벌화에 효과적으로 대응 · 발전하였다.[31] 1990년대부터 2005년 무렵까지 중국경제가 수출과 투자 중심으로 급성장하면서 한국 경제에 특수를 가져왔다. 하지만 중국경제의 성장 둔화와 내수 · 서비스업 중심으로의 구조변화, 미 · 중 무역전쟁, 대중국 의존도 등은 세계보호무역확대, 세계 경제의 불확실성 증대와 더불어 한국이 직면한 가장 큰 위험 중 하나가 되었다. 중국에 비해 기술력이 앞서 있던 한국은 중간재 수출을 통해 중국 성장에서 많은 이익을 취할 수 있었고, 일본–한국–중국의 기술력 차이를 바탕으로 한 수직적 분업체계를 통해 중

31) 한국무역협회연구원, 『선진화된 구조로 세계 경제와 조화되는 한국무역』 (서울 : 한국무역협회 국제무역연구원, 2016), 1~2쪽.

국 수출 증가와 한국의 대중 무역흑자가 연계되어 한국의 대중 경제의존도가 심화되었다.[32] 그러나 중국의 경제구조 변화로 한중간 무역 · 투자 관계의 상호보완적 분업구조가 약화되면서 경쟁적 성격이 강화되고 한중간 주력산업 중첩과 산업기술력 격차 축소로 중국의 세계시장 점유율이 꾸준히 상승하고 우리나라 세계 점유율 1위 품목 중 상당수가 점유율 격차가 축소되고 있다.[33]

2018년 11월 '제8회 글로벌 금융리더포럼'에서 미국경제전문가들은 미 · 중 무역전쟁이 미국 경제에 미치는 영향은 제한적[34]이지만, 중국의 성장률 쇼크와 위안화 가치 급락 등 중국경제의 불확실성 확대와 미 · 중 무역전쟁 장기화가 맞물리면 한국 경제에 초대형 경제위기를 일으킬 수 있다고 지적했다. 한국의 총수출에서 대중 수출 비중은 점차 증가하여 2017년 24.8%에서 2018년 26.8%까지 높아졌다. 2015~2017년 연평균 한국의 대중국 경상수지 흑자 규모는 443억 6000만 달러로 전체 경상수지 흑자 945억 5000만 달러의 46.9%에 달하며 한국의 외국인 여행 수입의 54.9%가 중국인 관광객이다.[35] 최근 보고서에 따르면 중국 경제 성장률이 1%p 하락하면 한국 수출증가율은 1.6%p, 한국 경제성장률은 0.5%p 하락 요인이 생길 것으로 추정하고, 따라서 미 · 중 무역전쟁으로 인한 중국의 경제위기는 한국의 대중국 경제의존도가 높은 한국 경제는

32) 민귀식, "중국이 재채기하면 독감 걸리는 한국 경제", 『오마이 뉴스』 (검색일: 2015.10.15)

33) "중국경제의 구조변화와 시사점", 『한국은행 국제경제리뷰』 (검색일: 2017.07.14.)

34) IMF 보고서에 따르면 중국의 대미 수출물량 약 5400억 달러 전체에 미국이 25% 관세를 물리고, 중국이 1200억 달러 상당의 미국 제품에 25% 관세를 물리게 되면 미국내총생산은 0.3~0.6% 감소하고 중국은 국내총생산의 0.5~1.5%가 감소할 것으로 예상하였다.

35) 황대영, "한중 경제 동조화?…중국 성장률 하락하면 한국도 떨어져", 『데일리한국』 (검색일: 2019.03.15.)

큰 타격을 입을 것이라고 전망했다.[36] 2017년 기준 한국의 대중 중간재 수출 비율은 78.9%로 중국 중간재 수입은 주로 수출용이기 때문에 미·중 간 관세부과는 중국의 대미 수출 감소로 이어져 한국의 대중국 수출에 타격이 될 것이다. 더욱이 중국이 대미 흑자를 줄이기 위해 대미 수입을 늘리면 한국의 대중 수출이 잠식될 가능성이 높다.[37]

중국은 '중국제조 2025'로 5G·고속철·전기차 등의 분야에서 외국 기업들과 합작을 통해 선진기술을 인수하고 재혁신하면서 원천기술도 대거 보유하게 되었다. 독일 싱크탱크인 메릭스(MERICS)가 제조업 의존도와 첨단산업 중요성 등을 기준으로 중국제조 2025로 인해 한국이 가장 피해를 입을 것이라고 분석한 것 같이, 중국의 2018년 전기차 배터리 출하량 1위 달성은 우리나라 이차전지 생산업체들의 시장 진입을 어렵게 했고, 중국의 태양광 산업 공급과잉으로 가격하락을 초래하여 국내 업체들이 가격경쟁력을 상실하였다. 또한, 중국제조 2025는 중국 제조업의 자급률을 높여 수입대체화를 촉진하므로 대중국 수출의존도가 높은 한국에 위협요인이 되고 있다.[38] 따라서 차이나 리스크에 대한 한국의 대비는 중국 경제의 경착륙 우려와 함께 중국 산업구조의 변화, 기술발달, 고급기술력과 원천기술 유출방지에도 초점을 맞추어 한국 제조업의 경쟁력을 향상시켜야 '중국제조 2025'에 대응할 수 있다.

미·중 무역전쟁은 세계 패권에 대한 주도권 대결로 대미무역적자 해소로 해결되지 않을 것이다. 미·중 무역협상에서 합의가 도출되더라도 미래산업과 첨단기술에 대한 분쟁과 패권 싸움은 계속될 것이다.

---

36) 주원, "차이나 리스크, 교역 경로를 넘어선 중국 경제위기 전염가능성에 대비하자", 『경제주평』 18-28(통권 803호), 3~4쪽.

37) 김대영 외, "G2 무역전쟁은 위기이자 기회…中 의존도 낮추는 계기 돼야", 『매일경제』 (검색일: 2018.11.06.)

38) 김영채, "양회에서 사라졌어도 중국제조 2025 가속페달", 『한국무역신문』 (검색일: 2019.03.21.)

3. 한국 경제의 대응

한국의 대응 방향

미 · 중 무역분쟁이 장기화되면서 양국에 수출의존도가 37%에 이르는 한국의 고민이 깊다. 더욱이 주한미군의 사드배치와 그에 따른 중국의 경제보복으로 미 · 중 갈등이 한국에 투사되었을 때 한국이 겪었던 경제적 · 외교적 어려움을 반추한다면, 양국의 자존심을 건 패권전쟁에 대한 한국의 대응전략이 그 어느 때보다 중요하다. 한국 경제의 높은 대중국 경제의존도와 중국 수출의 중간재 수출 편중은 미 · 중 갈등 상황에서 한국 경제의 아킬레스건이다. 그동안 안보는 미국에, 경제는 중국에 의존하면서, 미 · 중 사이에서의 줄타기나 전략적 모호성으로 일관했던 한국의 대응은, 중국에는 한국을 얕잡아 보는 빌미를 제공하고 미국에는 동맹으로서 신뢰를 주지 않는다는 불신을 갖게 했다. 결과적으로, 미 · 중 모두에게 한국은 기회주의적이라는 이미지를 주어 마이너스 효과를 가져왔다. 미 · 중 갈등이 극대화된 상황에서 한국은 경제적 피해를 최소화하고 동북아 중견국으로서 경제적 · 외교적 · 지정학적 위상을 지키기 위한 국가전략 차원의 대비책 마련과 한국 경제의 구조적 체질 개선이 시급함을 깨닫고 원칙과 일관성 있는 대응방안을 모색해야 한다.

한 · 미동맹을 기반으로 한 안보 및 국제정치적 영향력 강화와 한 · 중 경제협력을 동력으로 한 경제발전은 미 · 중 관계가 협력 관계일 때는 양립이 가능하나 미 · 중 패권전쟁과 같은 장기적 갈등 상황에서 지속적으로 양자택일을 강요받고 그 선택에 대한 책임이 경제적 타격 및 국제 사회에서의 외교적 고립으로 귀결됨으로써 지정학적 딜레마에 빠지게 된다. 이러한 상황은 미 · 중이 그들의 갈등을 한국에 투사함으로써 구한말 한반도가 강대국들의 이권 다툼의 각축장이 되었던 것과 같은 상황이 벌어질 수 있다. 우리가 미·중 무역분쟁을 가장 민감한 현안으로 받아들이는 것은 한국이 희생양이 될지 모른다는 불안감, 미·중 선택의 딜레마, 우리 경제의 대응전략의 부재라는 실존적 고민에 직면했기 때문이다. 이럴 때일수록 무역분쟁이 미·중 패권전쟁의 시작이라는 현실을 직시하고 시대적, 공간적, 시간적 프레임에 따라 한국이 처한 상황을 다각도로 분석해야 한다. 따라서 한국 경제의 대응전략도 거시적 관점에서 한반도의 전략적 지정학의 수립, 4강과의 협력적 파트너십 유지, 신남방·신북방 정책 가속화와 경제적·외교적 공간의 확장을 염두에 두고 미시적 전략 수립이 이루어져야 한다.

고려사항

미·중 무역분쟁과 차이나 리스크에 대해 한국의 대응은 다음과 같은 사항을 반드시 고려해야 한다.

첫째, 한국은 원칙과 일관성 있는 한반도의 전략적 지정학을 수립해야 한다. 미국의 '인도-태평양 전략', 중국의 '일대일로', 러시아의 '신동방 정책', 일본의 미·일동맹 강화와 '인도-태평양 전략'에 적극 가담 등 각국의 지정학적 전략은 자국의 경제적 이익을 뒷받침할 지경학적 전략을 수반하여 상호보완적 역할을 함으로써 역내 자국의 영향력을 강화하는 방향으로 선순환을 이루고 있다. 반면, 한반도는 안보는 미국에, 경제는 중국에 기대면서 미국과의 안보 강화는 중국의 견제를, 중국과의 경제 협력은 미국의 견제를 받아왔다. 한국은 국가적 자주성과 자긍심을 바탕으로 국제적 위상과 경제 규모에 합당한, 원칙과 일관성 있는 한반도의 전략적 지정학을 수립하여 개별 사안에 흔들리지 않는 외교 전략을 펴야 한다.

둘째, 한국은 미 · 중 무역분쟁의 여파로 발생할 수 있는 중국발 경제위기에 대비해야 한다. 미 · 중 무역분쟁에서 미국이 입을 경제적 타격보다 중국이 입을 경제적 타격이 더 크다는 것은 자명하다. 중국의 수출 둔화, 경제성장률 하락과 부채 리스크가 맞물리고, 실물경기 둔화가 부동산 시장 침체로 이어져 지방정부, 부동산 기업, 가계 · 기업 부문의 연쇄 디폴트 가능성이 높아지면 중국발 금융위기가 발생할 수 있다. 미 · 중 무역분쟁은 차이나 리스크를 증폭시킬 가능성이 크기 때문에 한국은 이에 대비해야 한다.

셋째, 한국은 한 · 미 · 중 관계에만 매몰되지 말고 넓은 시야를 가지고 미 · 중 무역분쟁에 대한 4강과 신북방 · 신남방 경제협력 국가들의 대응전략을 검토해야 한다. 일본은 미 · 일동맹을 강화하고 미국의 반(反) 화웨이 정책에 동참하면서도, 중국과의 경제협력 및 관계 강화에 주력하고 있다. 미국과 중국으로부터 러브콜을 받는 인도도 중국과 미확정 국경에서의 군사적 긴장, 중국과의 경제협력 필요성, 미국의 '인도-태평양 전략' 미동참시 받게 될 200억 달러의 대미흑자에 대한 미국의 압박에 직면하는 딜레마 상황에 있다. 동남아 국가들은 물론 캐나다, 호주 등도 미 · 중 무역분쟁에서 미국 측으로 기울면서, 자국 경제에 중국이 미치는 영향력이 큰 만큼 중국의 경제보복에 대한 압박을 받고 있다. 물론, 미 · 중 무역분쟁으로 인해 예상되는 피해 규모와 대처 방법이 국가별로 상이하고 한국만큼 큰 영향을 받는다고 가정하기 어렵더라도, 현 상황에 대처하는 다른 국가들의 대응전략을 검토하여 우리의 전략을 수립하는 것이 바람직하다.

넷째, 미 · 중 무역분쟁은 자본주의 민주주의 대 중국 특색 사회주의의 대결로 보아야 한다. 미국이 고심 끝에 2001년 중국의 WTO 가입을 승인한 것은 중국이 미국 중심의 국제질서에 편입될 것으로 기대했기 때문이다. 그러나 WTO 가입과 대미 수출로 부를 축적한 중국의 선택은 중국 중심의 질서를 구축하는 것이다. 시진핑 주석 집권 2기에는 정부개입을 강화하는 중국특색 사회주의 경제발전에 더욱 속도를 낼 것이다. 이는 지금까지 중국의 경제발전이 정부개입을 최소화하는 서구의 시장경제를 모방하는 것에서 중국식 경제모델로 적극적인 전환을 의미한다.[39] 근본적으로 미 · 중 무역협상이 타결되지 않는 것은 미국의 요구사항이 궁극적으로 중국의 경제구조를 미국 중심의 경제구조에 편입시키려는 시도에 기인한다고 볼 수 있다. 따라서, 미 · 중 무역협상이 타결되지 않는 이유는 중국이 미국의 요구사항을 자국의 체제 위협으로 받아들이기 때문이라고 볼 수 있다.

한국 경제의 대응

그렇다면 한국 경제의 대응은 어떠해야 할 것인가? 미 · 중 패권전쟁의 내재적 의도를 파악한다면 한반도 안보에 대한 한 · 미동맹이 절대적으로 필요하고 그 동맹의 상대가 현재의 패권국이며 앞으로도 수십 년간 세계 패권을 유지할 것이며, 민주주의와 시장경제를 지향하는 국가로서 한국의 선택은 이미 정해진 것이나 다름없다. 그러나 지정학적으로 중국과 한국은 뗄 수 없는 관계로 동북아 평화 유지, 한국의 높은 대중국 경제의존도, 한반도 비핵화와 평화정착을 위해 중국과의 협력적 파트너십 유지가 반드시 필요하다. 따라서 미 · 중 선택의 이분법적 사고에서 벗어나 한국의 현재와 미래를 위한 전략적 대응방안을 강구해야 한다.

첫째, 한 · 중 경제협력 구조의 체질을 개선해야 한다. 한국이 미 · 중

---

39) 차이나 매거진, "정부개입 강화하는 중국특색 사회주의 경제발전" (검색일: 2018. 05.17.)

갈등 상황의 개별 사안마다 국익을 최우선으로 하는 합리적인 결정을 하지 못하는 가장 큰 원인은 한국의 높은 대중국 경제의존도에 의한 중국의 경제 무기화, 경제보복 때문이다. 지난 30여 년간 한 · 중 상호보완적 경제 구조와 아시아 경제의 세계 경제성장 주도로 한 · 중 경제협력은 윈-윈하는 관계였으나 결과적으로 한국 경제의 중국경제 동조화와 종속 관계 심화로 한국 경제구조가 취약해지는 결과를 낳았다. 따라서, 대중 경제의존도를 낮추는 것이 미 · 중 무역분쟁의 피해를 줄이는 근본적인 대책임은 분명하다. 그러나 산업구조적으로 대중 경제의존도를 단기간에 급격히 낮출 수 없고, 그렇게 되는 것이 바람직하지 않다. 일차적으로 중국 수출에서 중간재가 차지하는 비율(78.9%, 2017년 기준)을 낮추고 소비재와 자본재 비중을 높이려는 노력을 기울여야 한다. 이차적으로 글로벌 분업체제의 약화, 지식집약화 진전에 따른 세계 경제의 변화에 대응하면서 중국과의 서비스 · 투자 분야의 FTA타결 노력, 한 · 중 경제구조의 변화에 따른 새로운 경제협력 모델 개발 등 경제협력을 기반으로 한 한 · 중 경제협력 구조를 개선하는 방향으로 이루어져야 한다. 한 · 중 경제협력 구조의 체질 개선을 위해 국가 전략적 차원의 대비책이 필요하다.

둘째, 한국 제조업의 경쟁력을 유지하기 위한 전략을 세워야 한다. 중국 산업구조의 변화에 대응하고 첨단산업 분야의 투자와 고급기술인력과 원천기술 유출을 방지하는 등 '중국제조 2025'에 대응해야 한다. 한 · 중간 무역 · 투자 관계의 상호보완적 분업구조가 약화되고 경쟁적 성격이 강화되었다. 한 · 중간 주력산업 중첩과 산업기술력 격차 축소로 중국의 세계시장 점유율이 꾸준히 상승하고 우리나라 세계 점유율 1위 품목 중 상당수의 점유율 격차가 축소되고 있다. 중국제조 2025는 중국 제조업의 자급률을 높여 수입대체화를 촉진하므로 한국에 위협요인이 될 수 있다.

셋째, 신남방 · 신북방 정책을 가속화하여 미 · 중 편중적 경제협력에서 벗어나 중앙아시아 · 아세안 등으로 경제협력 대상을 다변화하여 한국 경제의 취약성을 극복해야 한다. 한국 경제의 개방성을 유지하면서 경제협력 국가 다변화와 고부가가치 서비스 산업과 4차 산업혁명의 신성장동력 창출을 모색해야 한다. 신북방정책의 대상을 중국 동북3성과 러시아 극동지역에서 확장하여 경제산업기술의 상호보완성이 높은 중앙아시아 국가들과의 협력을 모색하고 EAEU(유라시아경제연합)과의 FTA 추진 등 인구 1억 8천, GDP 2조 1천억 달러의 거대시장과 협력해야 한다. 베트남, 인도네시아 등 제조업을 키우려는 아세안 국가들과의 협력을 모색하여 국내 제조업의 새로운 활로를 찾아야 한다.

넷째, 우리 경제는 글로벌 가치사슬(GVC: Global Value Chain)이 약해지는 것에 대비해야 한다. 한국은 글로벌 공급망에 깊숙이 자리 잡고 있어 보호무역과 미 · 중 무역분쟁에서 그렇지 않은 국가보다 큰 충격을 받을 가능성이 더 크다. 세계 성장과 교역 간 연계성 약화, 글로벌 분업체계가 약화됨에 따라 사물인터넷과 AI, 빅데이터 등을 활용한 기획, 생산, 유통, 판매 등을 통합한 '스마트 공장'을 조성할 필요가 있다. 충격을 완화하기 위해서는 미 · 중 무역분쟁으로 전 세계 생산공급망인 글로벌 가치사슬이 약해지는 상황을 역이용하여 중소 · 중견기업의 글로벌 가치사슬 편입을 유도하고, 석유화학, 반도체, 자동차 등 대기업 위주의 13대 수출 주력상품도 다변화해야 한다.

한국 경제 체질 개선의 기회로

한국은 미 · 중 무역분쟁이라는 도전에 응전하면서 취약점을 개선하고 장기화될 미 · 중 패권전쟁에서 한국이 나아갈 방향과 비전을 정립해야 한다. 4강과의 협력적 파트너십을 유지하면서 신북방 · 신남방 정책으로 한국의 영향력을 확대하여 안정적인 국제정치 · 경제적 환경을 조성해야 한다. 또한, 한 · 중 경제협력의 체질 개선의 기회로 삼아야 한다. 중국 산업구조의 변화와 경쟁적 환경, 기술격차 축소에 대해 경각심을 가지면서도 중간재 수출로 계속 흑자가 나고 있는 상황에서의 산업구조조정은 쉽지 않다. 이번 기회를 통해 중간재 수출에 편중된 대중국 수출 구조를 개선해야 한다. 중국에 편향된 경제구조를 개선하려는 노력과 함께 중국과의 외교 관계의 자주성을 회복해야 한다. 중국이 정치적 · 경제적 힘으로 한국을 제압하여 중국의 질서 아래 두려는 시도에 한국은 단호하고 의연한 태도를 보여야 한다. 이것이 현재의 한국뿐만 아니라 미래 한반도 평화체제 하에서 중국과 대등한 외교적 · 경제적 협력의 틀을 구축하는 방안이 될 것이다. 한국은 한 · 미동맹과 상호존중을 바탕으로 한 한 · 중 관계 유지가 가능함을 인식시키는 계기로 삼아야 한다.

한국은 미 · 중 무역분쟁을 직시하되 과대해석하여 심리적인 불안감을 키우는 것을 경계해야 한다. 한국은 한국이 나아가야 할 방향을 설정하고 미 · 중 사이에서 소신 있고 지혜로운 판단을 해야 한다. 미 · 중 무역분쟁 과정에서 발생하는 개별 사안에 지나치게 침착(沈着)하거나, 양자택일 상황에서 선택하더라도 나머지 국가로부터 경제보복, 외교적 고립 상황에 놓이지 않아야 한다. 한국의 대중국 의존도가 높은 상태에서 중국을 자극하여 경제보복의 본보기가 되지 말아야겠지만, 지금과 같이 불확실성이 높은 상황에서 한 · 미동맹이 흔들리는 것은 한국이 더 큰 어려움에 직면할 가능성이 있다.

한국은 2차 세계대전 후 세계 경제의 고도성장과 무역확대, GATT 체제에서 선진국–개도국간 무역의 비대칭적 혜택 등 우호적 국제경제 환경을 잘 이용하여 세계 역사에 유례없이 짧은 기간에 빈곤과 저개발을 탈피하고 경제 대국으로 변모했다. 또한, 한국은 지난 70년 동안 오일쇼크, 아시아 외환위기, IT 버블 붕괴, 글로벌 금융위기 등의 경제위기 극복과 70년대 노동집약적 공산품 수출에서 중화학공업 육성정책으로 전환, 90년대 개방화와 2000년대 글로벌화에 효과적으로 대응하면서 위기를 기회로 만든 저력 있는 국가이다. 최근 한국무역협회의 발표에 따르면, 미 · 중 무역분쟁으로 우리나라가 대세계수출에 영향을 받는 정도는 0.1%, 대중 수출의 경우 0.04%로 예상했다. 현재 계속되는 글로벌 경기 둔화는 세계적인 추세로 중국, 일본 등의 수출 역시 마이너스이며, 인도를 비롯해 빠르게 성장하는 개도국의 경제발전도 현저히 둔화하고 있다. 미 · 중 패권전쟁의 일환인 무역분쟁은 패권을 지키려는 미국과 도전국 중국이 겪어야 할 필연적인 결과이자 과정이다. 우리 경제가 지금까지 역사의 파고를 넘어왔듯이 이번 위기를 한국 경제의 기회, 한국이 자강하는 기회로 만드는 지혜가 필요하다.

2장

중국의 패권 도전과 〈일대일로〉 전략

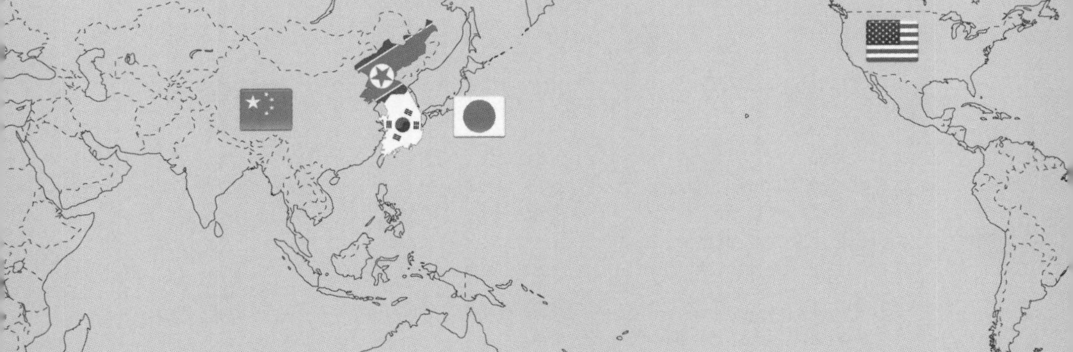

1. 중국의 목표와 도전

시진핑 주석은 2016년 11월 18기 중앙위원회 6차 전원회의에서 '핵심 지도자' 지위를 부여받음으로써 사실상 1인 지배체제를 구축하였다. 시진핑은 '중화민족의 위대한 부흥'과 '중국몽(中國夢)'을 향해 중국공산당 창당 100주년인 2021년까지 '전면적 샤오캉(小康: 국민이 편안하고 풍족한 생활을 누림) 사회 실현'과 중화인민공화국 건국 100주년인 2049년까지 '부강한 사회주의 강대국 실현'이라는 '두 개의 백 년 전략(兩個一百年)'을 제시하였다. 시진핑 지도부가 제시한 '중국몽'은 G2로 올라선 부강한 중국에 대한 국민적 자긍심 고취와 국민통합을 넘어 중국이 주도하는 새로운 중화질서를 구축해 나가겠다는 강력한 의지를 담고 있다. 중국은 이를 실현하기 위해 과거 세계대전과 같은 무력적 대결이나 현존하는 국제질서에 대한 급격한 변화와 파괴를 거치지 않으면서 미국 중심의 단극적 국제질서를 점진적으로 중국 중심 체제로 변화를 추구한다는 구상이다.[1] 과거에는 중국에 대해, 냉전체제 종식 후 '중국의 부상이 주로 경제적 차원에 국한될 것', '시간이 지나면 전형적인 서구 국가가 되거나 자유민주주의 국제 사회에 순응할 것'[2]이라고 예측하거나, 소련의 붕괴와 동구 사

---

* 이 장은 최재덕, "일대일로의 이론과 실제: 중국의 지역패권주의 강화와 일대일로 사업추진에서 발생된 한계점", 『한국동북아논총』 제23집 3호(통권88호)를 중심으로 재구성한 것임을 밝힌다.

1) 정재흥, '중국의 강대국화 전략과 한국의 과제,' 『세종정책브리프』 No.2019-05, 4쪽.

2) Martin Jacques, *When China Rules the World: The End of the Western World and the Birth of a New Global Order* (New York, Penguin Books, 2012), p.25

회주의권의 와해로 인해 1990년대 초 국제문제 전문가들은 중국도 급격한 정치변동이 일어날 가능성[3]이 있다고 보았으나 이러한 예측은 모두 빗나갔다. 중국은 제국 경영의 경험이 수차례나 있는 대국으로, 중국몽의 실현을 통해 과거의 영광을 되찾고 중화사상을 바탕으로 중국 중심의 질서를 견고하게 구축하는 것이 마땅하다고 생각하는 것 같다.

시 주석은 '2035년 국방과 군대 현대화, 21세기 중엽 인민군대의 세계 일류군대 양성'을 목표로 전면적 군대 현대화 계획을 추진하여 세계적인 군사 강국으로 도약하기 위해 전력을 기울여 왔다.[4] 중국은 2035년까지 국방개혁과 장비 현대화를 실현하고 육 · 해 · 공군 · 우주정보 · 사이버 민군 합동능력을 확보하여 2050년까지 방어하는 군대가 아닌 싸워 이기는 세계 일류군대를 목표로 하고 있다. 미국의 대중 포위전략 무력화 및 역내 패권국 지위 확보 차원에서 군현대화를 위해 해 · 공군력을 중심으로 중장거리 핵 · 미사일 등 전략무기 현대화, 비대칭 무기 강화, 신속대응 작전능력, 정보전 등을 중심으로 예산이 투입되고 있다.

미 · 중 무역전쟁의 촉매제 역할을 한 '중국제조 2025'는 2015년 중국 정부의 산업고도화 30년 계획 중 첫 10년인 2015~2025년의 발전 전략을 수립하면서 등장했다. 주력 분야는 첨단 제조업을 중심으로 한 빅데이터, IT, 항공산업, 신소재, 인공지능, 생명 과학 등 현재 미국이 최고의 경쟁력을 가진 시장으로 이 분야에서 세계 1위를 탈환하려는 전략이다. 이를 위한 중국의 계획은 2025년에 제조업 강국, 2035년 제조업 선두주

---

3) Maria Hsia Chang, "China's Future: Regionalism, Federation, or Disintegration", *Studies in Comparative Communism*, Vol.25, No.3 (September 1992).

4) 시진핑 시기 강군몽(强軍夢) 구상의 특징은 '중국군 사명의 확대', '적극적인 군사전략으로의 변화', '중국군의 현대화 및 정보화', '군사강국을 겨냥한 무기 및 장기의 발전', '신형 군사인재의 신속한 배양', '군사적 대비 영역 확대 및 조정' 등으로 요약할 수 있다. (김태성 · 이상현, "중국의 군사력 증강(强軍夢)에 따른 한국의 전략적 대응방향", 『한국동북아논총』 제23권 3호, 94쪽)

자인 독일, 일본 추월, 2049년 미국을 초월하여 세계 1위의 첨단 제조국이 되는 것이다.[5)]

2. 〈일대일로〉의 태동 배경과 기본이념

일대일로의 기본이념

2013년 9월 시진핑 주석이 최초로 카자흐스탄 나자르바예프 대학에서 실크로드 경제벨트 계획을 제안하였다. 저성장 뉴노멀 시대를 맞이한 글로벌 경제에서 중국은 동아시아를 중심으로 내륙과 해양을 연결하고 연선 국가와의 개혁 개방, 화해, 공영을 바탕으로 세계 경제에 새로운 신성장 동력을 공급하고 상호 이익을 공유하는 거대 경제권을 형성하자고 제안했다.

일대일로는 고대 동서양의 교통로였던 육상 실크로드와 해상 실크로드를, 중국–중앙아시아–유럽을 연결하는 육상 실크로드를 일대(一帶)로, 중국–동남아–서남아–유럽–아프리카를 연결하는 해상 실크로드를 일로(一路)로 잇는 거대 인프라 구축을 핵심으로 한다. 고대 동서양의 교통로였던 실크로드 개념을 확장시켜 2049년까지 현대판 실크로드를 구축한다는 전략으로, 2018년 현재 100개 국가와 국제기구가 참여하고 있다. 일대일로는 연선 국가 65개국, 인구 44억 명(세계 인구의 63%), GDP 21조 달러(세계 GDP의 29%), 전 세계 상품・서비스・무역의 23.9%, 고속철도망 8.1만 킬로미터에 이르는 거대경제권을 형성을 목표로 하고 있다.

일대일로는 정책구통(政策溝通), 시설련통(設施聯通), 무역창통(貿易暢通), 자금융통(資金融通), 민심상통(民心相通) 등 5통을 기본이념으로, 공상(共商: 공동 협상), 공건(共建: 공동건설), 공향(共享: 공동 향유)을

5) 이성현, “정세와 정책”, 2018년 제17호 (2018.12.12.), 『세종연구소』, 1~3쪽.

[그림1] 일대일로의 육상 · 해상 실크로드

출처: bj.house.sina.com.cn

기본 원칙으로 한다. 경제협력을 통해 개발도상국들의 경제성장을 돕고 침체된 세계 경제에 신성장동력을 제공하여 이익공동체, 운명공동체, 책임공동체를 실현하자는 것이다. 일대일로의 5통 중 정책구통(政策溝通)은 정치적 신뢰와 실무적 협력을 통해 정책 교류를 확대하고 지역협력을 촉진시키는 것은 물론 국가 간의 발전 전략을 조정하는 것이다. 시설련통(設施聯通)은 인프라 연결을 의미하는 것으로 일대일로의 주요 거점 간 육로, 수로, 항만 등 교통인프라를 구축하고 국가 간 기초설비 건설과 기술표준화 시스템을 연계 강화하는 것을 말한다. 무역창통(貿易暢通)은 개방성을 기초로 무역 장벽을 제거하여 자유무역을 확대하고 국가 간 무역 · 투자를 협력 · 확대해 나가는 것이다. 자금융통(資金融通)은 아시아 통화안정을 위한 금융협력시스템을 강화하고 아시아인프라투자은행(AIIB) · 아시아개발은행(ADB) 등 국제금융기구를 통한 자금지원과 금융협력 강화를 의미하며, 민심상통(民心相通)은 연선국 간의 인적교류

확대, 문화 · 학술 교류, 관광, 과학기술 분야 등 사회 전반에 걸친 교류 협력 확대를 의미한다.

일대일로는 총 5개의 노선(육상 3개 노선, 해상 2개 노선)으로 진행된다. 일대(一帶)를 이루는 육상 3개 노선은 중국–중앙아시아–러시아–유럽, 중국–중앙아시아–서아시아–페르시아만–지중해, 중국–동남아시아–남아시아–인도양이며, 일로(一路)를 이루는 해상 2개 노선은, 중국연해–남중국해–인도양–유럽과 중국–남중국해–남태평양이다. 일대일로는 "6랑6로다국다항(六廊六路多國多港)"을 추구하고 있다. 6대 경제회랑을 중점으로 6개의 인프라(도로 · 철도 · 수로 · 항공로 · 파이프라인 · 정보망)를 건설하고 여러 나라의 여러 항구를 개발하는 것을 의미한다. 6대 경제회랑은 중국–파키스탄 경제회랑, 중국–몽골–러시아 경제회랑, 신유라시아 대륙교량, 중국–중앙아시아–서부아시아 경제회랑, 중국–인도 중남반도 경제회랑, 방글라데시–중국–인도–미얀마 경제회랑이다.[6)]

중국몽과 일대일로의 태동 배경

1978년 이후 중국은 눈부신 경제성장을 이루면서 제3세계 국가, 개발도상국을 거쳐 '책임 있는 강대국'으로 전환되었고, 시진핑 시기에 '중화민족의 위대한 부흥'이라는 '중국몽'을 제창하였다. 시진핑 주석은 집권 1기 성과에 대해 '신시대 중국 특색의 사회주의 사상'이 형성되었다고 평가하면서 세계 2위의 경제 대국으로의 성장, 6000만 명의 빈곤 해소, 도시 취업자 수 연평균 1300만 명 이상 등 경제발전과 민생안정을 강조하였다. 특히, '중국몽'을 통해 중국 공산당에 대해 제기된 당의 존재와 지속성, 정

6) 연합뉴스, "中, '일대일로' 프로젝트로 전세계 6대 경제회랑 추진", 2015년 5월 28일 (검색일: 2018.05.23.)

당성에 대한 의문을 지울 수 있었으며, 이를 바탕으로 중국 근대화를 이뤄낸 결과물로 2008년 베이징 올림픽을 성공적으로 개최하였음을 강조하였다.[7] 이후 '중국몽'의 개념은 중국의 재건과 개혁, 세계적 국가의 일원으로서 중국, 인민의 물질적 풍요 등 그 개념이 다양하게 활용되어, 보다 유연하면서 개방적이고 현실적으로 논의되어 왔다.[8] 시진핑 주석은 '중국몽'은 중국식 사회주의 발전의 내재적 의미이며, 부와 힘의 증진으로 국가를 재건하고 인민의 복지를 증진시키는 것이라 밝힌바 있다.[9] 시진핑 주석 집권 1기는 중국의 경제성장률 하락, 과잉생산과 국가 및 기업의 부채 급증, 빈부격차심화, 부동산 가격 폭등과 기업에 대한 높은 세금 등의 문제를 안고 출발했고, 이러한 문제점을 극복하고 중국몽을 실현하기 위한 대외발전 전략으로 '일대일로(一帶一路, One Belt and One Road, B & R)'를 국가 정책적으로 추진하고 있다.

일대일로를 통해 중국이 얻으려는 실질적인 목표는 첫째, 경제성장의 새로운 동력 확보이다. 중국의 경제성장률이 감소하면서 경제성장의 새로운 동력이 필요했으며, 4조 달러에 달하는 외환보유고를 이용하여 국내 과잉생산문제를 해결하고 신규시장을 개척하는 것이다. 둘째, 중국은 세계최대 에너지 소비국으로 에너지의 안정적인 수급에 국가 발전의 향방이 달려있다 해도 과언이 아니다. 중국 에너지의 80%를 미국이 관리하는 해역을 통해 수급하는 문제인 말라카 딜레마(Malacca Dilemma)를 해결하려는 일환으로 중앙아시아 국가 · 러시아와의 에너지 협력으로 육로 에너지 수송을 늘림으로써 에너지 공급처의 다변화와 안정적인 에너지 수급 정책을 마련

---

7) 홍건식, "시진핑의 중국몽과 정체성 정치: 일대일로, AIIB 그리고 패권정체성", 『국제정치논총』 제58권 1호, 2018.

8) Gerard Lemos, *The End of the Chinese Dream: Why Chinese People Fear the Future* (New Haven, CT: University Press, 2012)

9) Peter Ferdinand, "Westward Ho-the China Dream and 'One Belt, One Road': Chinese Foreign Policy under Xi Jinping", *International Affairs* 92-4 (2016), p.946.

하는 데 있다. 셋째, 미국이 아시아에서 급부상하는 중국을 경계하기 위해 '아시아 재균형' 전략과 '인도 · 태평양 구상'으로 중국을 봉쇄하고자 하는 데 따른 대응이다. 넷째, 중국은 주변 국가와 7천 km에 달하는 국경을 맞대고 있기 때문에 경제협력을 통한 관계 안정화가 매우 중요하다. 중국은 경제성장과 함께 강대국으로서의 정체성 확립을 위해 노력해 왔으며, 경제협력을 기반으로 한 우호협력적 관계를 통해 주변국을 중국 친화적으로 만들려는 의도이다. 마지막으로 일대일로는 중국몽의 실현을 가능하게 해 줄 메가 프로젝트로서 새로운 중화질서를 창출하고 중국이 주도하는 중국 중심의 경제 질서를 새롭게 형성하여 아시아의 중심 국가이면서 세계에 영향력을 행사하는 강대국이 되기 위함이다.

시진핑 주석은 2017년 10월 19차 공산당 전국대표대회 업무보고를 통해 중국 공산당 창당 100주년인 2021년까지 전면적 샤오캉 사회를 건설하고, 2035년까지 사회주의 현대화를 실현하고, 2049년까지 사회주의 현대화 강국을 완성하여 세계 최강대국으로 도약한다는 단계적 목표를 제시하였다. 사회주의 현대화 실현은 경제 · 사회 · 인권 등에서 국가역량이 대폭 확충되어 인민의 평등 참여, 법치 국가, 국가관리 체계 현대화가 실현된다는 것을 의미한다. 현대화 경제체계를 구축하고 국방 · 군대 현대화 실현을 통해 사회주의 현대화 강국을 건설하여, '중국몽'의 실현, '중화사상의 위대한 부흥'을 이룬다는 것이다. 사상적 기반으로 '신시대 중국 특색 사회주의 사상'[10]을 제시하였다.[11]

---

10) '신시대 중국 특색 사회주의 사상'의 주요 내용은 다음과 같다. 모든 사업에 대한 당의 영도견지(당이 당 · 정 · 군 · 민 · 학 등 모든 부문 사업 영도), 전면적 개혁 심화(사회주의 기반 개혁 · 개방 전면 추진), 새로운 발전이념 견지(과학적 발전도모, 신형공업화, 정보화, 도시화, 농업 현대화 등), 민생보장 · 개선견지(민생이익, 복지도모), 군에 대한 당의 절대적 영도 견지(싸워서 이기는 군대 건설은 위대한 부흥을 위한 전략), 일국양제 견지, 조국 통일 추진('하나의 중국'원칙 견지), 존엄치당(당내 정치생태 자기 정화 및 부정부패 일소).

11) 세계일보, "세계 최강 대국 도약…시진핑의 '중국몽(夢)'", 2017년 10월 18일 (검색일: 2018.04. 21.)

중국의 평화담론

중국은 변화된 국제정세 속에서 국제 사회와의 상호작용을 통해 자신의 정체성을 변화시켜 나가고 있으며, 현재 자신을 '책임 있는 강대국'으로 규정해 나가고 있다. 여기에는 과거 서구 국가들의 흥망성쇠 역사에서 존재했던 강대국과 자신을 구분하려는 중국식 사고방식이 내재해 있으며, 자신의 강대국 정체성 형성과정에서 유교 이념에 기반한 '도덕적 강대국' 이미지를 추구하고 있다.[12)]

중국은 지속적으로 "친 · 성 · 혜 · 용(親誠惠容)", "의리관(義利觀)", "운명공동체(運命共同體)", "호혜공영(互惠共赢)", "공동향유(共同享有)" 등 다양한 담론을 지속적으로 전파해왔다. 친 · 성 · 혜 · 용(親誠惠容)은 주변국과 더욱 친하게 지내고 성의를 다해 대하며 중국 발전의 혜택을 나누면서 더욱 포용해야 한다는 의미이다. 의리관(義利觀)에 대해서는 2014년 7월, 시진평 주석이 서울대학교에서 강연할 때 '정확한 의리관 견지'에 대한 함의와 의미를 강조한 것을 인용하면, "우리가 국제 관계를 처리할 때 과거의 제로섬 사고를 버리고 나만 많이 얻고 자기 자신의 이익만을 추구해서도, 남이 지는 것엔 아랑곳하지 않고 나만 이기기를 바라거나 혼자 독식해서도 안 된다는 것을 의미한다. 이익과 의리를 함께 고려해야만 양자를 다 얻을 수 있고, 이익과 의리가 균형을 이루어야만 이익과 의리가 모두 윈윈할 수 있다."라고 하였다.[13)] '운명공동체(運命共同體)'는 주변 국가가 중국과 운명을 함께 하고 있다는 뜻으로, 시진핑 주석이 운명공동체를 강조하는 것은 중국이 작은 나라에 군림하는 패

12) 서정경, "중국의 강대국 정체성과 주변외교의 발현", 『국제정치총론』, 제56권 3호. (2016)

13) China Economic News, "중국 외교의 정확한 의리관", 2016년 8월 11일 (검색일: 2018.05.13.)

권을 추구하는 것이 아니라 주변국과 운명을 같이하는 모습을 보임으로써 세계 패권을 추구하는 미국과 다름을 보이기 위함이다.

시진핑 주석은 '일대일로 국제협력 정상포럼' 기조연설에서 "평화 적자(赤字), 발전 적자, 거버넌스 적자가 현 인류가 직면한 난제"라며 "중국이 제시한 일대일로를 함께 추진해 함께 나누자"고 제안했다. 또한 "중국의 발전은 국제 사회에 기반한 것으로 중국 역시 세계발전에 기여해야 한다.", "중국은 평화발전, 협력 · 상생의 탄탄대로를 걷고 있으며 중국의 발전은 중국은 물론 다른 나라에도 이로운 것으로 모두가 공존하는 아름다운 세계를 만들 수 있다."고 강조했다.[14)]

일대일로의 진행 상황, 영향력 및 성과

일대일로는 세계 경제 변화의 새로운 시작으로 인식되었다. 세계적인 환영을 받으며 많은 국가가 중국과 양해각서(MOU)를 체결하고 공동 사업에 착수하였으며, 현재 참여국과 국제기구가 100여 개에 이른다.

2017년 기준으로 일대일로의 성과에 대해 말하면, 중국 기업은 일대일로 관련 건설을 61개국 8,157건 수주하였고, 20여 개국에 56개의 경제협력구를 개발하고 18만 개의 일자리를 창출하였다. 37개 국가와 하운(河運) 협정을 체결하고, 31개 항구와 물류 정보 공개 협정을 체결하였다. 일대일로 연선국 12개 국가 34개 구간의 육 · 해상 광케이블을 설치했다. 일대일로 연선 국가에 대한 중국의 수출이 20.1% 증가했고 연선 국가의 중국 투자가 34.4% 증가했다. 2014년부터 2016년까지 중국과 일대일로 연선국 무역 규모가 3조 달러를 초과하였고, 중국의 연선국 투

14) 아주경제, "[인민화보] '일대일로'의 새 장을 쓰다", 2017년 6월 22일 (검색일: 2018.05.13.)

[표3] '일대일로' 주요 추진 과정 및 현황

시기	내 용
2013.09	시진핑 주석, 중앙아시아 순방 중 카자흐스탄에서 '내륙 실크로드 경제 벨트'구축제안
2013.10	시진핑 주석, 동남아시아 순방 중 인도네시아에서 '해양 실크로드 경제 벨트'구축제안
2013.11	〈3중 전회〉에서 '일대일로' 건설 추진에 관한 내용을 공식적으로 명시
2014.11	베이징 APEC 회의에서 400억 달러 실크로드 기금 설립 발표
2014.12	실크로드 기금 설립
2015.02	'일대일로' 건설 공작영도소조 구성
2015.03	'실크로드 경제벨트 및 21세기 해상 실크로드 공동건설을 위한 비전 및 행동' 발표
2015.07	브릭스 국가 신개발은행(NDB) 설립
2015.10	〈5중 전회〉에서 '일대일로'건설 가속화 및 협력 확대, 전방위적 개방추진 강조
2015.12	아시아인프라투자은행 (AIIB) 설립
2016.03	『13.5』 규획에 '일대일로'를 핵심 국가사업으로 포함
2016.06	'제1차 아시아인프라투자은행(AIIB) 2016년 연차총회' 베이징 개최
2016.10	위안화의 국제통화기금(IMF) 특별인출권(SDR) 통화 바스켓 정식 편입
2016.11	유엔 총회에서 193개 회원국 만장일치로 일대일로 결의안 채택
2017.05	'제1회 일대일로 정상포럼'
2017.05	'일대일로 국제협력 고위급 포럼 (BRF:Belt and Road Forum for international Cooperation) 개최. 28개국 참가. 인도 · 일본 등 불참. 총 76건의 대 항목, 270여 건의 성과 리스트 발표.
2017.06	'제2차 아시아인프라투자은행(AIIB) 2017년 연차총회' 개최
2018.12	'제1차 일대일로 국제협력 정상포럼 자문위원회 회의' 개최, 일대일로 국제협력 정상포럼의 발전을 위한 싱크탱크 역할을 위해 설립된 비영리 정책 자문기관
2019.04	'제2회 일대일로 정상포럼'

출처: KIEP 북경사무소 브리핑 2017년 5월 12일자 Vol. 20 No. 11 p.5을 재구성한 것임.

자 누계는 500억 달러를 넘어섰다.(2017 중국 상무부 통계)

일대일로의 재정 확충은 아시아인프라투자은행(AIIB), 실크로드펀드(Silk Road Fund), 신개발은행(NDB: New Development Bank) 등과 중국 국유은행의 각종 투자기금으로 충당하고 있다. 일대일로의 외교적 기반은 상하이협력기구(SCO)를 일대(一帶)의 기반으로 아세안(ASEAN)+1(중국)을 일로(一路)의 기반으로 삼고 있다.

일대일로 전략의 가장 큰 특징은 확장성으로 대외 해상과 육상 실크로드를 통해 대외 교역폭과 경로를 계속 연장하여 글로벌 상호 교류 네트워크를 형성하고 있다. 일대일로 추진으로 물류 인프라가 개선되면 중국의 대외 교역이 증가하여 자원을 주로 수출하는 중앙아시아와의 무역이 크게 늘어날 여지가 있다. 중국은 주요 신흥국에 대한 인프라 투자 등의 경제적 지원을 통해 경제협력체를 확대해나가고 해상 실크로드 구축을 통해 동남아시아 지역에 대한 경제적 · 지정학적 영향력을 키우고 있다. 또한, 신흥국에 대한 투자로 인해 중국 내 잉여 생산력을 소비하고, 내수 부진의 문제점들을 해소하고자 하며, 신실크로드를 통해 상하이나 광저우, 천진 등 남동부 연안의 발전된 도시에 비교하여 낙후된 서부 내륙지역을 개발함으로써 국토 균형발전을 이루는 것을 목표로 하고 있다. 중국은 도 · 농 간 격차, 지역별 격차를 줄이고 중국 중서부에 대한 개방과 개발을 목표로 하고 있어, 중국 내의 지역 불균형 발전을 어느 정도 해소할 수 있으리라 전망한다. 일대일로 프로젝트로 인한 대형 인프라 투자 프로젝트, 서부지역 투자 수요 증가 및 운송설비 · 건축 기계 수출 증대 효과로 향후 10년 내 중국 GDP 성장률이 매년 약 0.6%p 상승하는 효과를 가져다 줄 것으로 기대하고 있다.

3. 중국의 패권주의 성향과 〈일대일로〉에 대한 경계

중국 패권주의 성향

중국의 연선국은 현재 독립국으로 존재하지만, 과거의 수많은 전쟁과 침략 · 피침략, 식민지 지배의 기억으로 인해 중국의 급속한 부상과 영향력 확대에 대한 경계심이 크다. 1992년 2월 남중국해의 도서(島嶼)에 대한 영유권을 주장하는 중국의 영해법이 공포되면서 중국이 지역패권국의 지위를 추구하고 있으며 중국의 능력과 의도가 위협이 될 것이라는 중국위협론이 대두되었다. 2000년대 들어 중국의 경제급성장, 증강된 군사력과 남중국해 분쟁과 센카쿠 · 댜오위다오 갈등 등으로 '중국위협론'이 재확산되고 있다.

일대일로 사업추진상에도 중국의 패권주의 성향이 나타나면서 일대일로는 중국을 위한 인프라 구축에 개발도상국을 이용하기 위한 수단이며 중국의 패권주의를 포장하기 위한 정책이라는 비난을 받고 있다. 일대일로 사업으로 피해를 본 국가뿐 아니라 중국과 에너지 밀월 관계인 러시아, 경제발전을 위해 중국과 에너지 협력은 하지만 여전히 중국위협론을 우려하는 중앙아시아와 미국의 인도 · 태평양 라인에 가담한 일본과 호주, 싱가포르를 비롯하여 유럽 국가들까지 중국의 일대일로에 경계심을 드러내고 있다.

중국의 해양강국 건설과 남중국해

중국 지도자들은 덩샤오핑이 1974년 UN 특별위원회에서 "중국은 제3세계 국가 측에 서 있으며 영원히 패권을 추구하지 않을 것"이라고 선언한 이래 과거 중국의 모든 지도자가 반복적으로 공언하고 있다. 시진핑 주석 역시 19차 당대회에서 "중국은 어떤 수준으로 발전하든지 영원히 패권을 잡지 않고 영원히 확장하지 않을 것이다."라고 밝혔다. 시진핑 주석 집권 이전까지 중국은 비교적 도광양회(韬光养晦, 빛을 감추고 은밀히 힘을 기른다) 기조를 유지하고 미국과의 직접적인 패권 다툼을 우회하면서 성장해왔다.

시진핑 집권기에 들어서 경제적 부의 축적과 해군력 강화를 바탕으로 남중국해 분쟁, 중국과 주변국 간의 영토분쟁 등에서 관련국과 군사적으로 대치함으로써 일대일로 사업의 걸림돌로 작용하고 있다. 중국이 주장하는 일대일로의 이념이나 장점, 중국의 평화발전 담론에 대한 진실성이 훼손되고 화해공영 · 공동이익을 바탕으로 한 이익공동체 실현을 명분으로 하는 일대일로 정책에 대한 불신이 생기는 계기가 되었다. 결과적으로 남중국해 분쟁과 해상 실크로드 구축이 이념적으로 상충하면서 중국에 대한 불신은 관련국들로부터 안보 불안을 야기하고 있다.

남중국해 영유권 분쟁

남중국해 분쟁은 중국, 대만, 베트남, 필리핀, 말레이시아, 브루나이의 6개국이 남중국해상의 해양 지형물에 대한 영유권 및 해양 관할권을 주장하는 다 국가 간 해양영토분쟁이다. 분쟁의 범위는 남중국해 전체(총면적 1,249,000km^2)를 포괄하며, 스프래틀리 군도(Spratly Islands, 중국명: 난사/南沙), 파라셀 군도(Paracels, 중국명: 시사/西沙), 맥클스필드(Macclesfield Bank, 중국명: 중사/中沙), 프라타스(Pratas, 중국명: 둥사/東沙)를 중심으로 전개되어왔고 현재 스프래틀리 군도를 둘러싼 갈등이 가장 첨예하다. 이에 미국은 항행의 자유를 중시하며, 국제관습법 및 유엔해양법협약(UNCLOS, UN Convention on the Law of the Sea)에 따라 타국의 배타적 경제수역(EEZ: Exclusive Economic Zone)에서도 공해에서와 마찬가지로 항행의 자유, 상공비행의 자유를 가질 수 있다는 입장이다. 일본 · 호주 · 영국 등이 '항행의 자유' 작전에 동참하고 있다. 이에 더해 2013년 11월 중국이 파라셀 군도와 스프래틀리 군도의 암초를 매립해 인공섬을 건설하고, "주권 보호와 안전상 필요한 조치"라며 인공섬 3곳(피어리 크로스 암초, 수비 암초, 미스치프 암초)에 최신예 미사일과 군사 전파교란시설을 배치함에 따라 중국과 관련국 간의 군사적 긴장이 계속되고 있다. 세계에서 두 번째로 큰 해역인 남중국해가 갖는 경제 · 안보 · 군사적 가치는 영토 면적을 훨씬 초월한다. 남중국해에는 대략 110억 배럴의 원유와 190조 입방미터 가량의 천연가스가 매장되어 있는 것으로 추정된다. 또한, 말라카 · 싱가포르 해협에서 대만해협까지 포함되어 전 세계 해양 물류의 약 25%와 원유수송량의 70% 이상이 남중국해를 지나고 있으며, 한국의 원유수송 대부분이 이 지역을 통해서 이루어지고 있다.[15)]

2012년 제18차 당대회에서 시진핑 주석 해양자원개발, 해양경제발전, 해양권익보호를 통한 '해양강국' 건설을 강조하면서, 해양강국 전설이 중국 특색 사회주의 사업의 중요한 부분이며 경제의 지속적인 발전, 국가주권 및 안보, 발전이익, 소강사회(小康社會) 건설, 중화민족의 위대한 부흥에 심대한 의의가 있다고 강조했다. 중요한 것은 중국이 해양강국 건설을 추진함에 따라 해양진출의 목적이 정치 · 안보적 목적에 경도되었다는 것과 중국이 인도양과 태평양에 진출한다는 전략 목표 하에 연결축이 되는 남중국해에서 전략 거점을 확보하고자 한 것이다.

인도양 항만 중심의 해상권 장악과 진주목걸이 전략

시진핑 주석은 "2035년 국방과 군대 현대화가 기본적으로 실현되고, 21세기 중엽에 이르러 인민군대가 세계 일류군대로 전면적으로 건설되

15) 네이버 지식백과, "남중국해 분쟁"(KIDA 세계분쟁 데이터 베이스, 한국국방연구원) (검색일: 2018.03.15.)

도록 해야 한다."고 밝혔다.[16] 중국굴기의 기반은 군사굴기이며, 군사굴기를 통해 중국굴기를 완성하겠다는 의미로 해석된다. 시진평 주석은 2012년 집권 직후부터 군 내부 반대 세력을 숙청하고 군권을 장악하여 전면적 군대 현대화 계획을 추진하며 세계적인 군사강국으로 도약하기 위해 전력을 기울여 왔다.

일대일로의 해상 실크로드는 남중국해–말라카 해협–벵골만, 인도양–아라비아해–중동–아프리카를 연결하는 바닷길로 중국은 에너지와 화물수송 등의 경제협력뿐만 아니라 군사협력을 위해 지정학적으로 주요 거점 지역에 위치한 항구들을 단계적으로 확보해 왔다.[17] 이러한 계획을 소위 '진주목걸이(String of Pearls)전략'이라고 한다. 해당 항구들은 미얀마 차우퓨항, 방글라데시 치타공항, 스리랑카 콜롬보항와 함반토타항, 파키스탄 과다르항, 지부티 오보크항, 수단 포트수단, 탄자니아 바가모요항, 남아프리카공화국 리처드만 등으로 거의 모든 항에서 일대일로 항만 공사가 진행되거나 소유권 이전, 임대 계약 등으로 중국의 영향력 아래에 있다고 볼 수 있다.

중국은 스리랑카 함반토타항 운영권(99년)을 획득해 대형선박의 접안이 가능한 서남아시아 최대 항구를 획득했고, 항구의 안전 유지를 목적으로 해군 군함과 잠수함도 기항할 수 있게 됐다. 스리랑카 정권 교체로 건설 계획이 중단되었던 콜롬보항도 중국에 대한 스리랑카의 과도한 부채를 인프라 건설로 일부 상환하기로 하여 다시 진행되고 있다.[18] 중국 정부가 43년간 운영권을 따낸 파키스탄 과다르항은 아라비아해에 면해

---

16) 신화망, "시진핑, 인민군대를 세계 일류로 건설하기 위해 노력하자" (2017년 7월 24일) (검색일: 2018.06.29.)

17) 주간동아, "날개 단 중국의 진주목걸이 전략" (2017년 1월 23일) (검색일: 2018.05.20.)

18) 주간조선, "중국이 스리랑카 콜롬보항 접수에 공들인 이유" (2016년 5월 09일) (검색일: 2018.05.23.)

[그림2] 중국의 석유 운반항로와 진주목걸이 전략

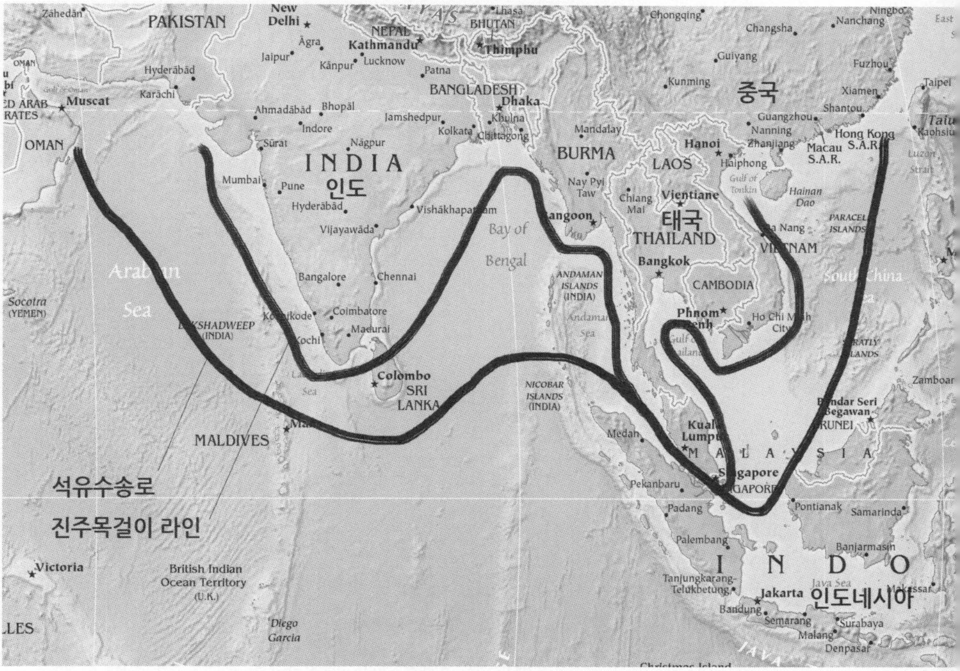

출처: 주간조선, 중국이 스리랑카 콜롬보항 접수에 공들인 이유, 2016.05.09.

있으며 전 세계 석유 공급량의 40%가 지나가는 호르무즈 해협 인근으로 파키스탄에서 유일하게 대형선박이 드나들 수 있는 항구다. 중국은 과다르항까지 석유를 수송하여 파키스탄을 통해 석유를 육로로 수송할 수 있게 되었고, 또한 과다르항 안전확보라는 명분으로 중국 해군이 과다르항에 기항 및 작전을 수행할 수 있게 되었다. 이 때문에 중국이 아라비아해와 인도양에서도 영향력을 행사할 수 있게 되었다. 또 아프리카 북동쪽 아덴만 서쪽 연안 지부티의 오보크항을 중국 첫 해외군사기지로 개발했다. 지부티는 인도양과 홍해를 잇는 길목에 있으며 세계 상선의 30%가 다닐 정도로 지정학적으로 중요한 곳이다. 중국은 지부티에 5억 9000만 달러(약 6872억 3200만 원)을 투입해 10년간 항만 사용권을 얻었으며,

항만 임대료로 매년 2000만 달러(약 232억 9000만 원)를 지급한다. 중국 정부는 오보크항에 무기고를 설치하고 군함 및 헬기 방호시설, 대형 활주로를 건설하고 4000명의 병력을 주둔시킬 계획이다.[19] 중국은 항해 안전 수호 임무를 목적으로 2008년부터 21차례에 걸쳐 함정 60여 척을 아덴만과 소말리아 해역에 파견해 왔으며, 오보크항을 군사기지화함으로써 보급문제까지 해결할 수 있게 됐다. 중국은 탄자니아 바가모요항 개발에 100억 달러(약 11조 2000억 원)를 투자하여 자국 해군 군함의 정박 및 보급 기지로 활용할 예정이다.[20]

세계 각국이 중국의 해양실크로드 전략에 대해 경계심을 나타내는 것은 일대일로 추진 주요 항만이 중국굴기 실현에 있어서 지정학적으로 매우 중요한 위치에 있기 때문이다. 일대일로 참여국이 개발비용으로 빌린 부채를 상환하지 못하는 경우, 항만 운영권이 중국에 넘어가거나 담보로 했던 참여국의 천연자원, 토지 등이 중국 소유가 되기 때문에 국가의 핵심 이익 침해, 경제 주권 침해, 안보 위협으로 인식되고 있다.

일대일로 사업의 한계점: 중국의 이익 독점과 일대일로 참여국의 부채 급증

중국의 일대일로 사업 이익 독점

일대일로는 인프라 구축을 위한 자금이 부족한 개발도상국과 저개발국가에 상당히 파격적인 제안이며, 세계 2위의 경제 대국과 경제협력의 기회를 모색하고 중국이 주도하는 아시아-유럽-아프리카를 잇는 거대 경제 프로젝트에 동참하여 지속가능한 발전의 청사진을 함께 그려간다는 의미에서 신중하게 고려해야 될 제안임에 틀림없다. 그러나 실질적으

19) 주간동아, “날개 단 중국의 진주목걸이 전략”, 2017년 1월 23일 (검색일: 2018. 05.20.)

20) 위와 같음.

로 중국이 추진하고 있는 일대일로의 계획이 여러 나라에서 차질을 빚고 있다.

중국이 지난해까지 아시아, 아프리카, 유럽 등 68개국에 지원한 자금은 총 8조 달러(약 8552조 원)에 달한다.(CGD: 글로벌개발센터) 대부분의 일대일로 협력국들은 일대일로 참여 후 부채 비율이 35%에서 126%로 급증하여, 획기적인 경제성장을 기대하며 일대일로에 참여했던 저개발 국가들은 금융 취약국으로 전락하고 있다.[21] 일대일로와 협력할수록 국가의 부채가 급증하는 구조적인 문제 때문이다. 중국의 지원으로 성장에 필요한 인프라 정비를 가속화하고 있지만, 부채상환 곤란으로 완성된 인프라를 중국에 양도하게 될 가능성이 내재해 있다. 현재 각지에서 정비가 진행되고 있는 인프라는 완성 이후의 수익을 통해 중국에 부채를 상환해야 하는 형태가 대부분이다. IMF 라가르드 총재는 인프라 지원을 받는 국가는 중국이 무상으로 부여하는 것이 아님을 인식해야 한다고 지적했다. 일대일로는 아시아 각국의 부족한 인프라 정비에 기여하지만, 중국의 투자가 해당국에 부채 부담이 될 수 있다고 경고한다.[22]

대표적인 사례가 스리랑카 함반토타 항만이다. 건설비 대부분을 중국자본에 의존했으나 항만운영적자가 지속되어 부채미상환으로 결국 항만운영권을 중국에 양도했다. 이에 따라 중국이 인도양의 영향력 확대를 위해 처음부터 스리랑카의 항만권 취득을 모색했다는 평가가 제기되었다. 미얀마의 차우크퓨항 사업도 유사한 사례가 될 가능성이 높다. 아웅산 수치 미얀마 행정부는 차우퓨크항 건설비용을 축소하는 방안을 모색하고 있으며, 기존 계획대로 진행될 경우 과도한 부채로 차우크퓨항

21) NEWSIS, "中, '일대일로' 68국에 8조달러 지원…8개국 금융취약국 전락" (2018년 3월 5일) (검색일: 2018.07.01.)

22) NH 투자증권, "중국의 일대일로 구상, 아시아 관련국의 과도한 부채 심화를 초래" , 2018년 7월 5일 (검색일: 2018.07.15.)

이 중국의 영향권에 들게 될 것을 염려하고 있다. 차우크퓨항은 말라카 해협을 거치지 않고 중국 내륙에서 인도양, 중동 산유국까지 우회로 확보가 가능하기 때문에 중국에게 지정학적으로 중요한 의미가 있다.

일대일로 추진과정에서 일대일로의 이념과 상충하는 중국의 이익 독점도 문제가 되고 있다. 중국 자본이 들어간 일대일로 사업에 중국 기업과 노동자가 참여하고 해당 국가에 빌려준 차관으로 인프라 관련 설비를 중국 내에서 들여와 이익은 중국이 가지고, 사업대상국은 과도한 부채에 시달리고 있다. 미국국제전략문제연구소(CSIS)에 따르면, 중국이 자금을 지원했기 때문에 아시아와 유럽 34개국에서 추진하는 교통 인프라 사업의 89%가 중국 기업들을 시공사로 선정, 계약을 맺은 상태라고 밝히고 현지 국가나 제3국에 배정된 몫은 11%에 불과하다.[23] 중국 · 파키스탄 경제회랑(CPEC)사업 중 다이메르-바샤댐 건설사업은 중국 이익 독점 논란 때문에 사업이 중단[24]되었고, 네팔 부디 간타키 수력발전댐 건설도 중국 기업 수주를 놓고 분쟁이 발생해 계획이 중단되었다. 베트남에서는 2018년 6월 경제특구 조성 관련 법안(외국인 투자자에게 최장 99년간 토지 임대 가능 조항 포함)이 발표되자 2014년 이후 최악의 반중 시위가 격화되고 있다.[25] 미얀마에서는 중국의 이익 독점과 환경파괴에 대한 반중 시위로 미트소네 댐 건설을 중단시킨 사례가 있다.

---

23) 연합뉴스, "일대일로는 빛 좋은 개살구", 2018년 1월 25일 (검색일: 2018.05.25.)

24) 김창모, "중국 주변국도 '일대일로' 반발", 2018년 4월 20일 (검색일: 2018.05.25.) 파키스탄은 중국이 건설된 댐을 소유하기로 하고, 건설 인력 1만 7000명을 중국인으로 고용해 경제적 효과가 없다고 판단함.

25) 아시아경제, '골' 깊은 중국-베트남, 반중 시위로 긴장고조, 2018년 6월 14일 (검색일: 2018.06.15.)

일대일로 대상국의 부채상환 리스크와 분쟁 사례

미국 세계개발센터에 의하면 중국의 대규모 자금으로, 일대일로 참여국 중 지부티,[26] 파키스탄, 라오스,[27] 몽골, 몰디브,[28] 키르기스스탄,[29] 타지키스탄, 몬테네그로 등 8개국은 이미 대규모 부채상환 리스크를 안고 있는 상태이다.

스리랑카의 지난해 재정적자는 GDP(국내총생산)의 7.4%로 2014년 5.7%보다 크게 늘어났고, 외환보유액도 2014년 말의 3분의 1 수준인 62억 달러로 줄어들었다. 스리랑카가 중국에 갚아야 할 부채가 80억 달러에 달하게 된 것은 라자팍사 전 대통령이 중국으로부터 차관(47억 달러)을 무분별하게 도입했기 때문이다. 중국 정부는 이 가운데 일부를 자국 기업이 스리랑카에서 사회간접자본을 건설하는 자금으로 전환토록 하겠다고 약속했고, 결국 스리랑카는 중국의 '선심'에 대한 대가로 중단시켰던 콜롬보 항구도시 프로젝트를 재개하는 것을 허용했다. 중국이 14억 달러(1조 5000억 원)를 투자해 콜롬보항 인근 지역에 새로운 항구도시를 조성하는 것[30]으로 신도시는 108헥타르 중 20헥타르는 중국이 완전 소유하고 나머지 토지는 99년간 임차하는 조건이다. 중국 국유기업인 중국교통건설유한공사(CCCC)가 맡아 콜롬보항은 사실상 중국 땅이 된다.

말레이시아는 2018년 5월 집권한 마하티르 총리는 이전 정부에서 중

---

26) 지부티는 일대일로 사업 참여 후 대중국 채무가 82%에서 91%로 높아졌다.

27) 라오스는 중국으로부터 GDP의 50% 가량인 67억 달러를 중국에서 차입해 두 번째로 부채 위험이 높은 국가가 되었다.

28) 몰디브와 중국은 2017년 9월 자유무역협정(FTA)를 맺었고, 공동해양관측소를 설치하기로 합의했다. 공동해양관측소가 설치되면 중국은 '진주목걸이전략'에서 유리한 인도양 항로를 얻게 된다. 인도-몰디브의 전통적인 안보 관계에 위협이 된다며 반발하고 있다.

29) 키르기스스탄은 일대일로 인프라 사업 참여로 국가 부채가 62%에서 78%로 늘어났다.

30) 조선닷컴, "중국이 스리랑카 콜롬보항 접수에 공들인 이유", 2016년 5월 26일 (검색일: 2018.04.25.)

[표 4] 일대일로 사업의 분쟁발생 · 취소 · 전면 재검토 주요 사례

국가	일대일로 사업	분쟁발생 · 취소 · 전면 재검토 사례
파키스탄	중 · 파키스탄경제회랑(CPEC) 다이메르-바샤댐 건설	중국 이익 독차지 논란으로 사업 중단.
네팔	부디 간타키 수력발전댐 건설	중국 기업 수주를 놓고 분쟁이 벌여져 계획 중단. 재입찰 계획 중.
	세티 수력발전 프로젝트	중국 싼샤 그룹이 16억 달러 투자, 750MW 규모의 수력발전 계획 취소. 네팔 정부가 국내 자원으로 진행하기로 함.
말레이시아	동부해안철도(ECRL)	마하티르 총리 취임 후, 200억 달러 규모의 동부해안철도 사업 전면 재검토 결정.
	말레이~싱가포르 고속철(HSR)	사업 취소 결정. 국가 부채 확대에 대한 재정 건정성 확보를 이유.
스리랑카	함반토타 항구 운영권	2010년 중국의 자금 지원으로 건설. 2016년 운영권 양도와 지분 비율을 놓고 양국간 분쟁 발생. 경영 악화와 부채 미상환으로 항만의 지분 85%와 운영권(99년) 중국에 양도.
미얀마	미트소네댐 건설 사업	중국이 댐건설비용으로 전력의 90%를 쓴다는 조건, 환경파괴 우려한 주민의 반대로 사업 중단.
	차우퓨크항 건설	차우크퓨항(건설비용 약 75억 달러 규모) 건설 재검토. 중국 시틱그룹 컨소시엄에 의해 진행될 예정. 중국이 70%, 미얀마가 30% 비용부담. 채무불이행으로 항만 통제권의 중국 양도 우려.
호주	남태평양 해저케이블 부설 사업 (남태평양 솔로몬제도~호주 시드니, 3400km)	중국 기업이 주요 통신 인프라인 해저케이블을 시드니까지 연결해 통제하면 안보에 악영향을 미친다고 판단. 호주 정부 반대로 무산됨.
사우디 아라비아	중국 국영 석유기업 시노펙의 합작투자	계약서 변경 관련 소송 발생. 4783억 달러(513조 6900억원 손실 발생)

국과 진행한 200억 달러 규모의 동부해안철도(ECRL) 사업 전면 재검토하기로 결정했다. 이 계획은 태국 국경 부근에서 중국이 개발을 진행하고 있는 동해안 콴탄(Kuantan) 항구를 경유하고, 서쪽 해안의 클랑(port kelang)항까지의 약 690km를 연결하겠다는 프로젝트로 2017년 8월에 착공했다. 동부해안철도(ECRL) 프로젝트를 위한 약 14조 원을 제외하고도 이미 중국에 대한 채무액이 920억 링깃(약 24조 8천 685억 원)으로 말레이시아가 파산지경에 이른다는 우려가 높다. 파키스탄 과다르 항구 인프라 조성사업도 경제회랑 인프라 투자금의 80%(약 620억 달러)를 중국에서 조달하면서 국가부채가 늘어나 주권을 위협할 수 있다.

일대일로에 대한 세계 각국의 경계심

월스트리트저널(WSJ)은 중국이 겉으로는 일대일로 사업을 내세우고 있지만 실제로는 군사 전략적 목적으로 자본을 투자하면서 신흥시장 국가에 빚을 안겨주고 대신 전략적 거점을 가져가고 있다고 진단했다.[31] 일대일로에 참여하면서 국가 부채 비율이 급상승해 금융취약국으로 전락한 국가들은 대부분 중국의 지정학적 요충지에 자리잡고 있기 때문이다.

인도 유력 영자 경제지인 '이코노믹 타임스'는 "일대일로는 중국이 벌인 최대의 지정학적 게임이자 이례적인 규모의 구상으로 이에 대한 세계의 우려도 증폭되는 양상이다. 중국이 일대일로를 바탕으로 65개 국가 및 지역의 주권을 침해하고 있다."고 비판했다.[32] 일대일로는 주변국과의 경제협력촉진과 공영발전이라는 대외명분과 달리 실제로 차관 제공

31) 파이낸셜뉴스, "中 일대일로, 파산 임박한 파키스탄 때문에 좌초 위기", 2018년 7월 15일 (검색일: 2018.07.15.)

32) 아주경제, "미국은 보호주의, 중국은 패권 확장?…일대일로 '반발'커져", 2018년 4월 21일 (검색일: 2018.05.13.)

등을 통해 취약한 개발도상국들을 경제적으로 종속시키려 한다는 비판을 받고 있다.[33)]

중국은 지속적으로 '시장 개방', '경제 세계화'를 내세워 미국의 '보호무역'에 대응할 해법으로 일대일로를 추진하면서 기존의 국제 질서를 수호하고 일대일로를 통한 발전 기회와 이익을 참여국과 나누어 함께 윈-윈하는 구상이라고 강조해 왔으나 실제로는 일대일로 사업이 추진되고 있는 국가들이 연이어 높은 국가부채에 시달리고 일대일로 사업으로 얻은 부채로 인해 IMF에 구제금융을 신청할 위기에 놓여있다.

2018년 4월 14일 베이징에서 열린 제5회 인도 · 중국 '경제전략대화'에서 인도 정부는 중국이 일대일로 사업의 장점만 부각시키고 다른 나라의 주권이나 영토보전에 관한 핵심적 우려는 무시한다면서 일대일로 참여를 거부했다.[34)] 프랑스, 영국, 독일도 일대일로 참가는 중국 주도의 국제질서에 따르겠다는 의미라며 일대일로 참여를 거부했다.[35)] 이들 국가는 중국과의 경제협력을 지속 발전시키는 것에 동의하지만 일대일로 프로젝트에 대해서는 상당히 회의적인 시각이다.

에마뉘엘 마크롱 프랑스 대통령은 "일대일로가 새로운 패권의 길이 돼서는 안 된다. 일대일로상의 국가를 예속시켜서는 안 된다."는 점을 거론했다. 지그마어 가브리엘 독일 외교장관도 일대일로를 견제하기 위한 "EU의 새로운 계획이 필요하다. 일대일로는 마르코폴로의 동방여행을 감성적으로 회상하는 것과는 다르다. 중국의 이익을 위해 세계를 전면

---

33) 문화일보, "주변국 분쟁 셀프해결?…中 '一帶一路재판소' 만든다", 2018년 6월 28일 (검색일: 2018.07.05.)

34) 인도는 중국의 일대일로 전략에 맞서는 동진(東進)정책인 '액트 이스트(Act East)전략'을 적극 추진해왔다. 액트 이스트(Act East)는 아세안과 경제 · 안보협력 강화가 핵심이다.

35) 서울신문, 위기의 '일대일로'…中 내부서도 "참여국 재원부족", 2018년 4월 16일 (검색일: 2018.07.11.)

리모델링하는 것이며 이는 자유와 민주, 인권의 기초 위에 있지 않다."고 공격했다. 또한 "중국이 일대일로를 통해 서구와 다른 가치 체계를 유럽에 퍼뜨리고 있다. 유럽연합은 동유럽과 중앙아시아, 아프리카에서 일대일로에 맞서는 인프라 프로젝트를 발전시켜야 한다."[36]고 표명한 것은 유럽이 중·동부 유럽 국가에 중국 자본 비율이 높아지는 것[37]에 대해 경계감을 나타내고 있으며 유럽연합 경제를 와해시킬 수 있는 위협으로 받아들이고 있다는 증거이다.

미국은 2017년 11월 트럼프 대통령이 아시아태평양 경제협력체(APEC) 정상회의에서 거론한 인도·태평양 전략은 일대일로 견제 구상이다. 일본은 공적개발원조를 활용해 인도·태평양 전략을 뒷받침할 것으로 알려졌다. 인도는 중국의 주요 거점인 파키스탄 과다르항에서 서쪽으로 90㎞밖에 떨어져 있지 않은 이란 핵심 항구 차바하르항 운영권 임차 계약을 체결했다.[38] 미국·독일 등 강대국들이 일대일로 경계에 그치지 않고 이에 대항할 인프라 프로젝트를 추진하거나 추진의 필요성을 밝힌 점에 주목할 필요가 있다. 이러한 움직임은 아시아·아프리카 전역에서 중국과 강대국 간의 경제·군사 패권 경쟁 심화될 조짐으로 볼 수 있다. 중국은 일대일로에 대한 공격에 서구 중심의 잣대로 중국을 노골적으로 견제하려는 논리라고 비판하고 있지만 '비(非)민주 대국의 국제 영향력 확장에 대한 국제 사회의 우려'가 커지고 있는 것이 사실이다.

---

36) 동아닷컴, "中 일대일로' 맞서 美-日-印-호주판 일대일로 나오나", 2018년 2월 21일 (검색일: 2018.06.30.)

37) 중국은 2017년 11월 에스토니아, 리투아니아, 슬로베니아와 협약을 체결하여 중·동부유럽(CEE) 16개국과 모두 협약을 체결하였다. 2017년 보스니아 헤르체고비나 석탄발전소 건설을 완료하고 현재 헝가리-세르비아 고속철이 조성 중이며 루마니아, 세르비아에 발전소 건설을 추진하고 있다.

38) 동아일보, "中 일대일로' 맞서 미국-일본-인도-호주 '일대일로' 나오나", 2018년 2월 21일 (검색일: 2018.06.12.)

4. 〈일대일로〉 사업 지속성 제고를 위한 제안

세계 각국은 세계적인 경기 침체, 내수 시장 활성화, 낙후된 지역 개발, 국가급 프로젝트 시행으로 인한 국가 성장 돌파구 마련, 보유 자원개발과 경제발전을 이유로 국가 간 경제네트워크 형성 추세를 보이고 있다. 몽골의 '초원의 길', 캄보디아의 '사각 전략', 인도네시아의 '글로벌 해양거점 전략구상', 카자흐스탄의 '광명대도 개발전략', 러시아의 '유라시아 대통로 건설', 인도의 '벵골만 포괄적 경제기술협력체제 이니셔티브' 등이다. 그 중 가장 큰 규모로 진행되는 것이 중국의 '일대일로' 사업이다.

그러나 일대일로가 시행된 지 채 5년이 지나지 않아 일대일로 협력사업으로 인한 피해가 속출하고 있다. 아시아와 유럽 34개국 교통 인프라 사업 중 89%는 중국 기업이 시공사이며, 계약 위반 및 이익 배분 등을 놓고 중국과 관련 국가 간 분쟁이 급증하고 있다. 중국 법원에 제기된 관련 소송 건수가 2017년 현재 무려 20만여 건에 달한다.[39] 소송의 주요 이유는 일대일로에 참여한 중국 기업들의 임금체불 문제, 정치적 혼란으로 인한 공사 중단, 계약불이행, 문화적 차이 등이다.[40]

중국은 일대일로 추진과정에서 주변국들에 대한 경제 주권 침탈 논란이 커지고 관련 분쟁이 급증하자 국제분쟁해결기구를 설립하여 일대일로 관련 소송 등에 대한 국제법적 분쟁 해결 절차를 마련하겠다고 발표했다. 중국 국무원은 중국 최고사법기구인 최고인민법원이 일대일로 관련 국제 상업분쟁 해결을 위해 산시성 시안(西安)과 광둥성 선전(深圳)에

---

39) 문화일보, "주변국 분쟁 셀프해결?…中 '一帶一路재판소' 만든다", 2018년 6월 28일 (검색일: 2018.07.09.)

40) 홍콩 사우스차이나모닝포스트, 2018.04.16.

'국제상사심판기구'를 설치하기로 결정했다.(2016년 6월 28일 중국 관영 신화통신, CCTV)[41]

2017년 8월 '일대일로 건설 추진 공작 좌담회'에서 시진핑 주석은 향후 일대일로 전략 추진과정에서 철저히 준수해야 할 8대 요구사항을 강조하였다. ① 해외 협력 강화, ② 일대일로 규획 성실 이행, ③ 통합과 조율 능력 강화, ④ 핵심 프로젝트 이행, ⑤ 금융혁신추진, ⑥ 교류확대, ⑦ 홍보확대, ⑧ 안전 보장 능력 제고이다.[42] 8대 요구사항은 일대일로 사업 추진상 드러나는 문제점에 대한 대응 방안으로 보인다.

첫째, '해외 협력 강화'를 위한 공동논의, 공동건설, 공유라는 원칙을 지킨다. 또한, 중점 지역 · 국가 · 프로젝트에 초점을 맞춰 평등 · 호혜 · 공영을 실현한다. 둘째, '일대일로 규획의 성실한 이행'을 위해 구체적인 계획을 차질 없이 추진해 내실을 다진다. 인프라 구축과 에너지 자원 개발, 산업협력 개발, 산업의 핵심 거점 육성 등 전략적 프로젝트를 중점 지원한다. 셋째, 육상 · 해상, 국내 · 외, 정부 · 민간기업 간 '통합과 조율을 위한 능력을 강화'한다. 넷째, '핵심 프로젝트를 이행'해 인프라 · 경제 · 무역 등 협력을 통한 시범사업을 추진함으로써, 관련 국가들이 조기에 성과를 낼 수 있도록 한다. 다섯째, '금융 혁신을 추진'한다. 금융 분야 협력을 심화함으로써, 다양한 금융플랫폼을 구축해 장기적이고 안정적이며 지속 가능한 금융안전망을 구축한다. 여섯째, '인문교류 확대'를 통해 상호학습을 추진한다. 일곱째, 일대일로 건설성과에 대한 '홍보확대'로 관련 학술, 연구 및 이론적 기반을 강화하고, 논의 구조를 체계적으로 구축한다. 여덟째, '안전 보장 능력 제고'를 위한 안보 리스크 평가, 모니

41) 문화일보, "주변국 분쟁 셀프해결?…中 '一帶一路재판소' 만든다", 2018년 6월 28일 (검색일: 2018.07.09.)

42) 고정호, 중국현대를 읽는 키워드 100 '일대일로', 네이버 지식백과 (검색일: 2018.05.03.)

터링, 긴급상황처리시스템을 보완하고 세분화된 조치를 마련한다.

일대일로의 지속적인 추진을 위해서 일대일로를 위한 경제협력개발기구의 창설과 운용이 요구된다. 일대일로 무역 원활화와 투명하고 공정한 규범 제정으로 유럽 국가들의 불신을 해소할 필요가 있다. 사업의 타당성 조사와 공개입찰 방식의 사업 운영, 국가 간 분쟁을 미연에 방지하는 소통 시스템, 중국의 평화발전 담론을 뒷받침할 수 있는 일대일로 사업의 실제적 운용 사례 개발 등을 위해 일대일로 경제협력개발기구의 창설이 필요하다.

5. 한국의 〈일대일로〉 참여시 위협요인 검토

본 장은 중국의 일대일로의 기본이념과 영향에 대해 살펴보고 중국의 패권주의 성향이 일대일로 사업 추진의 장애가 되고 있음을 이야기했다. 중국의 부상을 경계하는 주변국의 마음을 안심시키고 일대일로에 참여시키기 위해 주장했던 중국의 평화발전과 이익공동체 실현이 실제 일대일로 사업추진 과정에서 이루어지지 않음으로써 동아시아에서 일대일로 사업이 중단되거나 전면 재검토되는 사례를 중심으로 중국 패권주의 성향을 살펴보았다. 중국의 일대일로 사업대상의 위치는 수익타당성을 고려하기보다 중국의 지정학적 요충지에 해당하는 곳으로 미국의 해상권 아래에 있는 말라카해협을 거치지 않는 안전한 에너지 수송로 확보와 미국 · 인도의 중국 해상권 봉쇄에 대응하기 위한 진주목걸이전략의 일환으로 사업이 진행되고, 부채 미상환시 사업대상을 중국이 양도받는 형식을 취함으로써 개발도상국의 경제 주권을 침해하고 있다. 6년이 채 안 되는 기간 동안 이루어진 일대일로 사업은 중국이 주장하는 공동건설,

공동이익 등 일대일로의 과실을 함께 나누기로 한 약속들이 실제 이루어지지 않고 중국의 패권주의 강화 경향이 더욱 뚜렷하게 나타남으로써 협력국으로부터 일대일로 사업에 대한 신뢰를 잃고 있다.

일대일로의 본격적인 시행이 이루어지기 전까지 중국의 평화굴기 · 평화발전에 대한 담론은 설득력이 있어 보였으나 일대일로의 기본이념과 중국의 패권주의적 성향이 상충함으로써 일대일로 사업추진의 큰 장애가 되고 있다. 지금과 같이 세계 곳곳에서 사업이 중단되고, 반중감정이 확산되며, 세계 각국의 신뢰와 지지, 협력을 얻어내지 못한다면 중국의 지속적인 발전과 아시아-유럽-아프리카를 하나의 경제권으로 잇는 일대일로의 성공은 장담하기 어려울 것으로 보인다.

중국은 일대일로 시행 과정의 문제점을 개선하려고 노력하며 일대일로 협력국과 공동이 창출을 실현하고, 협력국과의 소통과 협력을 통해 합리적인 수익모델을 개발하여야 한다. 중국이 그동안 주장했던 담론을 실천함으로써 신뢰를 회복하고, 중국의 이익과 지역패권주의 달성만을 위한 사업이라는 인식을 개선하도록 적극적인 노력을 하여야 한다. 이제 일대일로는 중국이라는 한 국가의 발전에만 국한되지 않고 동아시아 경제와 안보에 영향을 미치는 메가 프로젝트이며, 그 프로젝트를 주도하는 중국은 스스로 주장하는 바와 같이 '책임 있는 강대국'으로써 일대일로 협력국들과 경제적 발전을 도모하여 이익공유를 실현하는 모습을 보여야 한다.

일대일로가 저성장 기조의 세계 경제에 신성장동력을 제공하고 대륙을 넘나드는 철도, 교통 인프라를 구축하여 국가와 국가, 대륙과 대륙을 쉽게 넘나들며 이익을 함께 공유하는 이익공동체를 형성하고 있다는 점을 부인할 수 없다. 그러나 중국이 패권주의를 추구하고 해상을 장악하기 위해 군사기지를 늘리고, 국경 분쟁과 주변국의 주권 침해, 환경문제를 무시한다면 세계 각국의 협력을 기반으로 한 중국의 성장은 지속되기 어렵다.

한국은 새로운 성장동력 창출을 위해 대륙경제와의 연결을 적극적으로 모색해야 한다. 한반도 신경제지도구상과 북방 경제협력, 남방 경제협력을 이루어나가기 위해서 중국과의 정치적 · 경제적 협력은 중요하다. 한반도의 비핵화와 항구적인 평화정착을 위해 한반도는 지정학적으로 중국과 우호적인 관계를 반드시 유지해야 하고 남북 경제협력을 남 · 북 · 중, 남 · 북 · 러 경제협력으로 확대하고, 중 · 러와의 철도 · 물류 · 에너지 협력으로 한반도 경제영토가 대륙 경제로 확장되어야 한다. 중국과의 경제협력의 중요성은 아무리 강조해도 지나치지 않지만, 한국은 중국의 일대일로 사업 참여에 앞서 일대일로 사업의 피해 사례들과 사업의 수익성 제고, 협력 단계에서의 소통과 분쟁요소 제거 등 다각도로 신중하고 면밀한 사업 검토가 필요하다.

3장

한반도 신경제지도와 〈일대일로〉 협력의 기회와 위협

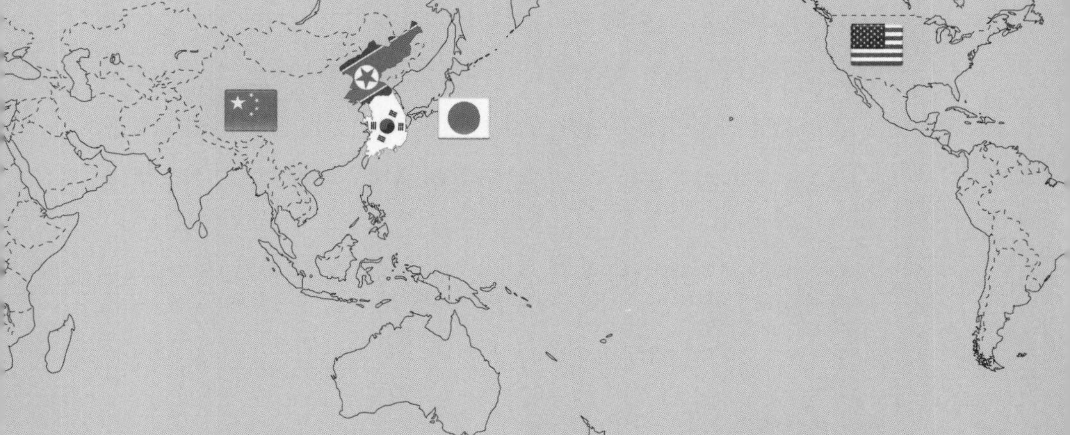

1. 한반도 비핵화 프로세스와 동북아 정세

북한의 비핵화 선언과 세 차례에 걸친 남북 정상회담과 북미 정상회담, 이어지는 후속 실무회담 등을 통해 현재 한반도 비핵화 프로세스가 진행 중이며, 한반도는 비핵화와 평화체제 정착, 동북아의 평화와 번영의 토대를 마련할 기회를 맞았다. 북한의 비핵화 로드맵과 미국의 상응하는 조치, 종전선언과 대북제재 완화에 대한 북 · 미 간 이견이 있으나 이러한 미시적 관점에서의 불확실성은 한반도 비핵화 프로세스의 다음 단계로 이행하는 과정으로 보는 것이 타당하다. 거시적 관점에서 남 · 북 · 미가 한반도 비핵화와 동북아 평화정착, 북한의 정상 국가화라는 큰 틀에서 합의하고 있다는 것이 중요하다. 과거 6자 회담 때와는 달리 남북한 신뢰관계 속에 한국이 북 · 미 간 적극적인 중재자 또는 촉진자 역할을 함으로써 비핵화 프로세스에 동력을 제공하고 있다. 또한, 중국, 일본, 러시아 등 한반도를 둘러싼 강대국들도 한반도 비핵화에 우호적인 태도를 보임으로써 한반도가 평화체제를 구축할 절호의 기회를 맞이했다.

다만, 동북아에서 패권국 미국과 도전국 중국의 첨예한 대립양상은 한반도 정세와 동북아를 포함한 아시아 전역의 경제와 안보, 평화수호에 최대 변수로 작용할 가능성이 크다. 미 · 중 간의 대립은 한반도 비핵화 프로세스 진행 과정 또는 대북제재 완화와 해제시 한반도에서 치열한 경

---

* 이 장은 최재덕, “한반도 신경제지도와 일대일로 협력의 기회요인과 위협요인: 북방경제협력과 연계모색 중심으로”, 『평화학연구』(제19권 4호, 2018.12)에 실린 논문을 기반으로 작성되었다.

제적 영향력 확대로 이어질 가능성이 높다. 비핵화 실현 후에도 한반도의 지경학적 가치 상승으로 미 · 중에게 한반도는 동북아시아의 전략적 거점으로서 중요하다. 특히 중국은 한반도에 대해 줄어든 정치적 영향력을 만회하기 위해 경제적 영향력을 강하게 행사하려 할 것이다. 중국은 최근 일대일로의 한반도 확장을 처음으로 명시하며, 한반도에 대한 일대일로 계획을 밝혔다. 이는 중국이 한반도 경제협력의 이익을 선점하고 발전이 더딘 중 · 몽 · 러 경제회랑과 낙후된 동북3성 지역의 경제 동력을 확보하기 위한 것으로 풀이된다. 남북 경제협력과 대륙경제와의 연결이 한반도 신경제지도의 완성이라는 측면에서 한국도 일대일로와의 협력이 매우 중요하다. 이 시점에서 한국은 중국의 일대일로 전략과 한반도 신경제지도의 접점을 찾아 협력방안을 마련함과 동시에 최근 드러난 일대일로의 문제점에 대한 연구가 필요하다. 근접한 미래에 실현될 동북아 다자 경제협력, 한반도 신경제지도구상과 일대일로의 협력이 가져올 기회요인과 위협요인에 대한 연구도 필요하다.

이 장은 한반도 신경제지도와 일대일로의 협력을 기회요인과 위협요인을 중심으로 살펴보고자 한다. 주된 목적은 첫째, 한반도 신경제지도와 일대일로와의 협력을 한반도 경제공동체와 대륙경제의 연결을 중심으로 필요성과 기회요인을 고찰하기 위해서이다. 둘째, 일대일로 사업 시행과정에서 협력국에 발생한 문제점을 분석함으로써 한반도 신경제지도와 일대일로의 협력 과정에서 발생할 수 있는 위협요인을 파악하고 대응방안을 마련하는 데 도움이 될 것이다. 셋째, 일대일로 협력의 위협요인에 대비함으로써 남 · 북 · 중 경제협력이 서로의 힘을 약화시키지 않고 시너지 효과를 낼 수 있도록 하기 위해서이다.

북한의 비핵화 선언 이전부터 북방 경제협력의 중요성과 방안, 중 · 몽 · 러 경제회랑과 한국의 연계방안, 초국경지역에서의 남 · 북 · 중 경제협력, 광역두만강개발계획(GTI)에 관련된 연구가 꾸준히 되어왔고 다수의 연구가 축적되어 있다. 그러나 기존 연구는 북한의 비핵화 선언 이전 연구로 일대일로의 한반도 확장 계획과 한반도 신경제지도 연계에 관한 연구는 포함하지 않았다. 따라서 최근 활발하게 논의되고 있는 한반도 신경제구상과 일대일로 협력에 대한 기회와 위협에 대해 살펴보고 한국의 일대일로 참여시 예상되는 위협요인에 대한 대응방안을 모색해야 한다.

현재 진행 중인 중국의 일대일로 전략과 미래 남북경제공동체의 비전인 한반도 신경제지도구상의 협력 연구는 다음과 같은 한계점이 있다.

첫째, 일대일로는 2013년부터 2049년까지 장기간에 걸쳐 진행되는 메가 프로젝트로 지난 6년간 사업이 진행된 상황에서 일대일로 구상을 결과론적으로 평가할 수 없는 한계가 있다. 따라서 현재까지 협력국과의 사업내용과 제기된 문제점에 대해 현상학적인 고찰이 필요하다.

둘째, 지금까지 과도한 부채를 지게 된 일대일로 협력국들은 GDP를 비롯한 각종 경제지표에서 한국보다 하위에 있는 개발도상국으로 한반도 신경제지도와 일대일로 협력시 동일한 문제가 발생한다고 단언할 수 없고, 그 결과나 영향력이 같다고 할 수 없다. 그러나 중국이 협력국들과 일대일로 사업을 수행하면서 관행적인 패턴이 나타나고 그에 따른 부정적인 결과가 나타나기 때문에 한반도 신경제지도와 일대일로가 협력사업의 타당성을 검토하고, 사업 계획 단계에서 일대일로의 문제점을 답습하지 않기 위하여, 일대일로 연구와 대응방안 모색이 필요하다.

셋째, 한반도 신경제지도와 일대일로의 협력은 한반도 비핵화와 대북제재 완화를 전제로 한다. 북한 비핵화 로드맵에 대한 북미 간 합의가 이루어지지 않았다. 그러나 남 · 북 · 미의 협력으로 한반도 비핵화 프로세스가 진행 중인 만큼 한반도 비핵화와 대북제재 완화에 대한 발전론적 시각에서 접근한다.

넷째, 한반도 신경제지도와 일대일로 협력이 이루어지는 실질적인 공간적 범위는 중국 동북3성 지역과 북 · 중 · 러 초국경지역으로 설정하고, 협력 대상은 일대일로 사업의 대표적인 인프라 사업인 철도, 도로, 항만 등 교통 인프라를 그 대상으로 한다. 일대일로 사업은 전 세계에서 동시다발적으로 이루어지고 있으며 사업 분야도 다양하다. 그러나 본 장에서는 일대일로와 한반도 신경제지도구상의 협력 공간으로 가장 가능성이 높은 동북 3성을 설정하였고, 사업내용은 중국이 가장 활발하게 벌이고 있는 인프라 사업을 선정하였다.

다음은 한반도 신경제지도구상의 내용과 중국의 일대일로 전략에 대해 최근 중국이 발표한 랴오닝성 단둥을 중심으로 한 일대일로의 한반도 확장 계획을 살펴보고, 한반도 신경제지도와 일대일로 협력 필요성, 한반도 신경제지도와 일대일로 협력의 기회요인과 위협요인에 대해서도 이야기하고자 한다.

2. 남 · 북 · 중 경제협력 연계의 불가피성

한반도 평화체제 구축 시에는 남북경제공동체의 대륙경제와의 연결, 중국, 러시아 등 북방지역 국가들과의 경제협력을 전제로 한다. 21세기에 들어서면서 동북아 국가들은 지정학적 갈등구조가 해결되지 않았음에도 에너지, 환경, 교통, 물류 등 여러 분야에서 국가 간 협력을 실현하고 있다. 러 · 일 경제협력, 중 · 러 에너지 협력, 중 · 몽 · 러 경제회랑의 교통 · 물류 연계 활성화, 중국과 일본의 '제3국 개발 협력' 등이다. 한국의 역대 정부는 북방 경제협력을 추진해 왔음에도 남북 분단과 북한의 안보 위협으로 뚜렷한 성과가 없었다. 문재인 정부는 신북방정책을 표방하며 한반도 평화시대를 대비하여 경제성장의 신성장 동력 확보와 국가 간 협력을 위해 대륙경제와의 적극적인 활로를 모색하고 있다. 한반도 신경제지도구상과 중국의 일대일로는 동북아시아라는 공간적 프레임과 21세기라는 시간적 프레임을 공유하고 있다. 한국과 중국에 국운이 걸린 두 계획의 협력은 긍정적인 측면에서 시너지 효과를 낼 가능성이 충분하다. 한반도 평화체제 정착 과정에서 남 · 북 · 중 경제협력 연계는 남 · 북 · 중 경제발전과 북한을 포함한 북방지역의 평화정착을 위해 반드시 이루어져야 한다. 한국도 한반도의 유라시아 대륙과의 연계, 북방 경제협력을 위해 중국 · 북한과의 경제협력방안을 적극적으로 모색해야 한다. 그러나 일대일로라는 프로젝트에 참여하는 문제에 대해서는 위협요인을 면밀히 검토한 후 신중한 판단이 필요하다.

한반도 신경제지도 구상과 북한의 경제발전전략

한반도 신경제지도구상은 2015년 8 · 15광복 70주년 기념 연설에서 당대표였던 문재인 대통령에 의해 차기 집권 비전으로 최초로 제시되었고, 2017년 대선과 베를린 선언, 국정운영 5개년 계획을 거치며 권역별 · 산업별 벨트 구축계획으로 구체화되었다. 한반도 신경제지도구상은 '평화와 번영을 위한 한반도', '남북 간 화해 협력과 한반도 비핵화'를 위한 경제협력의 청사진이다. 한반도 신경제지도의 배경은 저성장 · 고령화 상태인 대한민국 경제의 새로운 성장 동력 확보, 북한의 변화와 경제의 여건 마련, 남북 경제협력을 통한 동북아 경제협력 연계 및 북방 · 남방경제권을 잇는 교량 국가의 역할을 다하기 위함이다. 목표는 첫째, 북한 변화와 남북 경제통일 기반 조성, 둘째, 우리 경제의 신성장동력 창출, 셋째, 동북아 평화경제공동체 구축이다. 동북아 평화경제공동체의 원칙은 남북 간의 합의 사항을 존중하며 상호신뢰를 기반으로, 미·중·일·러 등 주변국 및 국제기구와 협력을 적극적으로 활용하는 것이다.[1)]

한반도 신경제지도구상의 핵심은 환서해 경제벨트, 환동해 경제벨트와 접경지역 경제벨트인 3대 벨트와 '하나의 시장'이다. 환서해 경제벨트는 서해안 산업·물류·교통벨트로 수도권–개성공단–평양·남포–신의주를 연결하는 서해안 경제협력벨트이다. 거점별 특구 개발, 산업협력, 물류망 구축이 핵심이다. 환동해 경제벨트는 동해권 에너지·자원벨트로 금강산–원산·단천–청진·나선을 남북이 공동 개발한 후 우리 동해안과 러시아를 연결하는 경제협력벨트이다. 에너지·자원·관광 협력과 거점별특구개발, 기반시설 구축을 목표로 한다. 경의선과 동해선 철도를 중국 횡단철도, 시베리아 횡단철도와 연결하여 유라시아를 거쳐 유럽까지 연결되는 교통·물류망을 구축할 수 있다. 접경지역 경제벨트는 DMZ 환경·관광벨트로 설악산–금강산–원산–백두산을 잇는 관광벨트 구축 및 DMZ를 생태·평화안보 관광지구로 개발하는 경제협력벨트이다. 접경지역 경제벨트는 생태·환경·관광 중심의 비무장지대 평화적 이용, 접경지역 공동이용, 화재 등 재난 공동 대응, 평화수역 조성을 목표로 한다. 마지막으로 '하나의 시장'은 남북한 '하나의 시장'을 의미하며 남북 경제협력이 목표이며, 민·관 협력 네트워크를 통해 남북한 하나의 시장 협력방안을 마련하고, 여건 조성시 남북 시장 협력을 단계적으로 실행하여 생활공동체를 형성하는 것을 목표로 한다. 무엇보다도 제도적·인적 기반을 구축하는 사업으로 남한 기업이 안전

1) 이주태, "한반도 국제포럼 Ⅱ : 한반도 신경제지도와 주변국 협력", 『통일부 공식블로그』 https://blog.naver.com/gounikorea (검색일: 2018.10.03.)

[그림3] 한반도 신경제지도 구상

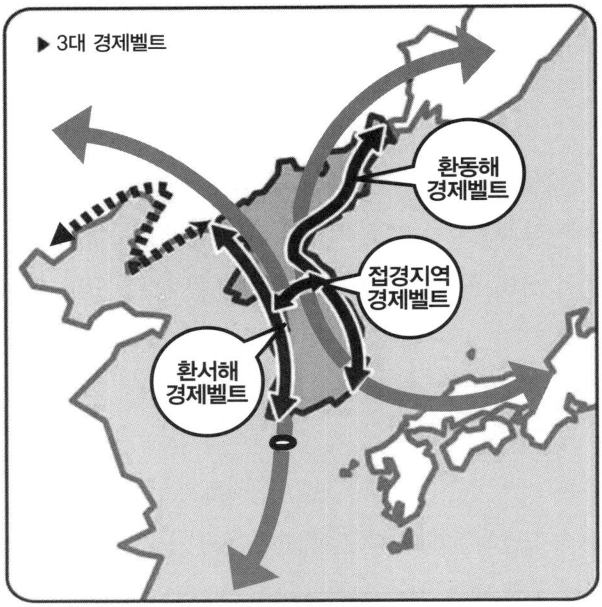

출처: 통일부 http://bitly.kr/WaaUGl

하고 자유롭게 북한에서 사업을 할 수 있는 제도적인 환경을 조성하는 데 초점을 맞추고 있다.[2)]

한반도 신경제지도의 실현은 북한의 경제특구와의 협력, 새로운 통일 경제특구 조성 등 북한과의 협력이 필수적이다. 한반도 신경제지도구상은 남북 간의 경협을 통한 한반도의 발전을 지향하는 것만이 아니라, 나아가 북방지역 국가와의 연계를 궁극적인 목표로 설정함으로써, 동북아 경제공동체 형성을 위한 토대를 마련하고자 한다. 한반도 내에서의 남북 경제협력과 북방지역 국가와의 협력을 함께 연계시켜 대북 및 북방정책 간의 통합과 조화를 추진하려고 하는 점은 과거 역대 정부가 추진해왔던

2) 임강택, "판문점 선언과 한반도 신경제지도 3가지 지향점", 『대한민국 정책브리핑』 (검색일: 2018.09.04)

[그림4] 북한경제개발구 현황

구분	경제개발구
경제특구	신의주국제경제지대, 함금평 · 위화도경제지대, 나선경제무역지대, 개성공업지구, 원산 · 금강산관광특구
중앙급 경제개발구	은정첨단기술개발구, 진도수출가공구, 강령국제녹색시범구, 무봉국제관광특구
지방급 경제개발구	압록강경제개발구, 만포경제개발구, 위원공업개발구, 온성섬관광개발구, 혜산경제개발구, 청수관광개발구, 송림수출가공구, 와우도수출가공구, 청남공업개발구, 숙천농업개발구, 신평관광개발구, 현동공업개발구, 흥남공업개발구, 북청농업개발구, 청진경제개발구, 어랑농업개발구

출처: 경기연구원, https://blog.naver.com/gri_blog

북방정책과 차별성을 가지는 점으로 평가할 수 있다.[3)]

북한의 김정은 시대 대외개방전략은 국가경제개발 10개년 전략 계획, 국가경제발전 5개년 전략, 경제개발구 정책으로 나누어 볼 수 있다. 국가경제개발 10개년 전략계획(2010~2020)은 중장기 경제발전계획으로 금융 및 외자유치, 철도 · 도로 · 항만 인프라 개발, 산업단지조성 및 농업개발과 나선, 금강산 경제특구 개발을 추진하기 위한 것이다. 국가경

3) 이현주, “한반도 신경제구상의 북방경제 협력 방향”, 『국토』 제443호(2018), 14쪽.

제발전 5개년 전략(2016~2020)은 인민경제 활성화 · 경제부문 간 균형을 통한 경제 강국 건설을 목표로 하고 국가 신인도 제고 및 경제개발구 개발에 유리한 투자환경 구축을 강조하고 있다. 경제개발구정책(2013~현재)은 김정은 시대 대외경제발전을 위한 '중심사업'으로 2018년 현재까지 22개의 경제개발구가 지정되었고, '경제특구' 정책의 성과부족에 따른 제도적 보완과 국토 균형발전을 촉진하기 위한 정책전환의 필요성에 의해 도입된 것으로 풀이된다. 개발 목적에 따라 종합형 경제개발구, 공업개발구, 수출가공구, 관광개발구, 첨단기술개발구, 농업개발구의 6개 유형으로 구분된다. 비핵화 진전으로 인한 대북제재 완화시 북한의 경제특구와 경제개발구를 한반도 신경제지도 · 통일경제특구 구상과 연계하고 축적된 남북경협의 노하우를 바탕으로 발전된 남북 경협 모델을 만드는 것이 우선 되어야 한다. 남북 경협에 있어서 북한의 비핵화와 대북제재 완화, 비경제적 영향력 축소, 투자여건 개선, 재원 조달 방안 등의 난제를 어떻게 풀어가느냐가 관건이다.

중국의 일대일로 한반도 확장의 의도

일대일로는 '실크로드 경제벨트와 21세기 해상 실크로드 공동건설 추진의 비전과 행동'[4]에서 '일대일로 관련 국가는 고대 실크로드 범위에 국한되지 않으며, 각 국가, 국제 혹은 지역조직 모두 참여가 가능하다.'고 명시하여 사업의 공간적 범위를 사실상 전 세계로 삼고 있는 개방형 네트워크이다.[5] 한반도는 중국–몽골–러시아 회랑과 가장 근접해 있으나

4) 일대일로 연구에 가장 핵심이 되는 문건으로 2015년 3월 국무원 비준 하에 국가발전개혁위, 외교부, 상무부 등 3개 기관이 동시에 발표했다.

5) 이창주, 『일대일로의 모든 것』 (파주: 서해문집, 2017), 95쪽.

[표 5] 중국의 한반도 일대일로 확장 내용 및 의도

구분	내용	의도
동북아 경제회랑 건설	중·몽·러 경제회랑과 한·중·일+X모델융합으로 6개국(한국, 북한, 중국, 일본, 러시아, 몽골) 협력 전면심화	▪ 동북아지역개발의 중국 주도 ▪ 중국 중심의 동북아 질서 확립 ▪ 미국의 한반도·동북아 영향력 확대 견제
인프라 건설(철도·도로·항만)	단둥~평양~서울~부산철도·도로·통신망으로 상호 연결	▪ 남부항구로 직통 ▪ 일대일로를 태평양으로 확장
	단둥~훈춘~러시아~블라디보스토크 철도건설	▪ 교통·물류 네트워크 통합 및 강화 ▪ 경제권 통합
	단둥~신의주~평양 도로건설	▪ 북–중 경제협력 강화, 경제권 통합
	선양·다롄·단둥 공항과 북한 및 러시아 극동 도시간 항공편 운항 강화	▪ 경제협력 촉진 ▪ 민간교류 확대
	단둥항–블라디보스토크 해상통로 추진	▪ 한반도 서해–남해–동해를 통과하는 해상루트 개발 ▪ 서태평양 진출 루트 확보
경제 플랫폼	단둥 호시(互市)무역구 국가간 온라인 전자상거래 플랫폼으로 지원	▪ 북–중간 전자상거래 현실화 기반 마련
북중경제 협력	황금평의 북–중 경제구, 단둥의 북–중 호시무역구와 단둥 내 중점 개발 개방 실험구와의 연계.	▪ 대북 경제협력의 지지대 마련 ▪ 동북3성의 경제발전 돌파구 마련 ▪ 동북지역 중심의 동북아 경제발전주도
	단둥 경제특구 건설 노력	

* 저자가 랴오닝 일대일로 종합실험구 건설 총체 방안을 중심으로 재구성함.

중국 정부는 동북아 안보 불안으로 일대일로의 한반도 확장에 큰 관심을 보이지 않다가 평양공동선언 직전인 2018년 9월 17일, '랴오닝 일대일로 종합실험구 건설 총체 방안'을 통해 북·중 접경 지역인 랴오닝성 단둥을

관문으로 삼아 일대일로를 한반도로 확장한다고 발표했다.[6)]

일대일로의 한반도 확장 계획 발표는 중국이 동북아 지역 개발을 선점하고 동북아 경제회랑을 건설하여 중국 중심의 동북아 질서를 확립하고 일대일로를 태평양으로 확장하려는 계획이다. 첫째, 답보상태인 중·몽·러 경제회랑과 동북아 경제협력의 새로운 구상인 '한·중·일+X모델'[7)]을 결합하여 중국 동북지역의 경제발전 돌파구를 마련하고, 한국, 북한, 중국, 일본, 러시아, 몽골의 협력을 전면 심화하여 중국 중심의 동북아 경제개발을 통해 한반도와 동북아에서의 미국의 영향력 확대를 견제하려는 의도이다. 둘째, 북한의 인프라 건설에 적극적으로 참여함으로써 한반도에서 중국의 경제적 영향력을 선제적으로 확보하면서, 과잉생산된 철광석·시멘트 등의 건설자재 재고를 소진하기 위해서이다. 셋째, 동북아 경제회랑 건설의 일환으로 진행될 단둥–훈춘–블라디보스토크 철도 건설과 단둥–블라디보스토크 해상 통로 건설을 동시에 진행함으로써 북·중·러 접경지역의 경제협력을 촉진하기 위해서이다. 또한, 경제구, 무역구, 개발개방실험구 간의 연계성을 높이고, 한반도의 서해–남해–동해를 통과하는 해상 루트를 확보하여 서태평양 진출을 용이하게 하기 위함이다. 넷째, 단둥–평양–서울–부산을 철도와 도로를 연결하고 나선항과 청진항 운영권을 확보[8)]하여 동해 쪽 출구를 마련하기 위해서이다. 부산항을 이용함으로써 남부 쪽 출구도 확보하게 되어 중국은 부산항, 나선항, 청진항, 블라디보스토크까지 태

---

6) 윤완준, 동아닷컴, "中 단둥–평양–서울–부산 연결…일대일로 한반도 확장 첫 명시" (검색일: 2018.09.18.)

7) '한중일 + X 모델'은 2018년 5월 9일 한중일 정상회담에서 리커창 총리가 제안한 것으로, 특정 산업에서 협력할 때 한·중·일 세 나라의 협력으로 제3국에 진출하거나, 추가로 한 두 나라를 참여시키는 것을 의미함.

8) 중국은 나선항 항만운영권 50년과 청진항 항만 개발·운영권 30년을 확보하였다. (최형규, "중국 동해 출구전략 2탄 북한 나선(나진·선봉)항 이어 청진항 운영권도 확보" (검색일: 2018.09.03.))

[그림5] 중국의 일대일로 한반도 확장 계획

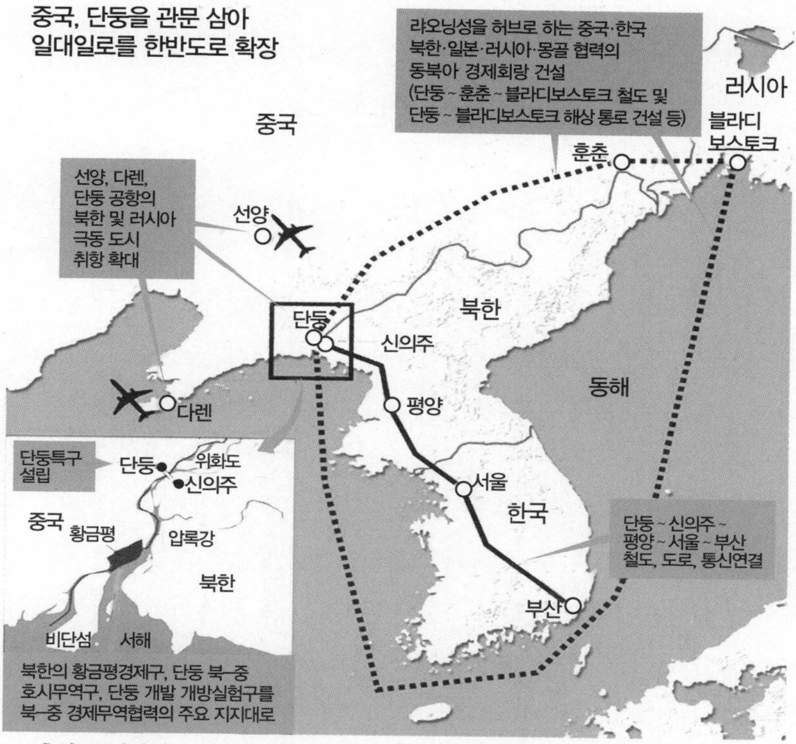

출처: 동아닷컴, 中 "단둥—평양—서울—부산 연결"…일대일로 한반도 확장 첫 명시
http://news.donga.com/3/all/20180917/92027830/1 (검색일: 2018.10.01)

평양 연안 항구 4개를 이용하여 일대일로의 서태평양 확장 기반을 마련한다는 의미가 있다.

다섯째, 일대일로 사업과정에서 드러난 중국의 패권주의 성향과 일대일로 협력국의 부채 급증, 중국의 이익 독점, 일대일로 사업의 분쟁 · 소송 급증 등의 문제점으로 인해 아시아에서 강력한 저항에 부딪힌 일대일로 전략의 새로운 협력 파트너를 확보하고 훼손된 중국의 이미지를 회복할 수 있는 기회로 삼을 수 있다.

한반도 신경제지도와 일대일로 협력의 필요성

한반도 신경제지도와 일대일로 협력은 국제협력을 위한 한반도의 전략 공간 확보, 남북 경제협력의 확장성과 지속성 확보, 한반도 지정학의 전략적 전환과 지경학적 가치 상승을 위해 필요하다.

첫째, 일대일로와의 협력은 국제협력을 위한 한반도의 전략 공간 확보 측면에서 필요하다. 동북 3성은 남북한, 중국, 러시아, 몽골 등 동북아 협력의 중심지이며, 국제협력이 가능한 지역으로 한반도와 유라시아를 잇는 지리적 접점이다. 동북 3성은 일대일로 개발전략을 통해 동북진흥정책, 창장(長江)경제벨트 전략, 랴오닝성 자유무역구 시범 추진 등 경제발전을 위한 개혁개방 확대로 국제협력이 촉진되는 방향으로 발전하고 있다. 초국경 경제협력구 지정, 창춘-지린-두만강지역 개발개방선도구(이하 창지투 개발선도구), 광역두만강개발계획(GTI) 등 기존의 개발전략들은 한반도 평화와 북한의 참여로 더욱 발전적인 다자 경제협력이 이루어질 수 있다. 또한, 중국의 일대일로, 러시아의 신동방정책, 한국의 신북방정책, 북한의 경제개발계획의 협력을 촉진하고 초국경지역에 성장 동력을 제공할 것이다. 한국은 북방지역을 초국경지역에서의 경제발전과 항구적 평화정착을 위한 국제협력의 전략 공간으로 확보해야 한다.

둘째, 일대일로와의 협력은 남북 경제협력의 지속성과 확장성을 확보하고 한반도 경제를 대륙경제와 연결하기 위해 필요하다. 그 동안의 남북 경제협력은 국제정세와 북핵 문제 등 정치적 요소에 의해 지속과 중단을 반복해왔고 이는 다자 경제협력으로 발전하기 못하는 제약 조건으로 작용했다. 일대일로와의 협력은 한반도 경제를 대륙경제와 연결하고 경제적 협력기제를 활용함으로써 남북 간의 정치적 상황 변수에 흔들리지 않는 남북 경제협력의 지속성과 다자 경제협력으로의 확장성을 확보할 수 있다. 한반도 신경제지도구상의 실현과 남북경제의 균형발전을 위해 한반도의 철도 · 도로 · 물류를 동북지역의 인프라 · 물류시스템과 연계하여 중국, 러시아, 몽골은 물론 중앙아시아 · 유럽 국가와의 경제협력을 추구해야 한다.

셋째, 일대일로와의 협력은 한반도 지정학의 전략적 전환과 지경학적 가치 상승을 위해 필요하다. 19세기 말 열강들의 이권침탈과 20세기 초 일제강점기, 한국전쟁과 남북분단으로 이어지는 역사의 질곡 속에 한반도의 지정학은 강대국들의 팽창의욕을 합리화시키는 결정론적 지정학에 예속되었고, 불변의 지정학적 딜레마로 인식되어 왔다. 그러나 한반도 평화체제 정착의 기회를 맞아 이러한 결정론적 지정학을 극복하고 대륙과 해양을 잇는 거점으로써 한반도가 아시아 · 태평양 지역과 유라시아 대륙을 잇는 교량이 되기 위해서는 한반도의 지정학을 전략적 관점에서 재해석해야 한다. 한반도는 아시아 · 태평양 지역과 유라시아 대륙을 잇는 전략적 매우 중요한 위치에 있다. 대륙과 해양으로의 발전가능성은 신북방정책과 신남방정책을 통한 한반도 신경제지도의 실현으로 이어질 것이다. 한반도가 초국경지역에서의 다자 경제협력을 통해 지경학적 가치를 높이는 것은 지난 100년 동안 강대국의 정치적 이권 다툼에 희생되었던 역사에서 벗어나 한반도의 평화를 항구적으로 지키는 길이다. 이를 위해 한반도에 동북아의 복합 물류 허브가 형성되어야 하며, 동북 3성과의 인프라 연결과 합작 산업 물류단지의 조성은 동북아 물류시스템 구축과 물동량 확보를 위한 배후지 확보로서 중요하다. 동해선과 경의선을 대륙철도와 연계하여 한반도가 복합 물류 허브로서 경제성을 확보하면 미국과 일본의 참여도 가능해질 것이다.

3. 한반도 신경제지도와 〈일대일로〉 협력의 기회요인

전략적 다자 경제협력 공간의 확보

한반도 신경제지도와 일대일로의 협력은 남북 경제협력의 공간을 동북 3성 중심의 북방지역으로 확장하여 유라시아 대륙과 연결함으로써 한반도 신경제지도와 신북방정책, 러시아의 신동방정책과 몽골의 '초원의 길' 정책이 시너지 효과를 낼 수 있는 다자 경제협력 공간을 확보할 수 있는 기회이다. 정치적 변수에 민감하게 연동되는 남북 경제협력을 북방지역 국가와의 경제협력을 통해 안정성과 지속성을 확보함으로써 한반도 평화체제 지속과 한반도와 유라시아 대륙의 연결 고리를 강화할 수 있다. 일대일로와의 협력은 북한의 자유시장경제 편입을 유도하는 전략적 공간으로 활용할 수 있다. 동북 3성 지역은 중국이 중·몽·러 경제회랑[9]의 주요지역이다. 낙후된 동북 3성의 경제발전을 위해 다자간 인프라·산업·물류 협력을 도모하고 있는 지역으로, 중국에서 조성 중인 11개 '초국경 경제협력구' 중 5곳[10]이 중국 동북지역에 집중되어 있어 향후 산업·물류 거점으로의 발전 가능성이 큰 곳이다. 특히, 북·중 접경지역에서의 경제협력 –단둥의 황금평 개발과 위화도 개발 등– 을 한국을 포함한 다자 경제협력으로 전환할 수 있는 경제 공간을 마련할 수 있다.

중국이 추진하는 창지투 개발선도구의 핵심은 차항출해(借港出海)로 북한의 나진항과 러시아 자루비노항을 빌려 동해로 진출하여 지린성과

9) 중국 정부는 '중·러 경제특구 건설 계획에 관한 양해각서', '몽골 초원의 길과 협력' 등 중러, 중몽 간 협력에 대한 합의는 이루었지만 뚜렷한 발전 동력이 없어 답보상태이다.

10) 동북지역 초국경 경제협력구는 ① 수이펀허–파크라니치니–헤어허–블라고베셴스크(중·러) ② 훈춘–자루비노 (중·러) ③ 만저우리–초이발산–자바이칼스키(중·몽·러) ④ 엘렌하오터–자민우드(중·몽) ⑤ 훈춘–나선–하산(중·북·러)이다.

헤이룽장성의 물류 항로를 개척하는 데 있다. 유엔대북제재로 현재는 진전이 없으나 대북제재 완화 시 발전 잠재력이 큰 곳이다. 창지투 개발선도구의 대외창구를 반경 300km내에 10개의 항만과 인접해 있는 훈춘으로 정하고, 창지투 개발선도구를 배후지로, 훈춘을 대외창구로 이용한 국제해륙복합운송로로 활용할 계획이다.[11] 2018년 2월 26일, 중국 정부의 일대일로와 창지투를 연결하는 국가해양국~지린성 전략합작 기본협정체결(国家海洋局－吉林省人民政府战略合作框架协议)은 지린성의 해양발전 추진과 일대일로－창지투를 접목하여 동해안의 북한항만과 러시아 극동항만을 연결하기 위한 준비로 보인다. 한반도의 평화정착을 기반으로 한 동북 3성 지역에서의 다자 경제협력은 교통 · 물류 인프라 구축, 경제특구 조성, 광역두만강개발계획(GTI)[12]과 연동하여 시너지를 낼 수 있다. 북한이 다시 GTI에 참여한다면 핵심사업인 교통 · 물류 분야에 획기적인 전환점이 마련될 것이다. 한국은 GTI 회원국으로 이 지역의 발전계획을 주시하고 협력점을 적극적으로 모색해야 한다.

한반도의 동아시아 물류 허브 실현

남북철도 연결은 한반도 신경제지도의 핵심사업으로서 남북의 인적 · 물적 교류를 하나로 잇는 인프라 구축을 의미하며, 경의선은 전라수도권을 지나 개성－신의주－중국으로 연결되어 교통 · 물류 · 산업을 발전시

11) 이상해, "中外中 물류환경 변화와 나진 · 부산항 연계 전략", 『KMI 물류리포트』 제 14－12호(2014).

12) 광역두만강개발계획(GTI)의 사업 대상지역은 한국 동해안(강원, 경북, 울산, 부산), 북한 나선(나진 · 선봉) 경제무역지대, 중국 동북 3성, 내몽고자치구, 러시아 연해주와 하바롭스크, 몽골 동부 지역이다. 2009년 11월 북한이 탈퇴하면서 핵심 사업인 교통과 물류 협력 중단. 중국, 한국, 러시아, 몽골의 4개 회원국과 1개 옵서버국 일본이 참여하고 있다.

킬 환서해 벨트를 형성하게 된다. 부산-강원-북한을 관통하는 동해선이 시베리아 횡단철도와 연결하여 유럽까지 이어지면 동북아시아 물류 흐름이 바뀜과 동시에 남북한 경제에 엄청난 파급력을 가져올 것이다.[13] 중국 횡단철도, 만주 횡단철도, 시베리아 횡단철도와의 연결은 한국의 지정학적 한계를 극복하고 '하나의 시장'을 촉진하며, 동북아 물류 허브로 발전하는 토대를 마련할 것이다. 중국, 러시아, 유라시아 국가, 유럽과 육로 교역이 가능해지면 세계 GDP의 60%를 차지하는 유라시아 경제권과 연결되고 물류비용 절감과 운송기간 단축으로 큰 경제적인 효과를 얻을 수 있다. 문재인 대통령은 2017년 6월 아시아인프라투자은행(AIIB) 연차총회에서 "남북이 철도로 연결되면 새로운 육상 · 해상 실크로드의 완전한 완성이 이루어질 것"이라고 강조하여 일대일로와의 협력을 시사했다. 한반도가 동북아 물류 허브로서 역할을 하기 위해서는 북 · 중 접경지역에서의 남 · 북 · 중 경제협력지대 조성, 물동량 확보를 위한 배후지 확보 노력, 복합물류시스템 개발이 필요하다. 중국의 훈춘시, 북한의 나진항, 청진항, 러시아의 자루비노항, 블라디보스토크항, 한국의 부산항 등 환동해권 항만들을 항만 클러스터로 개발하는 방안과 일대일로와 GTI, 한반도 신경제지도구상을 연계하여 한국이 주도적으로 환동해권 물류 허브를 개발하는 방안에 대한 검토가 요구된다. 또한 2014년 GTI가 투먼 교통회랑(TTC), 쑤이펀허 교통회랑(STC), 시베리아 대륙교량(SLB), 다롄 교통회랑(DTC), 한반도 서부축 교통회랑(KWC),[14] 한반도 동부축 교통회랑(KEC) 등 6개의 교통회랑(Trans-GTR Transport

13) 경의선이 중국 횡단철도와 연결될 경우 2030년 기준 경의선을 통한 철도 물동량은 3,105톤이 될 것이라고 분석했다. (국토연구원, 2014)

14) 한반도 서부축 교통회랑(KWC)은 부산-서울-평양-신의주-선양-하얼빈-시베리아대륙교량(SLB), 한반도 동부축 교통회랑(KEC)는 부산-나선-하산-우수리스크-시베리아대륙교량(SLB)이다.

Corridors)을 설정하였는데, GTI가 다시 활성화될 경우 한반도와 대륙의 교통인프라 연결을 촉진할 수 있어 한반도 서부축 · 동부축 교통회랑에 대한 검토도 필요하다.[15)]

남북한이 주도하는 동북아 경제협력체제 구축의 기회

한반도 신경제지도와 일대일로와의 협력을 남북한이 중심이 되고 미 · 중 · 일 · 러가 한반도 평화체제의 이익공유 주체로 참여하는 동북아 경제협력의 기회로 삼아야 한다. 한반도 북방지역은 남북한과 협의의 북방지역인 중국 동북 3성과 극동 러시아 지역을 포함하며 인구 약 1억 9천 만명, GDP 약 3조 7천억 달러의 경제권을 형성하고 있다. 그러나 이 지역은 국토에 비해 빈약한 인구밀도, 북핵 문제로 인한 정세불안을 이유로 경제협력 추진이 어려운 지역이다. 한반도의 평화는 북방지역의 긴장해소, 북방경제와 한반도 경제 연결을 가능하게 하고 각종 인프라 건설 투자와 협력 사업의 경제성을 높일 것이다. 남북한의 참여로 초국경 지역의 산업경제벨트 구성과 복합물류단지 형성이 원활해지고, 한반도와 협력 국가의 물리적 · 제도적 인프라 격차가 줄어들어 중 · 몽 · 러 경제회랑과의 협력, GTI와의 연계가 강화될 것이다. 또한, 동북아 경제협력은 협력국의 경제성장과 노동력 충원으로 인한 역내인구증가, 물류 배후지 확대 등을 촉진하여 동북아 지역의 경제발전과 평화를 위한 동북아 다자경제공동체의 모태가 될 수 있다는 측면에서 기존의 중국 일대일로의 경제회랑들보다 잠재력과 발전가능성을 높게 평가할 수 있다. 동북아에서의 다자경제공동체의 형성은 평화를 지키는 경제, 경제가 지키는 평

15) 이현주 · 김원배, "중 · 몽 · 러 경제회랑 건설의 협력여건 분석", 『동북아경제연구』 제29권 2호. 43쪽.

화를 실현할 것이다.

남북한이 일대일로 협력 사업과 동북아 경제협력에 주도권을 가지고 대등하게 협력함으로써 중국의 이익 독점과 중국 중심의 경제협력의 틀에서 벗어나 다자 경제협력을 모색하고 참여국과의 공평한 이익배분으로 공동 번영을 이룰 수 있다. 따라서 한반도 신경제지도의 실현을 위해서는 일대일로의 중 · 몽 · 러 경제회랑의 한반도 확장, 소극적 의미에서의 중 · 몽 · 러 경제회랑과의 연결, 일대일로의 동북아 경제회랑 형성에 함몰되지 않는 독립적이고 독자적 남북 중심의 경제협력 모델개발이 중요하다. 중국의 일대일로 한반도 확장 의도에 따라 협력이 이루어질 경우, 남북한도 기존 일대일로 협력국들이 겪었던 어려움에 직면할 위험이 있다. 남북한이 주도하고 미국 · 중국 · 일본 · 러시아 · 몽골이 한반도 평화 이익의 공유 주체로써 한반도와 동북아 경제협력에 참여하는 형태가 바람직하다. 이를 위해 경제협력 모델 개발, 안정적인 사업비 조달, 투자여건 개선에 적극적이고 노력이 필요하다.

4. 한반도 신경제지도와 〈일대일로〉 협력의 위협요인

일대일로를 통한 중국의 패권추구와 이익 독점

일대일로는 급속한 성장으로 부를 축적한 중국의 지역패권주의에 대한 도전, 중화사상의 부활과 중국몽의 실현, 성장이 둔화된 중국경제 발전의 활로 모색, 강대국으로서 주변국 외교, 안정적인 에너지 확보와 해상권 장악, 미국과의 지역패권 주도를 위한 갈등과 경쟁 등 중국이 강대국으로서의 면모를 갖추어가는 전략적인 과정이다.[16] 중국은 일대일로

16) 최재덕, "일대일로의 이론과 실제", 『한국동북아논총』, 제23집 3호(2018), 25쪽.

를 통한 평화발전과 이익공유를 강조하지만, 실질적인 일대일로 사업과정에서 중국위협론, 중국패권주의, 중국 중심의 새로운 경제질서 확립에 대한 세계적인 우려와 일대일로 대상국의 과도한 부채로 인한 경제 주권 침해, 불공정 계약, 반중감정 확산,[17] 환경문제 등 많은 문제점이 드러나고 있다. 특히 일대일로 사업으로 인한 개발도상국들의 부채가 늘어나고,[18] 피해와 소송이 급증하면서 진행 중인 사업 중단, 전면 재검토 등 해당 국가의 강력한 저항에 부딪히고 있다.

시진핑 주석은 '2035년 국방과 군대 현대화, 21세기 중엽 인민군대의 세계 일류군대 양성'을 목표로 전면적 군대 현대화 계획을 추진하여 세계적인 군사 강국으로 도약하기 위해 전력을 기울여 왔다.[19] 일대일로의 해상 실크로드는 남중국해-말라카해협-벵골만, 인도양-아라비아해-중동-아프리카를 연결하는 바닷길로, 중국은 에너지와 화물수송뿐만 아니라 해상권 장악을 위해 지정학적 주요 거점 지역에 위치한 항구들을 단계적으로 확보해 왔다.[20] 미얀마 차우퓨크항, 방글라데시 치타공항, 스리랑카 콜롬보항과 함반토타항, 파키스탄 과다르항, 지부티 오보크항,

17) 2018년 6월 '경제 특구 조성관련 법안'이 통과(외국인 투자자에게 99년간 토지 임대 가능 포함)되자 중국의 투자를 위한 것이라며 2014년 이후 최대 반중 시위 격화되었다. 미얀마에서 중국의 이익독점과 환경파괴에 대한 반중시위로 미트소네 댐 건설 중단됨. 2016년 3월 카자흐스탄 정부의 외국인 토지 임대를 25년까지 허용한 것은 중국에 혜택을 주는 것이라며 대규모 반중 시위를 벌였다.

18) 일대일로 협력국 중 지부티, 파키스탄, 라오스, 몽골, 몰디브, 키르기스스탄, 타지키스탄, 몬테네그로 등 8개국은 일대일로 사업 참여 후 부채 비율이 급상승하여 대규모 부채 상환 리스크를 안고 있어 금융취약국으로 전락할 우려가 높다. (이동훈, "실크로드 영광 재현하겠다던 중국의 '일대일로', 곳곳에서 파열음", 검색일: 2018.08.04.))

19) 시진핑 시기 강군몽(强軍夢) 구상의 특징은 '중국군 사명의 확대', '적극적인 군사전략으로의 변화', '중국군의 현대화 및 정보화', '군사강국을 겨냥한 무기 및 장기의 발전', '신형 군사인재의 신속한 배양', '군사적 대비 영역 확대 및 조정' 등으로 요약할 수 있다. 김태성 · 이상현, "중국의 군사력 증강(强軍夢)에 따른 한국의 전략적 대응방향", 『한국동북아논총』 제23권 3호 (2018) 94쪽.

20) 이장훈, "날개 단 중국의 진주목걸이 전략", 주간동아 (검색일: 2018년 5월 20일)

수단 포트수단, 탄자니아 바가모요항, 남아프리카공화국 리처드만 등 거의 모든 항에서 일대일로 항만 공사가 진행되거나 소유권 이전, 장기 임대 계약으로 중국 영향력 아래에 있다고 볼 수 있다.

중국 자본의 대량 투자가 이루어진 사업에 중국 기업이 사업을 수주하고 중국 노동자가 인프라를 건설하며, 인프라 관련 설비와 자재도 모두 중국에서 들여와 이익은 중국이 독점하고, 일대일로 협력으로 경제발전과 일자리 창출을 기대했던 개발도상국들은 과도한 부채로 인해 금융취약국으로 전락하는 문제점이 발생하고 있다.[21] 건설비 대부분을 중국 자본에 의존하고 차후 인프라 운영 수익으로 부채를 상환하도록 되어 있으나 대부분의 인프라는 낮은 자금 회수율, 운영적자, 부채 미상환으로 인프라 운영권이 중국에 양도되는 등 중국의 이익 독점과 영향력 확대로 개발도상국들의 경제 주권이 침해당하고 있다. 중국은 미국의 '보호무역'에 대응하여 '시장개방', '경제세계화'를 내세우며 일대일로를 통해 발전의 기회와 이익을 참여국과 함께 나눈다고 주장해왔지만 실제로는 군사전략에 기반을 두고 개발도상국에 불필요한 인프라 건설, 부채 미상환으로 건설한 인프라를 획득하여 협력 국가를 경제적으로 중국에 종속시키려 한다는 비판을 받고 있다.

화해와 번영, 협력을 통한 공존 · 공영을 약속하며 시작한 일대일로는 핵심사업이 진행되었던 카자흐스탄, 키르기스스탄 등 중앙아시아를 비롯하여 아시아 전역에 중국 투자가 국가 경제에 부정적인 영향[22]을 미치

21) 중국이 자금을 지원해 아시아와 유럽 34개국에서 추진하는 교통 인프라 사업의 89%가 중국 기업을 시공사로 선정하여 협력국이나 제3국에 배정된 몫은 11%에 불과하다. (미국전략문제연구소(CSIS))

22) 중앙아시아 국가들은 중국 부채를 상환하지 못하여 국가 중요 자산 또는 이권을 중국에 넘기고 있다. 타지키스탄은 발전소 건설 자금으로 빌렸던 3억 달러 미상환으로 2018년 4월 중국에 금광 개발권을 넘겼고 키르기스스탄은 비슈케크에 발전소 건설을 위해 중국 국영 은행과 계약, 부채 미상환시 중국의 광범위한 자산 통제를 받을 위기에 처했다.

며 심지여 자국의 독립에 위협[23]이 된다고 느끼고 있다. 협력국 경제의 중국의존도가 급증한 만큼 사회적, 정치적 반중감정도 커지고 있다. 한반도 신경제지도와 일대일로의 협력이 경제발전을 위해 필요하고 기회요인도 크지만, 일대일로에 협력하기 위해서는 위협요인을 예측하고 대응방안을 마련하는 것이 기존 일대일로 협력국과 같은 피해를 방지하는 방법이다.

미 · 중 갈등으로 인한 일대일로 사업의 중단

미 · 중 무역전쟁의 심화와 중국 경기악화는 일대일로 사업자금 부족, 사업의 갑작스러운 중단, 계약 위반 등으로 협력국들이 연쇄적으로 중국발 경제위기의 피해자가 될 수 있다. 무역전쟁은 중국의 부상을 억제하기 위한 미국의 압박이며, 미 · 중 무역전쟁이 진행될수록 미 · 중간 비대칭적 무역구조에 따라 미국에 유리한 양상으로 전개될 것이다. 2017년 중국의 대미 수출의존도는 18.9%로 중국 전체 무역흑자 중 대미 무역흑자가 차지하는 비중은 65%이다. 이에 비해, 미국의 대중 수출의존도는 8.4%이며 대중 무역에서 3752억 달러의 무역적자를 기록하여 2017년 미국의 전체 무역적자의 47%에 달한다. 미 · 중 무역분쟁으로 중국이 입을 경제적 타격[24]은 일대일로 전략으로 중국 중심의 신경제질서를 구축하는 데 큰 차질을 빚을 수 있다. 미 · 중 패권전쟁이 군

23) 키르기스스탄 국민의 80%는 중국계 유입에 부정적이고, 국민의 44%는 중국 투자가 자국 독립에 위협이 된다고 답했다. (키르기스스탄 제이-베스트 컨설팅사, 2015)

24) 미 · 중 무역전쟁으로 2018년 중국 3분기 경제성장률이 2009년 금융위기 이후 최저 수준까지 하락했다. (전년 동기 대비 6.5% 증가). 인프라 투자 감소, 소비지출 약화 등 무역 전쟁 지속 시 중국 경제위기 현실화될 것이다. (김정은, "中 3분기 성장률 6.5% 불과… 무역전쟁 속 경기둔화 본격화?" (검색일: 2018년 10월 19일))

사적 충돌을 피해 경제적 충돌로 나타남에 따라 정치, 안보, 금융으로 확산되고 장기화될 경우 일대일로 사업 추진동력을 크게 상실할 여지가 있다. 또한, 일대일로 사업에 필요한 자금을 아시아인프라투자은행(AIIB), 중국개발은행(CDB), 중국수출입은행 등 다양한 금융기관을 통해 조달하고 있지만, 필요한 자금과 실제 조달 자금 간 격차가 한 해 최대 5천억 달러에 달한다.[25] 한반도 신경제지도구상과 일대일로의 협력시 중국의 사업지속성, 자금조달 안정성에 대한 검토가 반드시 이루어져야 한다. 사업자금 대출에 있어 AIIB에 지나친 의존을 지양하고 다자개발은행(MDB, Multinational Development Bank)과 협조융자(co-financing) 방식으로 이루어지는 것이 바람직하다. 또한, 일대일로와의 협력 사업을 다자협력사업으로 확대하여 미국과 일본의 참여를 독려하고 세계은행(WB), 아시아개발은행(ADB)의 참여를 적극적으로 유도할 필요가 있다. 협력사업이 중단될 경우 국가급 인프라 프로젝트의 중단과 채무 부담, 대중 관계 악화, 동북아 경제협력 동반 쇠퇴 등의 문제가 야기될 수 있다.

중국의 북한 인프라 건설과 이익 독점

중국의 북한 인프라 건설과 이익 독점을 경계해야 한다. 중국은 급속한 경제성장으로 축적한 자금을 일대일로 협력국에 차관 형식으로 제공하고 인프라 수요를 확보하여 과잉생산된 자국의 건설자재를 소진하고 협력국에 위안화 유통기반을 확대하여 중국의 경제적 영향력을 확대하려는 전략이다. 대북제재 완화시 북 · 중 접경지역과 북한 지역의 인프라

25) 안승섭, "중국 일대일로 참여국 부채비율 높아…자금부족 우려", 『연합뉴스』(검색일: 2018.09.03.)

건설 수요가 급증할 것이고 그동안의 북중 관계를 기반으로 중국이 인프라 건설을 독식할 가능성이 높다. 특히 일대일로는 중국의 자본을 대출 형식으로 협력국에 빌려주고 중국 시공사 선정, 저임금 중국 노동자 고용, 중국 자재와 중장비 이용으로 협력국의 일자리 창출과 경제발전에 끼치는 영향이 미미하다. 또한, 인프라 건설 후 국가부채만 남고 투자비용회수가 어렵다. 그 예로, 파키스탄의 다이메르-바샤댐 사업은 건설인력 1만 7000여 명 대다수가 중국인 노동자이며, 키르기스스탄에서 중국 자본으로 건설 중인 2개의 도로 건설사업도 전체 노동자의 70%가 중국인이다. 중국이 자금을 지원한 교통 인프라 사업 중 89%가 중 중국기업 시공사인 것은 공정 경쟁에 의한 업체 선정과 사업 추진이 된다고 보기 어렵다. 이는 계약 위반, 이익 배분 등의 과정에서 중국과 분쟁 발생 가능성이 높다. 중국 법원에 제기된 일대일로 소송 건수가 20만 건에 이르고 있다. 따라서 건설 인력의 현지인 고용, 중국인 고용 비율 협의, 불투명한 경영 관행 방지를 위한 계약의 합리성 등을 다각도로 검토하여 분쟁요소를 미연에 방지해야 한다.

경제성을 고려하지 않은 인프라 사업 수행

북한 지역의 인프라 건설과 유라시아 대륙과의 연계는 한반도 신경제지도와 일대일로의 한반도 확장의 핵심사업으로 정확한 수요 예측에 의한 사업 수익성을 검토해야 한다. 중국은 세계 고속철 노선의 3분의 2를 중국이 건설했고 공사는 대부분 중국 국유기업 중국철로총공사(CREC)가 맡았다. 2018년 3월 기준 중국철로총공사의 누적 부채는 5조 위안(약 820조 원)로 방만한 경영과 철도 독점으로 인한 부정부패, 부정확한 수요 예측에서 비롯된 경영 적자 때문이다. 6개의 성(省)을 통과하고 상주인구가 4억 3000만 명인 베이징–광저우 구간이 간신히 손익분기점을 맞추고 있고, 1400억 위안이 투입된 란저우~우루무치 고속철의 경우, 수요 예측에서 하루 320편 운행을 예측했으나 실제로는 8편이 운행되고 있다. 최근 중국이 주력하고 있는 아프리카 고속철의 경우, 에티오피아 수도 아디스아바바와 지부티를 잇는 화물철도사업은 아프리카 최초로 전기를 이용한 국가 간 철도 사업으로 총연장 756km, 40억 달러(약 4조 6천억 원)이 투입됐고, 중국수출입은행이 33억 달러를 대출했다. 2018년 초 개통했으나 현재 전력 부족으로 이용이 불가능하다. 이러한 손실과 재정적자에도 불구하고 중국철로총공사는 최근 8000억 위안의 투자 계획을 발표했다. 2008년 금융위기 때와 마찬가지로 중국 정부는 미·중 무역전쟁이 격화되면서 철도 건설에 정부 재정을 투입하여 경기부양의 돌파구를 찾았다. 중국철로총공사는 현재 운영 수익으로 부채에 대한 이자도 감당하지 못하지만, 새로운 부채를 일으켜 계속 사업을 하고 있어 위험성이 높다.

중국 자본 투자에 대한 과도한 요구와 북한 경제 잠식 우려

대규모 중국 자본 의존으로 인한 인프라 사업은 중국의 더 큰 요구를 수용해야 하는 빌미가 될 수 있다. 중국은 일대일로 협력국에 원조의 대가로 천연자원이나 계약패키지 요구, 무역협정·투자에 대한 재협상을 요구해왔다. 중국은 타지키스탄에 일부 국토의 양보를 요구하고, 아프가니스탄에는 신장지역으로 유입되는 이슬람 테러세력에 대한 대테러 방지 목적으로 중국군 주둔을 요구했다. 아프가니스탄은 리튬, 금, 철광석, 구리, 코발트 등 약 1조 달러의 광물이 매장돼 있는 것으로 조사됐고 중국은 이미 아프가니스탄의 각종 광산채굴권을 확보하였다. 천연자원으로 아프가니스탄의 경제적 가치가 수직상승함에 따라 중-파키스탄 회랑에 아프가니스탄을 연계하고 중국의 투자에 대한 보안을 빌미로 중국군을 파견하는 군사적 행보를 보이고 있다.[26] 중국은 향후 인프라 건설의 대가로 북한에 광물자원의 채굴권이나 소유권, 동해쪽 항구의 장기조차(租借),[27] 중국 군함의 자유로운 출입 등을 요구할 가능성이 높다. 북한 내의 일대일로 사업은 북한 고유문화의 파괴, 중국 자본에 의한 북한 경제 잠식이 우려된다.

5. 한반도 신경제지도와 〈일대일로〉 사업의 협력방안

한반도 신경제지도와 일대일로의 협력은 국제협력을 위한 한반도의 전략 공간을 확보하고, 남북 경제협력의 지속성과 확장성을 보장하며, 한반도가 동북아 물류 허브로 도약하여 지정학적 가치를 높이기 위해 필요하다. 한반도 신경제지도와 일대일로와의 협력은 한국이 북방으로 진출할 수 있는 절호의 기회이다. 특히, 남북 경제협력 공간을 동북 3성 중심의 북방지역으로 확장하여 유라시아 대륙과 연결함으로써 한국의 신북방정책, 중국의 일대일로, 러시아의 신동방정책, 몽골의 초원의 길 정

26) 정용환, "일대일로가 군사 팽창일 수밖에 없는 충격적인 이유", 『차이나랩』(검색일: 2018.9.5.)

27) 2018년 10월 24일 베이징에서 열린 차하얼학회 주최 포럼 '한반도 정세 완화와 동북지방의 경제발전 기회'라는 주제 발표에서 '조차지+자유무역구(Free Trade Zone, FTZ)'모델을 제안했다. 주요내용은 "북한 경제특구인 나진 · 선봉 무역지구를 99년간의 장기 조차를 통해 개발하고, 랴오닝성이 주도적으로 참가하려는 북한 황금평도 이러한 모델로 개발되어야 한다."는 것임. 조차지는 국제자유무역지대로 만들어 북한 정부의 간여를 막고, 글로벌 기업의 입주를 촉진할 수 있다는 것이 이유임. 조차지 후보로는 황금평과 위화도 일대, 훈춘 접경지대, 청진항임. 중국 정부에서 발표한 정책은 아니지만 중국학계에서 북한 개방과 북중 경제협력에 대한 논의되고 있으므로 주목할 필요가 있음. (예, 영준, "북한 영토, 99년간 中이 들어가 무역특구로 개발해야." 『중앙일보』(검색일: 2018.10.10.))

책과 협력하여 상호 발전하는 다자 경제협력 공간을 확보할 수 있는 기회이며, 북한의 자유시장경제 편입을 유도하는 전략적 공간으로 활용할 수 있다. 중 · 몽 · 러 경제회랑, 동북 3성에서의 일대일로 전략이 인프라 · 산업 · 물류 협력에 초점이 맞춰져 있어 한반도 신경제지도의 환서해 산업물류 · 교통벨트와 환동해 에너지 · 자원벨트와의 연계가 용이하다. 남북종단철도와 중국 횡단철도, 만주 횡단철도, 시베리아 횡단철도와의 연결은 한국의 지정학적 한계를 극복하고 남북한의 하나의 시장을 촉진하며, 한반도가 동북아 물류 허브로 도약할 수 있는 계기가 될 것이다. 일대일로와의 협력은 남북한이 주도권을 갖고 다자 경제협력을 주도할 수 있는 기회가 될 수 있다.

그러나 일대일로와의 협력에는 간과해서는 안 될 위협요인들이 있어, 이에 대한 심도 깊은 연구와 대응방안이 필요하다. 일대일로는 중국 중심의 메가 경제권 형성과 중국의 영향력 확대를 목적으로 하는 전략적 구상으로 중국은 일대일로를 통해 경제적 협력뿐만 아니라 중국의 이익 독점, 부채외교로 인한 개발도상국의 경제 종속, 인프라 건설을 통한 지정학적 주요 항만 확보 등의 패권주의적 성향을 보임으로써 많은 문제점이 발생하고 이러한 문제점들은 협력국에 위협요인이 되고 있다. 따라서 한반도 신경제지도와 일대일로와의 협력이 가져올 위협요인에 대한 검토와 대응방안이 반드시 선행되어야 한다. 많은 기회요인에도 불구하고 위협요인에 대한 간과는 자칫 남북 경제협력과 북방 경제협력에 치명적인 손실이 발생하거나 경제협력의 주도권을 중국에 넘겨줄 수 있다.

미 · 중 갈등으로 인한 일대일로 사업의 중단, 중국의 북한 인프라 건설과 이익 독점, 경제성을 고려하지 않은 인프라 사업 수행, 중국 자본 투자에 대한 과도한 요구와 북한 경제 잠식 우려를 위협요인으로 꼽았다. 위협요인에 대한 대비가 한국이 일대일로의 협력국들이 빠진 함정에 빠지지 않고 실현가능성과 경제성을 추구하면서 실질적이고 주도적인 협력을 가능하게 할 것이다. 한반도 신경제지도와 일대일로의 협력은 한중 양국에 새로운 성장 동력을 공급하여 새로운 인프라 · 산업 · 물류 네트워크를 형성하고 경제협력 공간을 창출함으로써 동북아의 경제적 이익과 번영을 가져올 것이다. 또한, 동북아의 다자 경제협력을 촉진하여 동북아 평화와 동북아 경제안보공동체형성의 기틀을 마련할 것이다. 한국은 발전된 남북 관계와 남북 상생의 길을 모색하는 시점에서, 미 · 중 패권전쟁에서 양자택일 상황을 지혜롭게 피하면서 동북아의 중견국으로써 강대국들의 첨예한 대립을 국제협력과 다자 경제협력을 통해 경제공동체, 안보공동체, 운명공동체를 형성하는 데 기여해야 한다. 아울러, 국제정세의 흐름을 파악하여 한반도 평화와 번영을 위한 주변국들의 적극적인 협력을 이끌어내어 완전한 한반도 비핵화와 북한의 개혁 · 개방을 기반으로 한 동북아 평화시대를 열어야 한다.

4장

중 · 러 관계 긴밀화와 변수

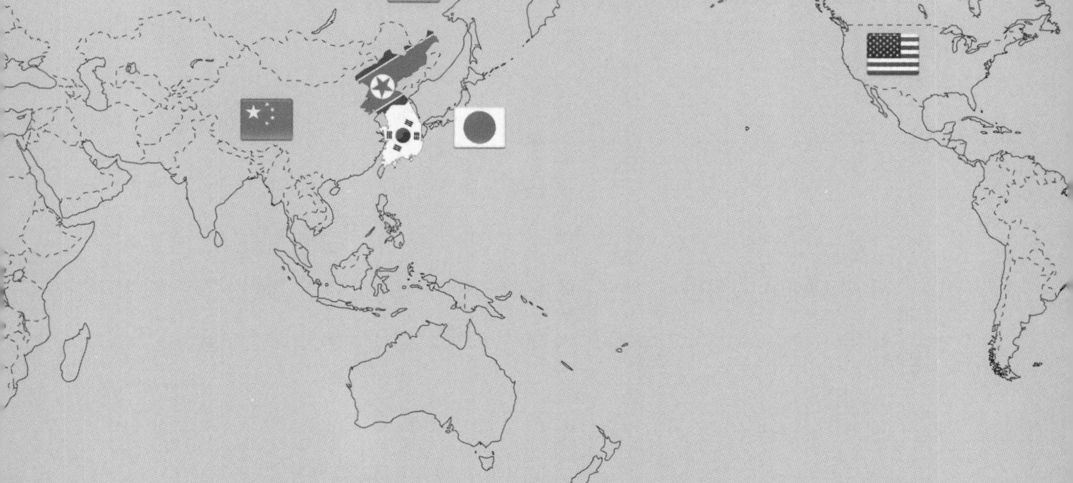

중국의 급부상과 미국의 아시아 재균형 정책, 중국의 일대일로와 미국의 인도-태평양 전략의 대치, 러시아의 크림반도 병합과 신동방정책, 미 · 일 동맹 강화와 중 · 러 관계 강화, 미 · 중 무역분쟁과 미 · 중 · 일 · 러의 군사력 강화, 북한 비핵화 선언과 북 · 미 비핵화 협상 등이 21세기 유라시아 지정학에 큰 변화를 가져왔다. 중 · 러의 관여는 한민족 역사의 고비마다 중대한 영향을 미쳤으며 현재에도 한반도의 평화와 번영을 위한 협력적 파트너십 유지가 반드시 필요한 인접국이다. 독일 통일 후 나토(NATO: 북대서양조약기구)의 동진에 위협을 느낀 러시아와 패권도전국 중국에 대한 미국의 대중국 압박은 앙숙 관계였던 유라시아의 두 강대국 중국과 러시아를 긴밀한 협력 관계로 발전시켰다. 중 · 러는 대외적으로 국제정치, 경제, 안보 등에서 유례없는 전략적 협력 관계를 유지함으로써 역외 공격에 공동대응하고 있다. 이러한 변화는 한반도를 둘러싼 미 · 중 · 일 · 러의 지정학적 전략에 의해 추동되고 있으며, 중 · 러 vs 미 · 일 대립 구도를 형성함으로써 중 · 러의 연대가 유라시아와 동북아 정세에 큰 영향을 미치고 있다.

1. 중 · 러 관계 긴밀화 동향

중 · 러는 일대일로, 유라시아경제연합, 중 · 러 연합군사훈련, 우크라이나 사태와 크림반도 병합, 이란 핵 합의, 시리아 내전 개입, 북한 핵 문제 등 국제적 이슈에 대해 의견일치와 상호지지를 표명함으로써 공고한 관계를 과시하고 있다. 1960년대 말까지 군사적 충돌과 핵공격을 시사할 정도로 양국 관계가 악화되었으나 1989년 5월 고르바초프의 페레스트로이카 외교정책에 따라 소련 지도자 최초로 중국을 방문하여 중소 관계 정상화를 이루었고, 1994년 '동반자 관계', 1996년 '전략적 동반자 관계'를 거쳐 2011년 양국 관계를 '전면적인 전략적 협력 동반자 관계'로 격상시켰다. 2012년 푸틴 집권 3기 출범과 2013년 3월 시진핑 주석 취임 후 양국 관계가 확대 · 발전하였으며, 2017년 5월 푸틴 집권 4기와 동년 10월 시진핑 체제 2기 출범 이후 더욱 공고화 · 제도화되었다. 2019년 6월 모스크바 정상회담에서 중 · 러는 "신시대 전면적 전략동반자 관계를 선언"하여, 미 · 중 무역전쟁에 대해 확고한 공동 전선을 펼치고 있음을 과시했다. 또한, 30여 개의 경제협력방안에 합의했으며, 미국이 제재한 중국 통신장비 업체 화웨이가 러시아 통신회사 '모바일 텔레시스템스(MTS)'와 러시아에서 5세대(5G) 통신망 시범사업을 진행하는 것도 포함했다.

러시아는 나토(NATO)의 동진[1)]에 대응하여 2014년 크림반도를 강제 병합하였고 서방의 경제 제재로 동아시아와 적극적인 경제협력을 모색하는 신동방정책을 추진하고 있다. 미국과 러시아의 관계는 '강한 러시아'를 표방하는 푸틴 집권 후 러시아의 2008년 조지아 침공과 2014년 크림반도 병합으로 한계에 직면했으며, 나토가 동유럽에 군사력을 대폭 증강했고 러

---

1) 1945년 2차 세계대전이 끝난 후 미소 냉전체제에 유럽은 1949년 4월 나토를 창립하고 미국을 포함한 13개국에 독일, 그리스, 터키, 스페인을 흡수하여 막강한 군사와 경제력을 갖춘 강국들의 군사동맹체로 성장, 소련 해체 후 러시아가 약화된 틈을 타 동유럽과 구소련의 위성국까지 나토에 가입하면서 비약적으로 확장되었다. 1990년 독일 통일 후 동독이 나토의 영역으로 흡수되었고, 1999년 체코 · 폴란드 · 헝가리, 2004년 불가리아 · 에스토니아 · 라트비아 · 리투아니아 · 루마니아 · 슬로바키아 · 슬로베니아, 2009년 알바니아 · 크로아티아, 2016년 몬테네그로가 가입하면서 총 회원국은 29개국이 되었다. 조지아와 우크라이나가 나토에 가입한다면 러시아는 완충지 없이 나토군과 접하게 된다. 러시아는 이를 안보상 위기로 받아들이고 나토의 동진에 맞서 조지아 침공과 크림반도 병합을 감행하였다.

[표 6] 중・러 관계의 긴밀화 요인

구분	러시아	중국
안보	소련 붕괴 이후, 무기 판매처 필요 대중 무기수출과 군수분야 활성화	서방과 미국의 견제로 무기수입 어려움. 군사력 증강 및 장비 현대화에 러시아 기술력 필요
	미국・나토군의 러시아 해군 봉쇄에 대응 필요, 러시아 함대의 활동영역 확대	중・러 연합군사훈련 정례화. 러시아 해군력을 이용한 중국 해군력 강화와 활동영역 확대 필요
	나토의 동진과 미국 일극 체제에 대응, 러시아 해군 함대의 영향력 과시	중・몽・러 패권전쟁과 미국의 해양 봉쇄전략에 호전적으로 맞서기 위한 아군 필요
	나토의 동진과 코카서스 지역 안보에 집중하기 위해 국경지대의 안정이 필수	경제발전과 해상 위협에 대응하기 위해 러시아 국경지대의 긴장 제거
	북극개발로 강한 러시아 재건 노력. 자금조달과 개발 추진을 위한 아군 필요	북극항로 개척 참여로 안보・경제적 이익 달성 원함. 북극권 개발 사업에 적극 참여 원함
경제	새로운 에너지 판매처 필요, 신동방정책 추진, 아시아 에너지 판로 개척의지	경제성장 동력인 에너지 안보 중요성 증대 말라카해협을 거치지 않는 에너지 수송로 확보

중・러 공동이익 추구[2)]

글로벌 수준	▪ 세계질서 변화에 따른 중・러의 전략적 접근과 공동대응 ▪ 미국 주도 하 단일 패권체제에의 견제 ▪ 나토의 동진과 MD 체제 구축에의 대응 ▪ 대테러전 수행 ▪ UN의 역할 강화와 정책 공조
지역적 수준	▪ 국경지역 정세 안정 ▪ 체첸, 티벳, 신장 위구르 등 분리주의자들에 대한 공동 대처 ▪ SCO 등 국제협력기구를 통한 중앙아시아지역 협력과 세력균형 도모 ▪ APEC, ARF, CICA 등 지역 기구에서의 협력 ▪ 동북아시아에서 미・일 동맹체제 강화에 대응 ▪ 한반도 비핵화, 북한 핵문제 해결에 공조 등
양자적 수준	▪ 상호보완적 경제협력 강화 ▪ 에너지 자원 수요・공급 확보 ▪ 국경문제의 완전한 해결 ▪ 군사력 증강 협력과 무기 판매 및 구입

2) 서동주, 러중 관계: 국제질서 재편에의 조응과 전략적 합주(合奏) (2019 대러 외교 공동학술회의 자료), 11쪽.

시아도 나토와의 충돌 가능성에 대비해 육군과 특수전 전략 위주로 군사력을 증강하고 있어 긴장 상태가 지속되고 있다.

2. 분야별 중 · 러 관계 긴밀화

중 · 러 관계는 1980년대 중반 이후 지속되어 왔으며, 전례 없이 높은 수준에 도달해 있다. 중 · 러 관계의 긴밀화를 외교, 경제, 군사 · 안보, 에너지 분야로 살펴보면 다음과 같다.

외교 협력

양국은 SCO(상하이협력기구), BRICS(브릭스), G20 정상회의, EAS(동아시아정상회의), APEC(아시아태평양 경제협력체), ASEM(아시아 · 유럽정상회의), CICA(아시아 교류 · 신뢰구축회의) 등 다자협력체에서의 상호협력을 계기로 매년 수차례 정상회담을 열고 있으며 1996년 이후 총리회담, 부총리와 각 부 장관 주재의 고위급 회담이 정기적으로 개최되고 있다. 러시아는 NATO, EU 등 서방의 다자협력체에 대응하여 SCO, BRICS, EEU 등 러시아 주도의 다자협력체를 강화하기 위한 노력을 해왔고, 중국도 미국의 보호주의와 양자주의에 맞서 다자협력체 중심의 합의, 통합, 상호주의를 강조함으로써 중국의 영향력을 확대하고 회원국의 지지를 얻어내는 데 공을 들여왔다. 양국은 다자협력체 내에서 국제적 이슈에 대한 회원국의 의견을 주도하고, 양국의 공동이익과 목표에 부합하는 방향으로 외교적 영향력을 확대하고 있다.

양국이 가장 활발한 외교 활동 공간으로 활용하고 있는 SCO(상하이협력기구)는 유라시아 지역의 국제테러 및 국경지대 불안정, 분리주의 등 공동 안보문제에 대처하고 미국 일극주의에 공동대응하고 있다. SCO는 전 세계 인구의 44%(31억 명), 세계 경제에 차지하는 비중은 25%이며, SCO회원국들은 지리적으로 중국에 인접해 있고 일대일로 사업에 모두 참여하고 있다. 러시아는 SCO가 역내 안보문제에 주력하길 원했으나, 중국은 자유무역지대 설정, 개발은행 설립 등 경제협력까지 영향력을 확대하길 원하는 등 중 · 러 간 운영방식과 활동영역에 이견이 존재하기도 했다. 2010년부터 SCO의 주도권이 중국으로 넘어가면서 일대일로 사업과 맞물려 중앙아시아 국가의 중국 경제의존도가 높아지고 있다. 중국은 SCO의 영향력을 확장시키면서 NATO와 러시아를 동시에 견제하려는 의도가 있는 것으로 보인다. 2019년 6월 15일 제18차 SCO 정상회의의 시진핑 주석은 기조연설에서 "SCO 회원국들이 국제와 지역 문제에 적극적 역할을 발휘해 세계 평화, 공동 발전에 힘써야 한다."고 주장하고 SCO 회원국들의 단합을 촉구하고, 중국 편에 서서 미국에 대항해 싸우자고 요청하였다.[3] 또한 '보호주의에 대항한다.'는 취지의 공동선언을 채택하고 MD(미사일 방어체제) 확대는 세계정세를 불안정하게 만든다고 언급했다. 미국이 이탈한 이란 핵 합의를 유지하기로 하여 미국의 국제 전략에 반대입장을 분명히 했다.

CICA(아시아 교류 · 신뢰구축회의)는 아시아지역 국가 간 상호 신뢰구축, 분쟁 예방을 위해 1992년 카자흐스탄 누르술탄 나자르바예프 대통령의 주도로 만든 지역안보협의체로 매 4년마다 개최되었으나 큰 존재감이 없다가 중국이 의장국이 되어 사실상 CICA를 중국이 주도하면서 안보협의체로서의 역할이 확대되고 있다. 시진핑 주석은 미국과 갈등이 깊어지면서 아시아 국가들이 아시아 안보에 공동 대처하고 보호무역과 일방주의에 다자무역체제로 대응해야 함을 주장하고 인도, 러시아, 중앙

3) 이창재, "시진핑, 무역전쟁 속 상하이협력기구 회원국에 단합 촉구", SBS 뉴스 (검색일: 2019.06.15.)

아시아와의 연대를 강조하고 있다.

2015년 1월 러시아 주도로 독립 국가연합에 속해 있는 러시아, 카자흐스탄, 벨라루스, 아르메니아, 키르기스스탄을 회원국으로 하는 유라시아경제연합(EAEU: Eurasian Economic Union)을 출범했다. 러시아는 EAEU를 정치 · 경제 · 군사 · 문화 통합 국가연합으로 향후 상품 · 노동 · 자본의 자유로운 이동, 단일 경제정책과 단일 통화도입을 목표로 유라시아연합(Eurasian Union)으로 발전시킬 계획이다. EAEU 면적은 구소련 면적의 약 91%, 인구 1억 8000만 명, GDP는 2조 1,000억 달러에 달하며, 2015년 중 · 러 정상회담 공동성명을 통해 중 · 러 주도하에 EAEU와 일대일로의 연계를 추진하고 있다. 양국은 중국의 일대일로 정책과 러시아의 유라시아경제연합과의 연계로 경제협력의 모멘텀을 마련하고자 한다. 러시아는 중앙아시아에서 중국의 영향력이 커지는 것을 경계하면서도 EAEU 창설 후 러시아 경기 침체로 주도적 역할을 하지 못하는 것에 대해 중국의 투자를 유도하기 위해서 표면적으로 일대일로와 EAEU의 협력 가능 분야가 다양하다는 공동입장을 취하고 있다.

[표 7] 2017년과 2018년 러시아의 주요국 대외 교역 규모 (단위: 억 달러)[4]

구분	2017년			2018년		
	수출	수입	총계	수출	수입	총계
중국	389	480	869	551	519	1,070
한국	124	69	193	183	69	252
미국	110	127	237	130	129	259
일본	106	78	184	121	88	209

4) 서동주, 위의 자료, 12쪽. (재인용)

[표 8] 러시아의 대중 교역 추이 (1996~2019) (단위: 억 달러)[5)]

구분	1996	2000	2005	2010	2012	2013	2014	2015	2016	2017	2018
교역액	57	61	202	589	874	888	884	635	661	869	1,070

양국 간 교역 규모는 2000년 61억 달러에서 2010년 589억 달러로 급증하였다. 2014년 크림반도 병합 이후 2015년 교역액이 급감하였으나 2016년 다시 회복세로 돌아서 2017년 20.8%, 2018년 30%가 증가해 2018년 중·러 교역량은 러시아 서방 제재 이전 교역액을 상회하며 최초로 교역액 1000억 달러를 돌파했다. 2019년 중·러 무역은 1/4분기에 전년 동기 대비 4.2% 증가한 241.7억 달러에 달하면서 양호한 성장세 유지하고 있다. 러시아에 중국은 제1교역국이지만 중국과 미국, 유럽, 한국, 일본 간의 교역과는 격차가 많이 나며 중국이 주로 소비재를, 러시아는 석유와 천연가스 등 자원을 수출하는 형태이다. 2019년 초 중국은 '무역을 기초로, 전략 대 프로젝트를 동력으로, 지방 간 협력을 지지대로, 일대일로 건설과 유라시아 경제연합을 주선으로'라는 정책적 구상을 제시하여 중·러 경제협력을 확대를 분명히 했다. 전략 대 프로젝트에는 중·러 동쪽선 천연가스 수송관의 연내 가스 공급 개시, 핵 영역 전면 협력, 중국 헤이룽장성과 러시아 지역 간 교각의 연내 완공을 이루고, 항공우주·디지털 경제·과학기술 혁신 등의 영역에서도 중요한 성과를 이룬다는 구상이다.[6)]

양국의 교역은 꾸준히 증가는 반면 투자는 반대 양상이 드러나고 있다. 2014년 중국의 대러 투자는 45억 4천만 달러였으나 2018년 상반기에 중국의 대러 투자는 10억 달러가 빠져나가 24%가 감소했고, 총 투

5) 서동주, 위의 자료. 12쪽. (재인용)

6) 이상국, 중국의 2019년 전반기 전략 동향 평가 및 함의, 동북아 안보정세 분석, 한국국방연구원 (검색일: 2019.06.22.)

자액도 31억 8천만 달러로 크림반도 병합 당시의 2/3 수준으로 감소했다.[7] 외국인투자 감소는 유가 하락에 따른 자원개발 분야의 투자 매력 감소, 우크라이나 사태에 따른 서방의 경제 제재 때문으로 볼 수 있다. 러시아는 제조업이 취약하고 자원수출 의존도가 높아 외국인투자는 투자 환경적 요인보다 투자 수익에 의존한다[8]고 볼 수 있다.

군사 · 안보 협력 및 미사일방어체제(MD)에 대한 공조

중 · 러의 군사 · 안보 분야의 협력은 러시아 첨단무기 판매 · 도입 및 기술이전, 연합군사훈련 두 가지로 크게 나누어 볼 수 있다. 중 · 러는 1992년 중 · 러 군사기술협력협정을 체결하여 방산협력을 강화하였다. 소련 해체 후 러시아는 도산 직전의 방산산업을 위한 돌파구가 필요했으며, 중국도 미국과 서방에서의 군사기술 도입이 어렵고 군사력 증강과 무기 및 장비 현대화가 시급한 시점에서 양국의 이익 관계가 맞아떨어졌다. 2006년까지 급속도로 이루어지던 양국의 방산협력은 러시아 첨단 군사기술 유출 우려와 중국의 방산기술 개발 진전이 맞물려 감소했으며, 이후 양국의 무기 및 군사기술 구매는 특정 분야에서 중국의 기술적 단점을 보완하는 형태로 이루어져 왔다. 중국은 러시아 군사기술을 도입해 국산화에 성공하였고 일부는 러시아 수준을 초월하기도 했으며, 러시아가 항공, 전자 관련 방산 부품 일부를 중국으로부터 수입하고 있다. 중국의 무기 산업이 성장하여 해외시장에서 러시아 무기와 중국제 저렴한 무기가 경쟁을 벌이게 됨에 따라 러시아는 중국의 군사기술 무단 도용을 경계하고 있다. 중국은 1999년 러시아와 전투기 Su(수호이)-27 도입 계약을 체

---

7) 러시아 중앙은행(The Central Bank of the Russian Federation) 통계. (https://www.cbr.ru/eng/statistics/macro_itm/svs)

8) 윤성학, '러시아 투자의 패러독스: 2012~2016년 러시아 외국인직접투자 부진 원인에 관한 연구,' 『슬라브 연구』 33권 2호, 1~20쪽.

결한 후 러시아의 동의를 얻지 않고 젠(J)-11B, 젠-11D, 젠-15 등 파생 기종을 연달아 개발 생산하여 러시아 군사기술 유출에 대한 우려를 키웠다. 그러나 우크라이나 사태 이후 러시아의 대중국 무기 판매는 전략무기 분야로까지 확대되었다. 2015년 중 · 러 간 Su-35 판매 협상에서 중국이 Su-35를 모방 생산할 경우 거액의 위약금을 무는 조항을 포함했다.[9)]

중 · 러가 함께 참여하는 연합군사훈련은 SCO 차원에서 "평화의 사명(Peace Mission)"이라는 이름으로 시행되는 합동군사훈련과 중 · 러 양자 연합군사훈련이 있다. 2003년부터 러시아와 중국은 여타 중앙아시아 국가들과 "평화의 사명"이라는 연례 합동군사훈련을 실시하고 있다. 이 훈련 목적은 역내 테러주의, 극단주의와 분열주의에 공동 대응하는 것이다. 주로 '불법 무장단체'에 대한 공동작전, 아프가니스탄 · 이라크 등지에서 중앙아시아 · 중국으로의 국제테러 확산 방지를 위한 대테러 훈련을 중심으로 하고 있으며, '평화사명 2018'에 인도와 파키스탄이 최초로 참가하여 산악합동 대테러 진압 훈련을 실시하였다.

중 · 러는 2013년부터 매년 대규모 해상합동훈련을 실시하고 있다. 이 훈련의 목적은 첫째, 한미 · 미일동맹에 맞서 중 · 러 군사 관계의 높은 수준을 역내 · 외에 과시하고 세계 평화와 지역 안정을 공동 수호한다는 결심을 보여주기 위해서이다. 둘째, 제3국을 겨냥하지 않는다는 점을 강조하여 미국의 대중 · 대러 봉쇄에 대응하려는 것이며, 궁극적으로 미국이 간섭하지 않는 동아시아 국가들에 의한 동아시아 역내 새로운 안보 질서 구축을 주장하기 위해서이다. 훈련 내용 및 의미는 '[표4] 연합군사훈련 추이와 내용'에 정리된 바와 같으며, 매년 해상합동훈련 지역과 범위를 달리하고 훈련 규모가 증가하고 있다.

9) 강태호, "새로운 안보 질서의 모색", 『투코리아』 (검색일: 2019.05.02.)

[표 9] 연합군사훈련 추이와 내용[10)]

시기 및 장소	합동군사훈련명	내용 및 의미
2003 ~ 2018 (현재) (SCO 국가 내)	'평화의 사명'	상하이협력기구(SCO) 차원의 전략적 연합훈련 역내 테러주의, 극단주의, 분열주의에 공동대응 목적으로 대테러 훈련 중심으로 이루어짐
2013년 (블라디보스토크 인근해역)	'해상연합-2013'훈련	중국이 제1도련선(중국 연안으로부터 1000km) 이내 해역 통제를 위한 해양 패권 전략 내포. 중 · 러 군사 관계의 전략적 상호신뢰 해상안보 공동대응
2014년 (센가쿠 열도 인근해역)	'해상연합 (Joint Sea)-2014'	중 · 일간 센가쿠 열도 문제에 관해 러시아가 중국 입장 지지함
2015년 5월 (지중해)	'해상연합 (Joint Sea)-2015' Ⅰ	중국 해군 사상 가장 먼 거리에서 이루어진 해상훈련
2015년 8월 (블라디보스토크 인근 동해)	'해상연합 (Joint Sea)-2015' Ⅱ	상륙작전, 해상 연락망 방어, 반잠수함 훈련, 대공방어 훈련 및 반함 대응 훈련 포함. 미 · 일 군사동맹 강화에 대한 맞대응 의미
2016년 (남중국해)	'해상합동훈련-2016'	중 · 러 첫 대항방식으로 군사훈련. 대잠수함 작전, 대공 · 대함 방어, 도서 탈환 및 통제, 해병대 상륙훈련, 연합구조 훈련 진행
2017년 (1단계: 발트해/ 2단계 오호츠크해)	'해상연합 2017'	오호츠크해는 미 · 일에 의한 제1열도선 동북부에 위치. 전례 없이 높은 위도의 해역에서 군사훈련. 중국의 북극해 진출 가능성 시사.
2018년 (동시베리아 바이칼 지역)	'보스토크 2018'	중국군 병력 3200명 투입, 무기와 장비 900여 대, 전투기와 헬기 30대 투입. 작전 범위와 참가인원 최대
2019년 (산둥성 칭다오 해상)	'해상연합 2019'	러시아가 중국에 최첨단 미사일 방어 시스템인 S-400 두 번째 포대 운용을 위한 장비 인수 준비와 운용 인력을 교육함

10) 저자가 자료 수집 후 재구성함.

미국과 러시아 사이에 수년간 현안이 되어온 유럽의 미국 MD 배치 문제는 우크라이나 사태로 교착상태에 빠져 있다. 미국은 우크라이나 사태로 신NATO 동맹국이 된 동유럽 국가들에 나토의 군사력을 증강하고 발트 3국, 폴란드 등에 군비 지원을 확대하였으며, 조지아 · 우크라이나와 나토 차원의 안보협력을 강화하고 있다. 미국이 2019년 2월 러시아의 '9M729 노바토르' 미사일이 중거리 핵협정 위반이라고 지적하며 협정 이행을 중단하고 반 년 후 탈퇴한다고 선언하였고 2019년 7월 2일 미국의 INF 탈퇴를 한 달 앞두고 러시아가 먼저 INF 조약 참여를 중단함으로써 미국과 옛 소련이 1987년 체결하고 지난 30년간 유럽에서 핵미사일의 단계적 철수, 핵전쟁 위협 제거의 상징적 핵 군축 조약의 실효성을 상실하게 되었다.[11] 러시아 외무부는 미국의 유럽 미사일방어시스템에 속한 발사대 MK-41이 INF를 위반했다고 주장했다. MK-41은 루마니아에 이미 전개되었고 폴란드에 배치 중이다. 러시아는 미사일 발사대가 폴란드에 배치되면 유럽이 대치의 장으로 변할 것이라고 경고하면서 유럽 국가들이 효과적인 국제 무기 통제, 비무장, 비확산을 원한다면 미국의 정책에 맹목적으로 따르지 말고 유럽의 근본적인 안보 이익을 충실히 하여 유럽이 다시 대치의 장이 되는 것을 막아야 한다고 강조했다.[12] 따라서 유럽에서 미국과 러시아의 군사 · 안보적 긴장이 고조될 것으로 보인다. 최근 유럽은 독일 · 프랑스가 미국과 많은 국제적인 현안들에서 충돌하면서 러시아와 가까워지고 있으며, 우크라이나 사태 이후 러시아와 국경을 마주한 동유럽 국가들은 오히려 미국과 적극적인 안보협력을 원하고 있는 등 '하나의 유럽' 통합 정신이 흔들리고 있다는 평가가 나오고 있다.

---

11) 문가영, "러, 美보다 한 달 앞서 '핵조약' 탈퇴", 『매일경제』 (검색일: 2019.07.04.)
12) 러, "폴란드에 美 발사대 배치되면 유럽 대치의 장 될 것 경고", 『연합뉴스』 (검색일: 2019.06.04.)

에너지 협력

자원 강국인 러시아는 에너지를 통해 자국의 영향력을 강화해 왔다. 중 · 러의 에너지 밀월은 2011년 미국의 셰일가스 혁명에 기인한 바가 크다. 미국의 에너지 독립은 미국이 지정학의 축을 중동에서 아시아로 옮기는 결정적인 계기가 되었으며, 중국 압박을 본격화하는 동력을 제공했고, 셰일가스 혁명으로 인한 유가 폭락은 러시아의 재정 부담과 국제정치적 입지의 축소를 가져왔기 때문이다. 중국은 미국이 장악한 해상루트를 거치지 않고 최대한 많은 석유를 안정적으로 확보하여 미국의 말라카 해협 봉쇄로 인한 에너지 안보 위기에 대비해야 했고, 러시아는 유럽으로 천연가스를 공급하는 서시베리아 가스전이 점차 고갈됨에 따라 동시베리아와 극동 가스전을 개발해 천연가스 수요가 많은 아시아로의 시장 확대가 필수적이기 때문이다. 크림반도 병합으로 인한 서방 제재, 유럽의 러시아 천연가스 의존 감소 정책으로 인한 고립 탈피를 위해 아시아 국가와의 협력이 더욱 절실해졌다. 푸틴 정부의 장기 에너지 대책『에너지 전략 2035』에 따르면 아태지역으로 석유 수출을 하루 220만 배럴로 증대하고 아시아 · 태평양 지역 석유 수출 비중 목표를 40%로 설정하고 있다.

중 · 러는 2004년 천연가스 공급 협상을 시작하여 2014년 5월과 11월에 각각 '시베리아의 힘 프로젝트 1, 2'에 합의했다. '시베리아의 힘 1(Power of Siberia One)' 프로젝트는 러시아 동시베리아 코빅타 가스전과 차얀다 가스전에서 중국 '동부노선'을 통해 연간 최대 38bcm(380억m^3) 천연가스가 공급되며, 2019년 12월 완공될 예정으로 현재 마무리 단계에 와 있다. 2014년 11월에 합의한 '시베리아의 힘 2(Power of Siberia Two)' 프로젝트는 러시아 서시베리아 알타이 가스전에서 중국 '서부노선'을 통해 연간 최대 30bcm(300억m^3)이 공급되며 2020년 완공 예정이다. 중 · 러는 ESPO(East Siberian-pacific Ocean) 송유관을 통해 2011년부터 2030년까지 하루 30만 배럴의 원유를 공급하기로 했고 (이 계약을 위해 중국은 러시아에 250억 달러의 차관 제공) ESPO 추가 계약을 통해 2013년부터 2038년까지 총 26억 4,000만 배럴을 도입했다. 러시아-카자흐스탄-중국 서부로 연결된 파이프라인을 통해 2014년부터 2018년까지 하루 14만 배럴을 공급했고 연장 가능성이 높으며, ESPO-2는 건설 중으로 2020년부터 하루 18만 배럴이 코즈미노항에서 유조선으로 텐진에 공급될 예정이다.

북극해 개발 협력

중국은 러시아와의 협력을 통해 북극항로 개척 및 천연가스 개발에 참여하길 원하고 있다. 그러나 사실상 미국 · 러시아 · 캐나다 · 핀란드 · 노르웨이 · 덴마크 · 아이슬란드 · 스웨덴 등 8개국으로 구성된 북극이사회가 지배권을 행사하고 있으며, 중국은 한국 · 인도 · 싱가포르 · 이탈리아 · 일본과 함께 옵서버 국가이다. 중국은 국가안보 차원에서 2017년 7월 '빙상 실크로드'를 일대일로에 포함하여 '일대일로일도(一帶一路一道)'로 확대하며 적극적인 개발 의지를 보였다. 중국은 2018년 1월『북극정책 백서』를 발간하고 '북극 인접 국가(near-arctic nation)'로 규정하고 대북극 전략을 구체화하였다. 중국은 북극권에 2012년부터 2017년까지 900억 달러를 투자했으며, 아이슬란드 · 노르웨이와도 연구기지 확보와 쇄빙선 개발을 위해 협력하고 있다. 러시아는 북극항로 개발에 중국과 협력하고 있으며, 공식적으로 2019년 4월 안드레이 데니소프 주중 러시아 대사는 러시아는 북극항로 개발에 중국의 참여를 원한다고 밝혔다.[13] 이에 대해 폼페이오 미 국무장관은 2019년 5월 6일

---

13) 조민영, "밀착하는 中-러, 북극항로 공동 개발 · 천연가스 협력 강화",『이투뉴스』(검색일: 2019. 06.01.)

17차 북극이사회 각료회의에서 “중국은 북극개발에 대해 어떠한 권리도 없다.”며 중국이 스스로 ‘북극 인접국’이라 부르며 경제적 · 군사적으로 북극권에 개입하는 것을 강력히 반대하였다. 그는 또한 중국이 북극해 개발에 참여하면 북극은 군비경쟁과 영유권 주장으로 또 하나의 남중국해가 될 것이며, 중국의 생태학적 파괴, 북극 인프라 부실건설과 관련국들이 부채함정에 빠질 것이라고 주장했다. 2018년 중국의 그린란드 신공항 건설 참여도 미국의 반대로 무산되었다.[14] 새로운 교통 · 물류 수송로이자 막대한 지하자원이 매장된 북극권에서도 미중 갈등이 격화되고 있다. 미국은 북극권이 알래스카와 직접 맞닿아 있어 중국의 북극해 진출이 미국의 핵심 이익에 위협이 된다고 보고 있다.

3. 중 · 러의 한반도 전략

러시아와 중국은 2017년 7월 한반도 문제 해결을 위한 종합적 · 단계적 로드맵을 공동성명 형식으로 발표했다. 한반도의 완전한 비핵화 실현, 북한의 안전 우려 해결과 경제발전, 한반도의 영구적인 평화를 중 · 러의 공동 목표로 설정하고 북한에 대한 체제 안전 보장의 중요성을 강조하면서 남북, 북 · 미 중심의 비핵화 협상에 러시아와 중국이 적극적으로 참여하는 것이 문제 해결을 촉진할 것이라고 주장했다.[15] 한반도 문제에 대한 러시아의 정책을 2017년 5월 남북한을 포함한 북핵 이해당사국들에게 제시한 ‘3단계 한반도 문제 해결 로드맵’을 근거로 요약하면, ‘북

14) 최수문, “북극도 G2 戰場으로…美 ‘中 진출 땐 재앙’”, 『서울 경제』 (검색일: 2019.05.07.)

15) “중 · 러 외교장관 소치 회동…한반도 문제 협력 공감대 확인”, 『연합뉴스』 (검색일: 2019.05.04.)

핵실험 중단 · 한미훈련 축소' → '평화협정 체결' → '동북아 다자안보협정 체결'로 정리할 수 있으며, 전체적으로 중국의 '쌍중단(雙中斷) · 쌍궤병행(雙軌竝行)'과 맥을 같이 한다.

그러나 러시아는 평화협정 당사국으로써의 영향력이 없으므로 평화협정체결 논의와 북한 비핵화 논의를 분리하여, 러시아가 북한 비핵화 프로세스에 참여할 명분과 당위성을 갖고자 한다. 이는 북한 비핵화 프로세스가 한반도와 동북아에서 러시아의 입지와 외교적 활동공간을 안정적으로 만들어주는 중요한 지정학적 '플랫폼'이기 때문이다. 러시아 외교부가 공식적으로 6자회담이 한반도 비핵화를 실현하기 위한 '최적의 틀'이라고 줄곧 강조하는 이유이다.[16] 러시아는 평화협정체결에 있어서도 미국과 중국의 영향력이 크게 작용하는 것을 우려하여 "한반도의 당사자 해결 원칙"을 강조하면서, 남북한이 평화협정을 체결하고 미 · 중 · 일 · 러가 이를 보장하는 방식을 지향한다. 러시아는 한반도 평화프로세스의 최종 단계를 동북아 다자안보협력체 창설로 설정하고 있다. 물론, 아시아 · 태평양지역으로 투사할 외교적 · 경제적 여력이 부족하고, 미 · 중 · 일에 비해 한반도에 대한 지정학적 영향력이 적은 러시아로써는 동북아 다자안보협력체를 통한 지정학적 영향력 확대, 미 · 중 견제, 남 · 북 · 러 경제협력과 시베리아 · 극동지역 개발의 전환기를 기대하고 있다.

러시아의 이러한 한반도 정책은 상당 부분 문재인 정부의 한반도 정책과 일맥상통한다. 남북한 주도의 한반도 문제 해결, 북한 비핵화 단계별 부분 경제 제재 완화, 북방 경제협력과 한반도 신경제지도 실현 가능성 제고, 항구적인 한반도 평화정착을 위한 다자안보협력체 구상 등 양국이 이해 관계의 상충 없이 국제정치 · 경제적 측면에서 상호발전 관계에 있다.

---

16) 홍완석, "한반도 평화프로세스 구현에서 러시아 변수 고찰", 『슬라브학보』, 제34권 1호, 235~238쪽.

중국은 일관되게 '쌍중단(雙中斷) · 쌍궤병행(雙軌竝行)'을 북한 비핵화 해법으로 제시하고 있으며, 북 · 미 간 비핵화 협상이 교착상태에 빠진 것을 미국이 '선비핵화 · 후제재완화'를 고수하기 때문으로 평가하고 있다. 또한, 현재 북 · 미가 '쌍중단'을 이행하고 있으며 단계적 비핵화에 따른 제재 완화가 수반되어야 북한의 비핵화 과정이 진전될 것으로 보고 있다. 특히, 2019년 6월 오사카 G20 정상회담을 앞두고 시진핑 주석이 전격적으로 북한을 방문한 것은 미 · 중 무역분쟁 협상에 앞서, 북한에 대한 중국의 영향력과 비핵화 과정에서 중국의 존재감을 과시한 것이라 볼 수 있다. 중국의 이러한 정치적 행보는 교착상태에 빠진 북한 비핵화에 동력을 제공한다는 긍정적인 측면이 있다. 그러나 중국이 북한 비핵화로 얻고자 하는 실질적인 지정학적 이익은 주한미군과 사드 철수, 북한 나진항을 이용한 동북 3성의 해상 물류 라인 확보, 북한과의 경제협력으로 동북지역의 경제성장 동력 확보, 동해를 통한 서태평양 진출 등 대미 견제와 한반도로의 정치적 · 경제적 영향력 확대에 있다.

한국은 한반도를 포함한 동북아시아에 영향력을 투사하려는 중국과 러시아의 의도를 분명히 파악하고 현재 실효성 있게 추진되고 있는 북 · 미 비핵화 협상과 한반도 평화체제 구축을 위한 남 · 북 · 미의 협력에 중점을 두어야 할 것이며, 중재자와 조력자 역할로써 중 · 러가 완전히 소외되지 않도록 그들의 입장을 고려해야 한다. 중국은 북 · 미 비핵화 협상과 미 · 중 무역분쟁이 난항을 겪을 경우, 중국의 안보 이익에 우선하여 평화협정, 주한미군 철수, 미국의 핵우산 철거 등을 한반도 평화프로세스에 포함시키려 할 것이고, 러시아의 경우 한반도 문제에 대한 미중 대립을 이유로 중재자로 한반도 문제에 관여함으로써 자국의 위상을 높이려 할 것이다. 한국은 중 · 러의 관여가 한반도 비핵화 과정에 긍정적인 동력을 제공하도록 유도하여, 중 · 러의 한반도 문제 관여가 부정적 변수로 작용하지 않도록 해야 한다. 한반도 비핵화 프로세스에 중국과 러시아의 협력과 지지가 절대적으로 필요하므로 동북아 평화를 위한 큰 그림을 지속적으로 제시하면서 평화와 번영을 함께 추구하는 전략적 협력 관계를 도모해야 할 것이다.

4. 중 · 러 관계 지속성에 대한 예측과 변수

중 · 러 관계의 최대 변수는 미국이며, 중 · 러에 가장 중요한 관계는 미국과의 관계이다. 유럽에서의 미국 MD 전개와 러시아 인접국에 나토 군사력 증강, 미국 안보 우산 제공 등을 이유로 미 · 러 관계가 대립하고 있으며, 미국이 중국의 도전에 전면적 강경 대응으로 미 · 중 패권전쟁이 장기화 될 것으로 예상되는 바, 당분간 중 · 러 관계의 긴밀화도 지속될 것으로 예측한다. 실리적 견지에서 중 · 러 간의 에너지 협력은 지속될 것이다. 중 · 러 간 방산분야는 기술적 격차가 축소되고 부분적으로 중국의 군사기술이 역전하는 현상으로 중 · 러 간 군사기술, 무기 거래량이 감소하겠으나 우주, 항공, ICT 분야에서는 부분적 · 전략적 필요에 따른 협력을 이어갈 것이다.

비항구적 협력 관계

그러나 두 국가는 초강대국인 미국의 독주를 견제하기 위한 비항구적인 협력 관계이므로 중 · 러 어느 한 국가에 미국보다 상대국이 더 위협적인 나라로 인식되면 이 관계는 경쟁 관계로 전환될 가능성이 커진다.[17] 러시아에 접경국이고 중장기적으로 다시 경쟁국이 될 가능성이 있

17) 홍현익, "주변 4국의 중국인식: 러시아의 대중국인식", 『성균 차이나브리프』, 2013년 1권 1호. 87쪽.

는 중국의 국력 강화가 러시아의 영향력을 보완해주는 단계를 넘어, 이를 약화시키는 단계에 접어들고 있으므로 러시아는 이를 도전적인 위협으로 볼 수밖에 없다.[18] 러시아는 중국의 초고속 성장을 우려하지 않을 수 없다. 중 · 러는 기본적으로 역내 갈등 · 경쟁 · 견제 관계이며, 양국의 국력 격차가 벌어질수록 갈등 요소는 점차 누적되고 있다. 현재 잠재된 갈등 요소는 미국의 동아시아 전략 · 유라시아 전략과 같은 대외 환경 변화에 따라 중 · 러 관계 변화의 촉진제로 작용할 가능성이 크다. 러시아는 중국 편중의 경제 · 외교 구도에 대해 균형과 견제의 목적으로 일본과 에너지 협력, 극동지역 개발 협력, 푸틴-아베 간 정상외교 활성화를 통해 경제적 · 외교적 협력을 도모하고 있으며, 인도와는 무기교역, 에너지 협력 등을 통해 파트너십을 강화하고 있다. 중 · 러의 전략적 협력은 역외 세력에 대한 공동대응 성격이 강하며, 이러한 맥락에서 양국 관계를 "편의의 결합축(axis of convenience)" 또는 "전략적 동반자 관계(strategic partnership)"이라고 평가한다. 중 · 러 양국은 국가주의, 권위주의, 반미 정서 등 국가적 차원에서 공유 가치가 있다고 볼 수 있지만, 대립과 긴장의 역사, 정서적 유대 관계 부재, 가치관과 문화적 이질성 등 양국 관계의 친밀성을 저해하는 요인이 폭넓게 자리잡고 있다.

구소련연방 국가들의 대중국 경제의존도 심화도 러시아에 상당한 위협이다. 구소련 붕괴 이전까지 중 · 러 관계는 러시아 제국과 소련 우위의 갈등 관계였고, 냉전체제 종식 후 러시아와 중국이 비로소 대등한 협력을 시작했다. 그러나 중국의 급속한 성장은 중 · 러의 대등한 협력 지속성에 대한 의구심을 갖게 한다. 중국은 경제 · 군사 · 정치적 영향력을 앞세워 유라시아 내에서 중국이 역내 질서를 주도하려는 경향이 강

18) 홍현익, 위의 자료.

해짐에 따라 대등한 협력 관계에 파열음 예상된다. 지난 30년간 중국의 경제력이 급속도로 성장하여 세계 15위인 러시아와 격차가 점차 커지고 중 · 러의 군사 · 안보 분야의 협력과 중국의 강군전략으로 군사력에서도 중국이 대등한 관계를 넘어서고 있다. 또한, 러시아는 심각한 저출산과 인구감소로 현재 인구 1억 4,500만 명이나 2050년 러시아 인구는 9000만 명에서 1억 2,500만 명이 될 것으로 추산되고 있다. 따라서 인구밀도가 적은 극동 시베리아 지역에서, 중국에 대한 경제적 의존과 영향력 팽창의 두려움이 항상 존재해 왔다. 중국의 정치학자 옌쉐퉁은 저서 『2023년 세계사 불변의 법칙』에서, 원유 · 천연가스 수출에 의존하는 러시아 경제가 저성장의 늪에 빠지면서 결국 러시아가 중국에 기대게 될 것이라고 예측했다. 실질적으로, 러시아는 서방세력과의 대치에 전력투구하고 있으며 동아시아 방면으로 독자적인 영향력을 투사할 여력이 부족하여 중국의 동아시아 정책에 편승하고 있는 것으로 보인다.

5. 중 · 러 긴밀화에 대한 한국의 대응

한국의 중 · 러 관계 긴밀화에 대한 대응은, 한국이 현재 처한 지정학적인 상황에 부합하도록 한 · 중, 한 · 러 관계로 각각 대응해야 한다. 중국과는 대등한 관계 정립이 필요하며, 러시아와는 경제협력으로 신뢰 관계를 회복할 필요가 있다. 실질적으로, 중국에 대한 의존도를 낮추고 러시아와의 협력 확대하는 전략이 필요하다.

중국이 사드배치로 한국에 행한 경제보복을 교훈 삼아 한국은 중국의 강압적인 태도에 동등한 협력 파트너로서 의연하게 대처해야 한다. 중국은 한국의 높은 대중 경제의존도를 지렛대로 중국과 협력할 것을 더욱 압박할 것이나, 이번 위기를 한 · 중 경제협력 구조를 조정하는 기회의 시기로 삼아야 할 것이다. 한·중 경제협력 구조가 '상호보완적'에서 '경쟁적' 구조로 바뀌고, 대중 수출에서 중간재 비율이 지나치게 높다. 이는 중국 경제성장률·수출 둔화에 큰 타격을 입을 수 있다. 이번 위기를 기회로 삼아 서비스산업 협력·최종재 수출 비중을 높이고 새로운 경제협력 모델을 발굴해야 한다. 중국은 강한 상대에게 유연하게, 약한 상대에게 강경하게 대응한다. 한국은 역내 중견국이자 중국의 경제협력 파트너로서 자주적이고 소신 있는 정책을 추진해야 한다. 대중국 무역의존도를 낮추는 것이 앞으로 다시 벌어질 수 있는 중국의 경제보복에 대한 지렛대를 낮추는 길이며, 한반도 평화프로세스 과정과 그 이후의 일대일로 협력, 남·북·중 경제협력, 동북아공동체 형성 등의 사안에 대해 중국과 대등한 외교 관계에서 협력할 수 있다. 한국은 미·중 무역분쟁으로 중국의 급부상이 저지되는 상황을 이용하여, 한국이 한·미동맹을 기반으로 한 중국과의 대등한 정치·경제·외교적 협력을 원함을 중국에 표명하는 것이 현재뿐만 아니라 미래 한반도 평화정착 후의 대등한 한·중 관계를 위해 꼭 필요하다.

한국은 러시아와 적극적인 경제협력을 추진해야 한다. 역대 정부의 북방 경제협력이 북핵 문제로 답보상태에 머물렀으나 한반도 평화의 대전환기를 맞아 한국의 신북방정책과 러시아의 신동방정책의 합일점을 찾고 상호보완적 경제구조의 이점을 살려, 추진 가능한 협력부터 추진하여 한러 간 경제협력의 신뢰를 구축해야 한다. 북한 비핵화 진전에 따라 북한 제재 완화시 철도·가스관·송유관 등 대규모 남·북·러 경제협력을 준비하고 한-EAEU FTA 체결 노력, 중앙아시아 국가와의 협력을 통해 신성장동력 확보해야 한다. 2017년 9월 7일 블라디보스토크에서 열린 제3차 동방경제포럼에서 문재인 대통령이 '9-브릿지 전략'(가스·철도·항만·전력·북극항로·조선·일자리·농업·수산)을 발표하면서, 극동지역 개발에 적극적인 참여 의지를 밝히고 남북 간의 어려움으로 진척시키지 못했던 사업을 포함하여 러시아와의 협력을 우선 목표로 삼을 것을 피력하였다. 문재인 대통령이 동북아 국가들이 협력하여 극동개발을 성공시키는 일은 북핵 문제 해결의 또 하나의 근본적인 해법이라고 언급한 것은, 성공하는 경제모델을 보여줌으로써 비핵화 이후 북한이 경제협력으로 얻을 이익을 보여준다는 데 의미가 있다. 역대 정부의 한 · 러 경제협력은 실질적인 진전 없이 구호에 그치는 경우가 많았고 러시아에 신뢰를 주기 어려웠다. 따라서, 북한에 대한 경제 제재가 유지되는 상황에서 러시아와의 경제협력에서 북한을 포함한 사업과 한-러 경제협력을 분리해서 접근해야 한다. 북한을 포함한 다자 경제협력을 추진할 여건이 마련될 때 착수할 수 있도록 북한을 포함한 남 · 북 · 러 사업(철도 · 도로 · 가스관 · 송유관)에 대해 준비하되, 현 상황에서 실현 가능한 한-러 경제협력에 주력하는 실리적 접근이 필요하다. 북한이라는 심리적 · 지리적 제약을 넘어 한-러 경제협력이 활성화될 때 북한은 더욱 한국 · 러시아와의 경제협력을 원할 것이다. 한 · 러 경제협력은 협력 가능한 분야부터 성공사례를 만들고 경험과 신뢰를 축적해야 한다. 그런 의미에서 2019년 2월 13일 한-러 북방경제 분야별 협력 비전과 실행계획을 담은 '9-브릿지 행동계획'의 합의는 한 · 러의 실제적인 경제협력 활성화에 크게 기여할 것으로 기대한다.

5장

미 · 중 · 일 · 러의 지정학과 한반도

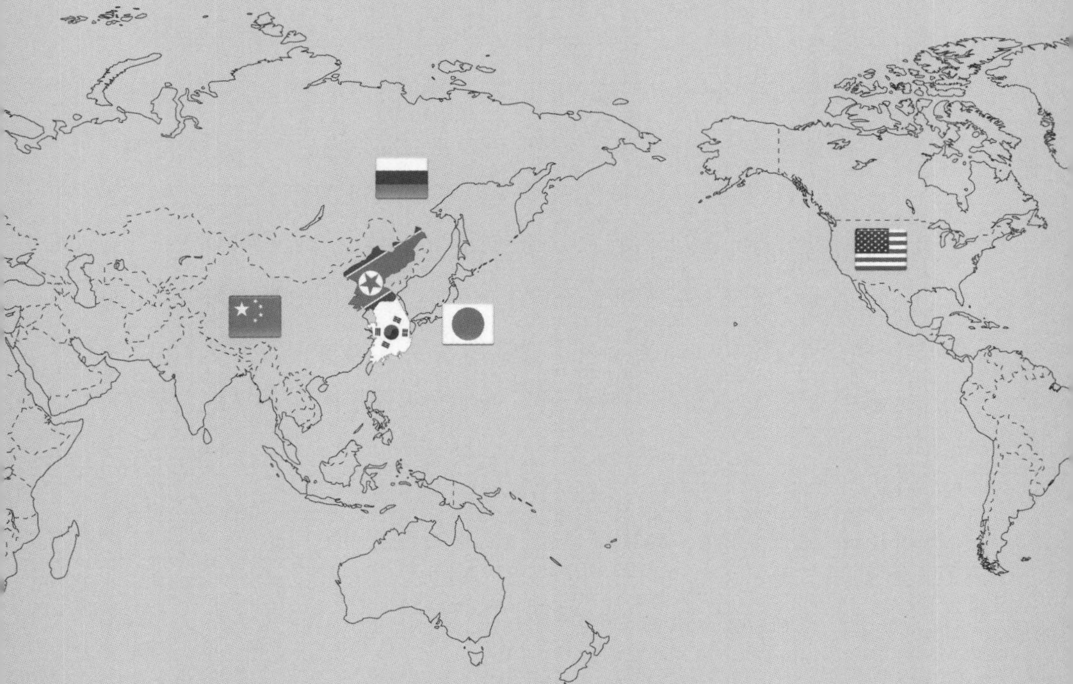

1. 21세기 동북아시아 정세

21세기 세계 경제의 중심이 아시아로 옮겨 오면서 동아시아는 정치·경제·사회·문화 등 모든 면에서 가장 역동적인 지역으로 협력과 갈등이 혼재되어 있다. 동아시아는 높은 경제적 상호의존성에도 불구하고, 미·중 패권전쟁, 영토분쟁, 남중국해 영유권 분쟁, 북핵 문제, 자원과 에너지 확보, 역내 미국, 중국, 일본과 인도의 군사력 강화 등 갈등이 심화되고 있다. 냉전 후 미국의 영향력 아래 재편되었던 아시아는 미국 주도의 일극체제가 약화되고 다극체제의 태동과 적극적인 다자주의 외교가 구체화되고 있다. 아시아의 내재된 갈등은 중동의 경우처럼 무력 충돌로 이어지지 않았지만, 아시아 경제의 역동성 이면에 있는 자국의 세력 확장과 힘의 균형을 조정하기 위한 노골적인 정책들이 합리화되기도 한다.

현 동아시아에서 중국의 경제발전과 중국몽의 실현을 위한 중국의 영향력 확대가 아시아-유럽-아프리카 대륙의 지정학적 요충지를 일대일로를 통해 거대경제권 통합을 이루려는 움직임으로 나타나고 있다. 미국은 이러한 중국의 팽창을 냉전 종식 이후 미국의 지정학적 관점에서 형성된 동아시아 질서에 대한 도전으로 받아들이고 있다. 동아시아 국가들은 중국의 일대일로 참여를 경제협력을 통한 국가 발전의 기회임과 동시에 중국 중심의 새로운 질서에 대한 편입 및 경제 종속의 위협으로 받아들이고 있다. 셰일가스 혁명 이후 에너지 독립을 이룬 미국은 지정학적

---

* 이 장은 최재덕, “차이나 리스크에 대한 대비와 한반도의 전략적 지정학 정립의 필요성”, 『슬라브 학보』 제34권 2호를 중심으로 재구성한 것이다.

가치의 중심을 중동에서 동아시아로 변경하였다. 특히 일본–호주–인도와 함께 자유롭고 개방된 인도–태평양 전략을 통해 중국의 지정학적, 지경학적 영향력 확대를 저지하고 동아시아에서 기존 패권국으로서의 위상을 재정립하려고 한다. 자원 부국인 러시아는 크림반도 강제 병합으로 미국과 유럽의 경제 제재가 계속되자 동아시아로의 에너지 판로를 모색하기 위해 신동방정책을 추진하면서 극동지역의 경제발전을 꾀하고 있다. 최근 아베 정권의 팽창주의 정책도 동아시아의 불안을 야기하는 요소이다. 일본은 중국과 센카쿠(중국명 댜오위다오)분쟁을, 러시아와는 쿠릴열도를 두고 영토분쟁을 벌이고 있다.

북한의 김정은 정권이 집권한 이후 한반도는 핵 위협 때문에 지정학적 리스크가 고조되어왔다. 북한은 2017년 말 ICBM 개발에 성공하여 미국 본토에 직접 타격이 가능해졌다. 이에 미국은 북핵 문제에 초강경 대북 제재로 북한 봉쇄에 총력을 기울였다. 그러자 2018년 초 북한은 핵무기 완성과 비핵화를 선언하면서 경제건설에 총력을 기울일 것을 천명함에 따라 한반도뿐만 아니라 동아시아 평화정착의 대전환기를 맞이하였다. 세계 각국과 국제기구들은 북한의 비핵화 선언을 적극적으로 환영했다. 한반도 문제에 관여하고 있는 미국 · 중국 · 일본 · 러시아의 지정학 · 지경학적 이익 계산법은 모두 다르겠으나 중국 · 일본 · 러시아의 대외적 지지와 비핵화를 위한 남북, 북 · 미 정상회담으로 한반도 평화체제 구축을 위한 국제 사회의 환경이 그 어느 때보다 우호적으로 조성되었다.

2. 지정학의 정의와 현대적 의미의 지정학

지정학이라는 용어는 1916년 루돌프 쉬엘렌(Rudolf Kjellen)이 "지정학은 국가를 지리적 유기체, 지리에 있어서의 현상으로 보고 고찰하는 국가론"이라고 정의하면서 처음 쓰였고, 독일 정치지리학자 라첼(Friedrich

Ratzel)은 근대적 의미로 해석하면서, 국가를 토지에 고정되어 있는 유기체이며, 국가도 진화의 법칙을 따르고, 국가는 인구 증가로 인해 더 넓은 생활공간을 구성하기 위해 새로운 영토를 병합할 필요가 있다고 주장했다.[1] 근대적 의미의 지정학은 하우스호퍼(Karl Emst Haushofer)에 의해 나치 독일과 일본제국의 침략전쟁의 정당화 수단으로 이용되어 지정학이 쇠퇴하기도 하였으나 이후, 미국의 마한(Alfred T. Mahan)은 해양세력 우세론을 주장하면서 '세계정치는 결국 바다를 제어하기 위한 계속적인 투쟁'으로 보았고, 영국 지리학자 맥킨더(Halford J. Mackinder)는 '대륙 국가 우세론'을 주장하면서 '동부 유럽을 지배하는 자가 심장지역을 지배하고, 심장지역을 지배하는 자가 세계도(World-Island)를 지배하며, 세계도를 지배하는 자가 전 세계를 지배한다.'[2]고 하였다. 또한, 스파이크먼(Nicholas J. Spykman)은 유라시아의 주변지역은 심장지역과 연안영해의 사이에 위치하여 매개지역으로 보아야 하며, 이 지역은 해양세력과 대륙세력의 광활한 완충지대(buffer zone)로 작동하기 때문에 전략적 주변지역을 장악하는 것이 중요하다고 주장하였다.[3]

냉전 종식 후 쇠퇴했던 지정학의 회귀는 현 동아시아 국제정세에 상당한 영향을 미치고 있으며, 21세기의 지정학은 지경학과의 상호작용을 통해 강대국의 영향력 확대 수단으로서 그들의 세력 확장을 견인한다고 볼 수 있다.[4] 지정학은 국가이익의 달성에 유리한 지역 공간의 설정과 활용

1) Saul B. Cohen, "Geopolitics of the World System", *Maryland: Rowman & littlefield*, 2003. p13.

2) Halford J. Mackinder, 1942. "Democratic Ideals and Reality", *New York: Henry Holtand Company*, p150.

3) Nicholas J. Spykman, 1994. "The Geography of the Peace", *New York: Harcourt, Braceand Company*, p.41.

4) 최재덕, "한반도 평화체제 구축 과정에서의 남북한 주도권 강화 방안", 『국가전략』 제24권 4호(2018) 41쪽.

에 관한 것으로 접근성, 자원의 분포, 인종 등 물리적 차원의 토착적 요인이 국가 간의 관계에 지대한 영향을 미친다고 전제하며, 주요국들이 자원과 시장을 확보하기 위해 치열하게 경쟁하는 것을 국제 관계의 본질로 파악하였다.[5] 21세기의 지정학은 고전적 지정학과는 달리, 지경학과 더 긴밀한 상호작용을 통해 지정학적 가치와 지경학적 가치를 동시에 추구하려는 경향을 보인다. 지경학은 ' 국가이익을 증진 및 수호하고 자국에 유리한 지정학적 결과를 산출하기 위해 경제적 수단을 활용하는 것', 또는 '한 국가의 경제행위가 다른 국가의 지정학적 목적에 미치는 영향'을 포괄적으로 지칭하는 것[6]으로, 국가의 경제적 이익에 기여하여, 국가안보를 강화하므로 지정학과 상호보완적인 관계라고 볼 수 있다. 시간 차원에서 지경학은 단기적으로 경제적 수단을 전술적 및 거래적으로 활용하는 것이고 장기적으로 무역, 동맹, 다자 제도, 외교를 통해서 세계의 각 지역과 국가를 연결하고, 글로벌 문제 해결과 규칙 제정에 지속적인 노력을 통해서 지도력을 수립하는 것이다.[7] 지경학에 동원되는 경제적 수단은 무역 정책, 경제 및 금융 제재, 금융 및 통화정책, 원조, 사이버, 에너지 및 원자재 공급과 같은 것이며, 자국에 대해 타국의 긍정적 행위를 유도하거나 부정적인 행위를 제한할 수 있다.[8] 따라서 21세기의 국제 관계에서 지정학과 지경학은 긴밀한 상호작용을 통해 국가의 역내 세력 확장

---

5) 이승주, "동아시아 지역경제질서의 다차원화: 지정학과 지경학의 상호작용", 『한국과 국제정치』 제33권 제 1호, 2017, 170쪽. 이승주는 고전적 지정학은 국가 간 관계를 설명하는 현실주의 계열의 설명과 일맥상통하는 측면이 있다고 보고 동아시아 국가 간 갈등과 협력의 이중 동학은 '지정학(geopolitics)'과 '지경학(geoeconomics)'의 복합적 상호작용이라고 보았다.

6) Blackwill, Tobert D. and Jennifer M. Harris. 2016. "War by Other Means: Geoeconomics and Statecraft", Cambridge, MA: Harvard University Press.

7) 강선주, "지경학(Geoeconomics)으로서의 미국의 인도-태평양 전략", *IFANS* (*Instituet of Foreign Affairs & National Security*) 주요국제문제분석, 2018, 3쪽.

8) Blackwill, Tobert D. and Jennifer M. Harris. 2016. "War by Other Means: Geoeconomics and Statecraft", Cambridge, MA: Harvard University Press.

을 견인한다고 볼 수 있다. 또한, 21세기 지정학과 지경학의 관계는 국가의 다양한 이익을 동시에 추구하는 과정에서 그 경계가 모호해지거나 지정학적 경쟁이 실제에 있어서 경제적 경쟁으로 나타나는 경우가 빈번하다. 지정학적 목적을 달성하기 위해 군사력을 동원하는 데에 많은 제약이 존재하는 현대 국제정치에서 지경학은 국가 간 경쟁의 중요한 결전장(arena)이기 때문이다.[9] 미 · 중 패권전쟁이 군사적 충돌가능성을 완전히 배제할 수 없으나 과거 패권전쟁과 달리 군사적 충돌보다 군사적 긴장감을 바탕으로 한 경제 · 무역전쟁으로 시작된 것이 대표적인 예이다.

21세기 동아시아의 국제정세를 살펴볼 때, 한반도를 둘러싼 열강들의 동아시아 정책이 지정학과 지경학 중 어느 한 측면의 정책이 아니라, 지정학과 지경학의 상호작용으로 자국의 영향력 강화를 추구하고 있다. 한반도를 둘러싼 국제정치적 힘과 외교정책의 관점에서 미국 · 중국 · 일본 · 러시아의 지정학에 대한 분석은 한반도의 전략적 지정학 정립에 도움이 될 것이다.

3. 미 · 중 · 일 · 러의 지정학 전략

미국의 지정학 전략:
자유롭고 개방된 인도-태평양 전략 (FIOP: Free and Open Indo-Pacific)

미국의 전통적 지정학

미국 중심의 세계 경제체제의 운영으로부터 얻어지는 지경학적 이익은 안정된 지정학적 질서와 항상 동반될 수밖에 없다.[10] 19세기 전 세계

9) Edward N. Nuttwak. 1990. “From Geopolitics to Geo−economics−Logic of Conflict, Grammar of Commerce”, *National Interest* (Summer), pp.17~23.

10) Smith, N. 2005. “The Endgame of Globalization”, New York: Routledge. p147.

의 자본주의 강대국들이 지정학적 계산과 영토에 대한 직접적인 통제를 주된 전략으로 내세웠다면, 식민지 획득이 어려운 조건 하에서 강대국들에게는 군사적 수단보다 시장의 확대가 세계 전략의 초점이 되었다.[11)] 닐 스미스(Neil Smith)는 이에 대한 예로 이라크 재건사업을 들었으며 점령지역의 안보나 평화의 회복보다 우선적으로 추진했던 사업은 세금, 무역 및 투자 관련 법률의 개정과 이에 따른 경제의 자유화, 국유 자원의 민영화, 이라크의 은행, 광산, 공장 등에 대한 해외 소유권의 법제화였다. 이것이 이라크 전쟁의 본질이었다고 주장하였다. 미국의 중동지역 관여가 미국의 중동산 원유 확보에 있었음은 주지의 사실이다.[12)] 미국은 1970년 1차 오일쇼크, 1978년 2차 오일쇼크, 1979년 소련의 아프가니스탄 침공으로 미국의 안전한 석유 공급이 위협을 받자 '카터 독트린'을 발표하여 중동 개입을 선언하였다. 카터 독트린은 중동지역을 어느 한 나라가 지배하려는 경우 미국에 대한 도전으로 받아들여 미국이 군사력을 동원하여 막을 것이라는 내용으로, 미국에 공급되는 석유 공급처와 수송로의 위협은 미국에 대한 도전으로 간주할 것임을 천명하고 미국 군사력을 중동지역에 대거 주둔시켰다. 미국의 수많은 군사개입은 대부분 석유 때문이었고 중동산 석유와 수송로 확보는 미국의 핵심 국가안보에 해당하는 것으로 전 세계에 주둔하고 있는 미군기지도 이와 무관하지 않았다.[13)] 실제로 2차 세계대전 이후 국제적 분쟁은 대부분 에너지를 둘러싼 전쟁이었고 미국은 이란-이라크 전쟁, 이라크의 쿠웨이트 침공, 1차 걸프전, 이란의 핵 프로그램, 이라크 침공 등 지속적인 군사개입을 전개했다.[14)]

---

11) Smith, N. 2005. "The Endgame of Globalization", New York: Routledge. p181.

12) 이승욱, "닐 스미스의 지리정치경제학, 제국, 그리고 신자유주의", 『공간과 사회』 제25권 4호, 2015, 67쪽.

13) 이종헌, 『에너지 빅뱅』 (서울: 프리이코노미북스, 2017), 121~122쪽.

14) 이종헌, 『에너지 빅뱅』 (서울: 프리이코노미북스, 2017), 122~132쪽.

에너지 독립 이전의 미국의 지정학은 철저히 원유 확보에 초점이 맞추어져 있었고, 셰일가스 혁명 이후 미국의 제조업이 살아나고 쌍둥이 적자가 감소하여 비로소 미국은 미국의 외교 · 군사 정책의 중심축을 아시아로 이동시킬 수 있었다.[15]

제2차 세계대전 이후 미국이 재편한 국제질서는 미국 중심의 안보동맹을 형성하여 소련에 맞서기 위한 것이었다. 미국은 동맹국에 대양 항행의 자유와 미국시장에 대한 자유로운 접근을 보장했다. 미국 편에 선 국가들은 경제개발과 수출에 집중하여 경제적 이익을 얻었고, 미국은 세계질서를 주도하는 대신 미국 시장을 개방함으로써 엄청난 적자를 감수했다. 그러나 미국의 셰일 혁명은 세계 경찰 역할과 안보 · 시장 · 자원에 대한 각국의 경쟁에 관여를 약화시켰다. 트럼프 대통령은 '미국의 경제적 굴복의 시대'는 끝났다고 선언했고, 세계 각국은 '더 공정하고 호혜적인 무역 관계 형성'을 중심으로 한 '새로운 미국의 시대'에 적응해야 한다.

대중국 포위망, 인도-태평양 전략

중국의 패권도전에 대해 미국은 대중국포위망 형성을 위한 지정학적 전략으로 '자유롭고 개방된 인도-태평양 전략'을 주도하고 있다. 이 구상은 서태평양과 동인도양의 해상 연속성에 기초하여 미국의 전략공간의 지리적 중심축을 서쪽으로 이동시키고 환인도양(the Indian Ocean Rim)을 포함함으로써 동중국해에서 인도양에 이르는 중국의 해양굴기를 견제하기 위한 것으로 지정학적 · 지경학적으로 중국의 일대일로 구상과의 경쟁을 의미한다.[16]

---

15) 힐러리 클링턴 미 국무장관은 2011년 11월 미국 외교전문지 『포린폴리시』에 '미국의 태평양 시대'라는 기고문을 통해 미국의 외교 · 군사 정책의 중심을 아시아로 이동시켰다고 발표함.

16) 강선주, 『지경학(Geoeconomics)으로서의 미국의 인도-태평양 전략』 *IFANS(Institute of Foreign Affairs & National Security*, 2018) 주요국제문제분석, 3쪽.

'인도-태평양 전략(FOIP)' 역시 표면적으로 지정학적 전략이나 동시에 지경학적 특성을 가지고 있다. 지경학으로써 미국의 인도-태평양 전략은 동아시아 지역에서 해상안보뿐만 아니라 경제적으로 중국을 견제하여 미국의 안보 달성을 목적으로 하며 구체적으로 중국의 일대일로 구상과의 경쟁을 의미한다.[17] 인도-태평양 전략은 인도양과 태평양, 아프리카, 아시아를 연결하는 미국의 새로운 전략 공간을 형성하면서, 미국의 국익과 영향력 확대를 추구하는 전략으로 법의 지배, 항행의 자유, 인도-태평양 지역의 평화와 번영, 공정한 무역의 공동 추진이라는 가치의 틀을 역내의 새로운 파트너와 공유하고 중국의 '21세기 해양 실크로드 전략'으로 발생한 해상안보 위협에 공동 대응하며, 경제 · 안보 분야에서 중국의 공세적 영향력 확대를 저지하기 위한 전략이다. 이를 위해 미국은 호주, 일본, 인도와 연대하고 있으며, 궁극적으로 아시아의 신흥국 중국과 인도를 기존의 질서에 편입시킴과 동시에 중국 중심의 새로운 질서를 구축하려는 중국에 대응하여 아시아에 경제적으로 영향력을 확대하려는 시도이다. 인도와 미국의 관계는 가까워지고 있다. 미국 기업들의 인도 투자가 급증하고, 인도의 미국 방위장비 구입 규모가 2019년에는 180억 달러를 넘어설 예정이며, 양국 무역 규모는 2017년 기준 1260억 달러이다. 이에 미국은 기술 · 에너지 · 인프라 분야를 중심으로 인도-태평양 지역에 1억 1300만 달러를 투자할 것이라고 밝혀,[18] 중국의 남하를 저지하는 미국의 지정학적 전략인 인도-태평양 전략이 역내 지경학적 접근을 시도하고 있다고 볼 수 있다.

17) 위와 같음.

18) 2018년 7월 30일, 미 상공회의소 주최 비즈니스포럼, 폼페이오 미 국무장관의 '미국의 인도 · 태평양 경제비전' 연설에서 미국의 인도-태평양 지역의 투자에 대해 밝혔다. 그러나 중국이 일대일로 구상에 1조 달러(1천 119조 원)를 들여 추진하는 것에 0.01%에 불과한 규모이다. (연합뉴스, 폼페이오 "인도 · 태평양에 1천 200억 원 투자"…中 '일대일로' 맞불 (검색일: 2018년 9월 1일))

그러나 트럼프 정부의 정부 재정 배분 상의 우선순위와 다자 국제기구에 대한 회의적인 태도, 양자주의 선호로 볼 때 다자적인 인도-태평양 전략을 체계적으로 실행할지에 대한 의문과 중국을 견제하면서도 중국과의 관계 악화를 우려하는 인도의 참여 의지와 능력, 경제 공간으로서 인도-태평양의 비적합성 등이 인도-태평양 전략의 불완전성으로 논의되고 있다.

중국의 지정학 전략: 일대일로(一帶一路)

일대일로는 중국의 지역 패권주의에 대한 도전, 중화사상의 부활과 중국몽의 실현, 중국경제의 활로 모색, 중국 특색 대국 외교 정립, 안정적인 에너지 확보와 해상권 장악 등 2049년 부강한 사회주의 강국 실현을 위한 지정학적 · 지경학적 전략이다. 지경학과 지정학의 상호작용이라는 관점에서 보면, 중국의 부상이 초래하는 체제적 결과에 주목할 필요가 있다. 중국의 부상은 분명 동아시아 지역 차원의 경제통합을 촉진하는 요인으로 작용하였다.[19] 시진핑 주석은 일대일로는 주창하면서, 저성장 '뉴노멀' 시대를 맞아 동아시아를 중심으로 내륙과 해양을 연결하고, 연선국들과 개혁 개방, 화해 공영을 바탕으로 세계 경제에 새로운 신성장 동력을 공급하고 상호 이익을 공유하는 통합형 거대경제권을 형성하자고 제안했다. 일대일로는 고대 동서양의 교통로였던 실크로드 개념을 확장시켜, 중국-중앙아시아-유럽을 연결하는 육상실크로드와 중국-동남아시아-서남아시아-유럽-아프리카를 연결하는 해상 실크로드를 잇는 거대 인프라 구축을 기반으로 한 통합경제권 형성을 목표로 한다. 2019

19) 이승주, "동아시아 지역경제질서의 다차원화: 지정학과 지경학의 상호작용", 『한국과 국제정치』 제33권 제1호, 2017, 172쪽.

년 3월 현재 일대일로 협력 MOU를 체결한 국가는 127개국, 국제기구는 29개이며, 6년 동안 연선 국가에 800억 달러 이상 투자, 82개 경제무역 협력지대 건설, 현지 30만 개의 일자리를 창출하였다. 전 세계의 도로·철도·수로·항공로·파이프라인·정보망·댐 등 사회기반기설(SOC)을 연결하여 중국 중심의 새로운 거대 통합경제권을 형성하려는 전략이다. 일대일로는 정책구통(政策溝通), 시설연통(設施聯通), 무역창통(貿易暢通), 자금융통(資金融通), 민심상통(民心相通) 등 5통을 기본이념으로, 공상(共商: 공동 협상), 공건(共建: 공동건설), 공향(共享: 공동 향유)을 기본 원칙으로 한다. 그러나 사업추진 상 중국의 지정학적 주요 거점에 있는 항구들을 대상으로 항만을 건설하고 부채 미상환으로 항만 운영권을 확보하거나, 담보로 했던 천연자원·토지 등을 중국 소유로 삼아 참여국의 핵심 이익과 경제 주권을 침해하고 있다. 중국은 경제발전의 청사진을 믿고 거대 경제 프로젝트에 참여한 파키스탄, 라오스, 미얀마, 스리랑카 등 개도국에 무리한 빚을 지워 '채무 제국주의'라는 비난을 받고 있다.[20] 시행 5년을 맞은 일대일로는 계약 위반 및 이익 배분 등의 분쟁으로 일대일로 관련 소송이 20만 건(2017년 현재)에 달하며, 협력국들의 반중감정 격화, 일대일로 사업 취소·중단이 속출하고 있다.[21] 중국의 패권주의, 해상권 강화, 해외군사 기지 건설 및 인도양 주요 항구의 장기 조차(租借) 등과 일대일로 인프라 건설 협력 국가의 경제 주권 침해는 지경학적 수단인 일대일로를 이용한 중국의 지정학적 영향력 확대를 극명하게 보여준다. 중국의 이러한 영향력 확대 전략은 중국이 그동안 주장했던 평화굴기, 평화발전에 대한 담론, 일대일로의 기본이념과 중국의

20) 문유근, "유럽까지 외연 확장하는 중국 '일대일로'–'차이나벨트 막아라' 美·中 또 다른 경제전쟁", 『매경이코노미』(검색일: 2019.2.25)

21) 최재덕, "일대일로의 이론과 실제: 중국의 지역패권주의 강화와 일대일로 사업추진에서 발생된 한계점", 『한국동북아논총』 제23권 3호, 39~40쪽.

패권주의적 성향이 상충하는 것이다. 이러한 우려에도 룩셈부르크, 이탈리아에 이어 스위스가 일대일로 협력함으로써, 동남아시아, 러시아와 중앙아시아, 아프리카를 거쳐 유럽으로 확산되고 있다. 영국, 프랑스, 인도 등 많은 국가가 중국과의 경제협력의 중요성에 동의하면서도 일대일로 사업 협약을 거부하고 일대일로 참여에 대한 우려를 표명하는 것은 이러한 이유 때문이다.

일대일로는 중국의 영향력 확대와 세계 경제 기여의 정당성을 부여하는 지정학 · 지경학적 수단으로 작용하고 있다. 중국은 북핵 문제로 인한 동북아 안보 불안으로 일대일로 전략에 한반도를 포함하지 않았으나 평양공동선언 직전 '랴오닝 일대일로 종합실험구 건설 총체방안'을 통해 북 · 중 접경 지역인 랴오닝성 단둥을 관문으로 일대일로를 한반도로 확장한다고 발표하였다.[22] 중국은 이를 통해 침체된 동북 3성의 경제발전을 모색하고 한반도에 일대일로를 통한 영향력을 확장하길 원한다.

일대일로 구상이 성공할 경우, 미국 중심의 국제질서에 대한 도전이 성공함으로써 상당한 지역이 중국의 새로운 국제질서에 편입되는 결과를 낳을 것이고, 육상-해상 실크로드 권역인 환인도양, 유라시아 지역의 경제와 국제정치 분야의 변화를 야기할 수 있다.

일본의 지정학 전략: 미 · 일동맹 강화와 인도-태평양 전략 참여

인도-태평양 전략은 2010년 중 · 일간 센카쿠 열도 분쟁시 중국의 경제보복으로 발생한 희토류 사태 이후 일본이 대중국 경제의존도를 낮추기 위해 인도를 전략적 투자처로 전환하면서 시작됐다. 아베 정권은 인

22) 윤완준, "中 단둥-평양-서울-부산 연결…일대일로 한반도 확장 첫 명시," 『동아닷컴』(검색일: 2019.03.02)

도-태평양 전략을 중국의 패권주의를 견제하기 위한 전략으로 발전시켰고, 2017년 트럼프 정부가 출범하면서 '인도-태평양 전략'을 채택하여 중국의 군사현대화와 해상권 강화로 인한 해상안보위협에 미국, 일본, 호주, 인도가 공동대응하고 있다. 트럼프 정부 출범 후 급속도로 강화된 미 · 일동맹을 중심으로 인도-태평양 전략을 앞세워 활동 범위를 서쪽으로 확장하고 있다. 미 · 일동맹이 새로운 단계로 진화하는 것은 미국과 일본의 구상이 절묘하게 맞아떨어졌기 때문이다. 트럼프 대통령은 일본이 중국의 군사굴기에 맞서주길 바라고, 아베 총리는 중국과 북한의 위협을 빌미로 군사 대국 구현을 희망한다.

일본은 미국으로부터 대규모 천연가스를 수입하면서 수송의 안전성 보장을 위해 집단자위권 행사를 요구하였고, 미국은 이를 허용하였다.[23] 이로써, 일본은 2016년부터 미국이 제3국의 공격을 받을 경우, 일본에 대한 공격으로 간주해 공동대응하는 집단자위권을 확립하였다. 일본의 우경화와 전쟁 가능 국가로의 헌법개정 시도는 일본이 군사적인 힘을 축적하고 있음을 의미한다. 또한, 중국의 팽창에 대한 대응으로 일본의 군사적 영향력 행사 가능성도 완전히 배제할 수 없다. 일본은 미국-호주-인도와 함께 연합군사훈련을 정기적으로 실시하고 있으며, 2018년 3월 육상자위대 소속 해병대인 수륙기동여단을 창설하여 연합훈련에 참여시키고 있다.

미국이 군사 · 안보 측면에서 인도를 중시한다면, 일본은 빠른 경제성장을 이루고 있는 인도와 경제협력을 하면서 인도-태평양 지역에서 경제적 이익 우위를 차지하고자 한다. 일본은 인도-태평양 지역에 공적개발원조(ODA)의 70% 이상을 제공하고 있다. 일본의 2016년도 ODA는 168억 달러에 달했고, 이 가운데 양자 간 원조 지원 규모는 135억 달러

23) 일본은 미국의 LNG 수입을 미 · 일 안보동맹 강화로 이용하였고 2015년 9월 집단자위권 행사를 규정한 안보법제를 도입하였다.

였다. 일본은 인도에 18억 달러, 베트남에 16억 달러, 이라크에 6억 달러, 아프가니스탄에 2억 6700만 달러를 원조했다. 동남아시아에서 일대일로 구상이 난항을 겪자 아프리카 끌어안기 전략을 구사하고 있는 중국에 대응하여 일본은 인도-태평양 전략을 동남아시아부터 중동지역, 아프리카까지 확장할 계획이다.[24] 미국 · 호주 · 일본은 인도-태평양 지역에 고품질 인프라 개발을 촉진하고, 재정력과 사업 규모를 중국과 균형을 이루려는 노력에 합의했다.[25] 인도-태평양 전략이 중국의 일대일로 구상에 대응하기 위한 수단으로써 작동하려면, 지역내 국가들과의 실제적인 경제협력을 통해 지경학적 요소를 더욱 확대하는 것이 인도-태평양 전략에 참여하는 국가들 간의 연대를 강화하고 전략적 구상으로써 실효성 있게 작동할 것이다. 최근 서태평양에서 제1, 2열도선(island chain)[26]이 동쪽으로 크게 이동한 '제3열도선'이 부상하고 있는데, 제3열도선의 부상은 중국이 해군력 강화 및 태평양 도서국으로 일대일로를 확장하고 있다는 증거이다. 중국은 제3열도선에 위치한 사모아의 아사우 항만 개발 사업투자를 추진하고 있다. 인구 20만의 사모아에 중국의 항구 건설 의도는 아사우 항만을 군사거점화 하기 위한 목적으로 예측된다.[27] 미 · 중 패권전쟁이 본격화된 시점에서 일대일로와 인도-태평양 전략의 대치는 군사적 충돌을 배제할 수 없는 우려스러운 일이다.

---

24) 일본은 2017년 '아시아-아프리카 성장 회랑(AAGC: Asia Africa Growth Corridor)'을 제안하고 300억 달러의 투자를 약속하였다.

25) 이민영, "일본, 인도태평양 지역개발 지원에 총력…중국견제", 『아시아투데이』(검색일: 2018.09.03)

26) 열도선(island chain)은 미국이 중국의 태평양 진출을 막기 위해 남중국해에 설정한 가상의 군사방어선으로 제1열도선는 일본과 대만, 필리핀을 잇고, 제2열도선은 일본 동부해상과 괌, 남태평양 섬들을 잇는다. 제3열도선은 하와이에서 남태평양 도서국 사모아를 경유하여 뉴질랜드를 잇는다.

27) 김혜경, "中, 서태평양서 패권 확장…대미 방어선 '제3열도선' 부상", 『뉴시스』(검색일: 2019.05.07.)

러시아의 지정학적 접근, 강한 러시아 재건의 수단

러시아는 저유가와 크림반도 병합으로 인한 서방의 경제 제재로 어려움을 겪고 있지만, 원유매장량 세계 5위, 천연가스 매장량 세계 2위, 석탄 매장량 세계 3위의 자타공인 에너지 강국이다. 러시아는 20세기 산업화에 집중했으나 성공을 거두지 못했다. 구소련 붕괴 이후 쇠락했던 러시아가 국제 사회에서 위상을 되찾고 강한 러시아를 표방할 수 있는 것은 러시아의 지정학적 접근이 있어서 가능했다. 러시아 경제에 에너지 수출이 차지하는 비율이 상당히 높고 수출 대상국은 대부분 유럽이다.[28)] 러시아는 천연가스 파이프라인(PNG: Pipeline Natural Gas)에 대한 의존도가 높은 서유럽과 CIS(독립 국가연합)가 펼치는 반러시아 정책에 대항하여, PNG 공급 벨트를 차단하고 공급가격을 높이는 방식으로 에너지를 정치적으로 사용하기도 하였다.[29)] 러시아 경제에서 석유와 천연가스 수출이 정부 재정수입의 50%를 상회하며, 천연가스 수출의 약 70~80%가 파이프라인을 통해 유럽으로 수출된다. 소련의 붕괴로 쇠락했던 러시아는 지역 패권국으로서의 위상을 상당 부분 회복하고 에너지와 자원으로 국제질서에 영향력을 행사할 수 있게 되었다. 조지 프리드먼(George Friedman)은 "푸틴은 서구와 경쟁할 수 있는 산업 국가로 러시아를 만들기보다 금속·곡물·에너지·천연자원의 탐사와 개발에 더 집중했다. 이 전략은 지속가능한 경제적 기반을 확보하고 러시아를 지탱해 주었다

---

28) 석유와 천연가스 수출이 정부 재정수입의 50%를 상회하고, 파이프라인을 통해 유럽으로 판매하는 천연가스는 총수출의 70~80%이다.

29) 유럽은 러시아의 천연가스를 대체할 에너지원이 부재한 상황에서 EU의 러시아산 PNG 의존도가 33.5%(2016)까지 증가하면서 러시아에 대한 경제 제재 이전보다 더욱 심화되었다.

는 점에서 탁월한 선택이었다."고 지적했다.[30] 에너지 · 천연자원 · 북극권 개발은 러시아 경제만 책임지는 것이 아니라 외교 · 안보 측면에서 러시아 국가경쟁력의 핵심으로 더욱 중요시될 것이다.

아시아와의 협력

러시아의 핵심 대외전략은 강한 러시아의 재건으로 경제발전과 국제적 위상을 위해 역동적인 아시아와의 연계하여 경제협력으로 중 · 러, 러 · 일 관계를 강화하고 있다. 지정학적 요충지인 크림반도를 강제 합병하면서 미국과 유럽의 경제 제재로 경제협력이 어려워지자 '신동방정책'을 추진하여 동아시아에 에너지 판로를 적극적으로 모색하고 있다. 러시아는 중국에 파이프라인(시베리아의 힘1, 2)[31]을 통해 2019년부터 대량의 천연가스를 공급할 예정이다. 러시아는 한반도 평화를 적극적으로 지지하며, 남 · 북 · 러 에너지 협력과 극동지역 경제 개발을 기대하고 있다. 신동방정책은 동북아의 안정적인 에너지 판로 개척, 낙후된 동시베리아 · 극동지역 개발, 아시아 국가와의 경제협력 확대를 핵심으로 하고 있다. 러시아 정부는 극동 · 시베리아 지역 개발을 국가 최우선 과제 중 하나로 설정하여 추진 중이다. 우크라이나 사태 이후 서방과의 관계가 악화되면서 아시아 · 태평양 지역 국가와 경제협력을 강화하고 있으며 이러한 추세는 지속될 전망이다. 극동 · 시베리아 지역은 러시아 면적의 약 3분의 2를 차지하고, 풍부한 자원을 보유하고 이어 개발 잠재력이 높음에서 불

30) 조지 프리드먼, 『21세기 지정학과 미국의 패권전략』(서울: 김앤김북스, 2018), 216쪽.

31) 시베리아 가스관 사업(시베리아의 힘1 프로젝트 power of Siberia1)은 가스프롬과 석유천연가스집단(CNPC)이 2014년 5월 합의한 것으로 러시아가 중국에 30년간 총 1조 1천 500억 m3의 가스(4천억 달러 규모)를 중국 동부에 공급하는 내용이다. 추가로 2014년 11월 시베리아의 힘2를 계약하여 2020년경부터 중국 서부에 천연가스를 공급하기로 합의하였다. 시베리아의 힘 1, 2가 가동되면 중국은 러시아로부터 연간 68bcm(billion cubic meter: 100억m3)의 천연가스를 공급받게 된다.

구하고 척박한 환경과 619만 명의 적은 인구 규모, 열악한 인프라 등으로 인해 개발이 미진한 실정이다.[32] 극동지역의 '선도개발구역' 지정, 극동개발부 신설, 블라디보스토크를 자유항으로 지정하였으며, 동북아 국가와의 경제 · 에너지 협력 촉진과 외국인투자 유치[33]를 위한 '동방경제포럼(Eastern Economic Forum)'을 2015년부터 매년 개최하고 있다. 러시아는 2019년 4월 북한 김정은 위원장과 북 · 러 정상회담을 가졌고, 일본과는 남쿠릴열도 분쟁에도 불구하고 극동지역 중심의 에너지 · 경제협력을 확대하면서 동북아시아 국가와의 관계유지와 경제협력에 주력하고 있다.

현재 러시아는 동아시아 경제발전의 중심에서 벗어나 있으나 안정적인 에너지 확보가 경제발전과 안보로 직결되는 지역 내 국가들의 상황으로 볼 때 러시아는 에너지를 통한 동아시아로의 영향력 확대를 지속적으로 추구할 것이다. 역대 한국 정부는 북한을 관통하는 파이프라인을 통한 러시아 천연가스 도입을 시도했으나 안보 불안 문제로 추진하지 못했다. 문재인 정부의 신북방정책 추진과 한반도 평화체제 구축에 대한 기대감으로 현실화의 가능성이 높아지고 있다. 남 · 북 · 러의 가스관 연결이 현실화되면 세계 2위의 액화천연가스(LNG) 수입국인 우리나라로서는 에너지 정책 다변화, 공급 안정성, 경제성뿐만 아니라 남 · 북 · 러 3각 에너지협력을 통한 경제협력기반을 확보하게 될 것이다. 또한, 극동 시베리아 개발정책 추진 방향이 '극동 시베리아 지역을 아시아 · 태평양 경제권으로 통합'하고, '에너지 · 광물 · 어업 · 임업 · 자원개발 및 물류 수송망 확충을 통한 자생적 경제성장 기반 확보'로 하고 있어 문재인 정부의 '9-브릿지정책'과 일맥상통한다.

---

32) 외교부, 러시아 개황, http://down.mofa.go.kr (검색일: 2018.08.01.)

33) 경제특구설정, 고급인력에 대한 고용허가 완화, 외국인투자 옴부즈만제도, 하이테크 상품에 대한 통관절차 간소화 등의 러시아 정부 노력에도 불구하고 복잡한 투자절차, 비효율적인 관료주의, 부패 등으로 외국인 투자환경 개선이 시급하다.

4. 한반도의 전략적 지정학

한반도의 전략적 지정학 정립의 필요성

한반도의 역사는 해양 국가의 대륙진출 야욕과 대륙 국가의 남하 정책에 의해 계속되는 침략과 그에 대한 항전으로 점철되었다. 한반도의 근현대사는 19세기 말 피동적이고 반강제적으로 이루어진 개항, 제국주의 열강의 이권침탈, 청·일전쟁과 러·일전쟁, 일제강점기, 남북 분단과 한국전쟁이 이어졌고, 냉전 시기에는 자유 진영과 공산 진영의 최후 방어선, 냉전 종식 후에는 동북아에서 열강들의 세력 완충지가 되면서 한반도는 끊임없이 강대국의 간섭에 시달려왔다. 이러한 역사적 사실들은 한반도의 지정학상 불가피했고 불변이며 극복할 수 없는 단점에 기인한 것으로 여겨져 왔고, 한반도 지정학은 강대국들에 의해 규정된 지정학의 결정론·숙명론에 따라 합리화되었다. 한반도의 지정학은 완충 국가(butter state), 교두보 국가(bridge head state), 린치핀 국가(linchpin state) 등으로 규정되어 왔으며, 각기 다른 해석이 가능하지만 이러한 지정학적 정의는 강대국의 지정학을 중심으로 강대국 관점에서 주변국에 수동적으로 부여된 역할에 근거한다고 볼 수 있다. 한반도는 태평양과 아시아 대륙을 매개할 수 있는 전략적으로 매우 중요한 위치에 있으며, 한반도에서의 지정학적 의미가 19세기 제국주의 시대에는 숙명론적이고 결정론적이었다면 냉전 시기에는 해양화를 통한 발전을, 탈냉전 시기에는 대륙과 해양으로의 전방위적인 발전을 통해 세계화되어가고 있다.[34]

그러나 암울한 역사를 딛고 자본주의 고도 경제성장과 성숙한 자유민

34) 박종상, "한반도의 지정학적 분석과 국가발전전략", 박사학위논문(경기대학교 정치전문대학원, 2012), 15쪽.

주주의 국가를 이룬 한국은 변화하는 국제환경과 한국의 지리적 요인, 그것을 이용하는 국민의 행위로 한반도 지정학을 변화 · 발전시켜왔다. 이러한 발전 과정은 수많은 국내외적 · 세계사적 도전에 대한 응전이며, 지정학적 발전의 산물이라고 할 수 있다. 코헨(Saul B. Cohen)의 지정학에 대한 정의인 "국제정치적 힘과 지리적 상황 간의 관계에 대한 연구"나 미국의 지리학자 피필드(Russel H. Fifield)에 의한 지정학적 정의인 "외교정책의 관점에서 국가를 지리적으로 연구하는 것"에서 알 수 있듯이, 지정학은 국가의 지리에 국한된 학문이 아니라 가변적인 국제 관계 또는 국제정치 환경에서 국가의 지리적 요인이 지속적으로 변화하고 그 지리적 요인을 이용하는 인간의 행위가 동태적이기 때문에[35] 모든 국가의 지정학은 가변적이라고 볼 수 있다. 수 세기 동안 한반도 지정학의 중요성은 변함이 없으나 한반도의 지정학적 위상이 발전함에 따라 한국은 변화하는 국제환경의 새로운 패러다임에 부합한 한반도 전략적 지정학의 수립이 필요하다.

지정학적 관점에서, 한반도는 동북아의 중심에 위치하고 정치적으로 미 · 중 · 일 · 러 4강의 균형점 역할을 하고 있다. 특히 한반도는 미국에는 동북아에 정치적 영향력을 행사할 수 있는 정당성을 부여하고, 중국의 태평양 진출을 저지하는 데 큰 지정학적 가치가 있다. 또한, 중국에는 남북한과 우호 관계를 바탕으로 북한은 미국의 자본주의를 막아내는 완충지대로, 한국과는 한 · 미동맹을 견제하기 위한 전략적 협력동반자 관계 형성과 대중국 경제의존도를 지렛대 삼아 한 · 중 협력구도를 유지하는 데 그 가치가 있다. 한반도 평화프로세스가 진전될 미래의 한반도는 미 · 중 모두에게 더욱 중요한 지정학적 가치를 갖게 될 것이다. 한반도

35) 박종상, 위의 글, 15~16쪽.

평화프로세스가 진전되고 북한과의 경제협력이 가능한 시점에는 미국과 중국뿐만 아니라 러시아와 일본까지 한반도 내에서 정치적 · 경제적 전략 공간을 확보하기 위한 치열한 경쟁이 벌어질 것이다. 따라서 한국은 한반도의 지정학적 상황을 정확히 인식하고 미래 한반도가 당면할 상황에 대비해야 한다.

현재 한국이 안고 있는 지정학적 딜레마를 단번에 극복하긴 어렵다. 미 · 중 관계가 우호적일 때 한 · 미, 한 · 중 관계의 대등한 양립이 가능하지만, 갈등 관계일 때 미 · 중은 한국을 압박함으로써 서로의 영향력을 투사하려 한다. 따라서 한국은 미 · 중이 강압적으로 제시하는 선택지 앞에 외교적 입지가 축소되고 정치 · 경제 · 외교 · 안보의 모든 측면에서 어려움에 직면하게 된다. 대표적인 예가 주한미군의 사드배치와 중국의 경제보복이며 이러한 문제는 미 · 중이 패권을 두고 경쟁하는 한 언제든지 다시 벌어질 수 있다. 경제는 중국에 의존하고 안보는 미국에 의존하고 있는 거의 모든 국가가 한국과 같이 미 · 중 사이의 포지셔닝을 고민한다. 사실상 국력의 차이가 미 · 중 간 포지셔닝을 결정하는 데 가장 큰 요인으로 작용하는 것이 사실이다. 한국이 동아시아의 중견국이긴 하나, 강대국으로서 미국 · 중국과 대등한 영향력을 행사할 수 없다는 것도 명확히 자각하고 지정학 전략을 세워야 한다.

한국은 남북 분단 이후 해양화를 통한 경제발전을 해왔다. 역대 정부의 북방정책으로 유라시아 대륙 국가와의 국교가 수립되고 경제협력방안이 모색되었으나 활성화되지 못했고, 유라시아 대륙 연계 전략은 북한 문제로 인해 기술력과 경제성이 확보되었음에도 답보상태에 머물러 있다. 2017년 말 전쟁의 위협 속에서 전혀 기대할 수 없었던 남북 관계가 2018년에 큰 진전을 이루었고, 김정은 위원장의 비핵화 선언에 따른 비핵화 과정에 대한 북 · 미 합의와 후속 조치를 국제 사회가 예의주시하고 있다. 한반도를 둘러싼 4강의 강한 리더십, 동북아를 향한 각기 다른 지정학 전략, 미 · 중 패권전쟁의 본격화와 북한 비핵화 · 한반도 평화정착이 시간적 · 공간적 궤를 같이하고 있다. 남북과 4강이 비핵화에 대한 다른 셈법으로 인해 한반도 비핵화와 평화체제 정착을 위해 함께 풀어야 할 숙제가 산적해 있다. 그렇기 때문에, 한반도 평화에 대한 발전론적 시각을 견지하면서도 한국의 자주적이고 능동적인 전략적 지정학 정립이 필요하다. 남북 분단과 북한의 핵 보유 상황에서 한국에게 안보는 생명이며 한 · 미동맹을 흔들림 없이 지속하는 것이 중요하다. 북한 비핵화와 한반도 평화프로세스의 진전을 위해 한 · 미동맹은 한국의 안보에 있어서 절대적이다. 미국에도 일본과 중국을 견제하기 위한 선택의 폭을 넓히기 위해 한국이 필요하며, 다음 10년 동안 한국은 서태평양 지역에서 미국에 가장 중요한 관계가 될 수 있다.[36)]

한국이 변화하는 역내 역학 관계에서 미 · 중 · 일 · 러의 지정학적 전략을 명민하게 대응하면서, 4강과의 협력적 파트너십을 유지하는 것이 외교 · 안보에 절대적이다. 그러나 협력적 파트너십 형성에 있어서 한국은 당당하고 자주적인 태도로 임해야 한다. 한국이 대국은 아니지만, 정치적 · 경제적 '미들파워'를 가진 중견국으로서 자신감을 가지고 한국이 나아갈 길, 동맹의 중요성, 대북 문제에 대한 확고한 신념과 태도로 국가의 힘에서 차이가 나더라도 국가로서 존엄성과 입지에 대한 전략을 가져야 한다.[37)]

---

36) 조지프리드먼, 『21세기 지정학과 미국의 패권전쟁』(서울: 김앤김북스, 2018) 274~275쪽.

37) 이용인, "한국 '미들파워' 국가로 자신감 가져라–오공단 미국 국방연구원 동아시아 책임연구원 인터뷰 中", 『한겨레』(검색일: 2017.05.12.)

한반도의 전략적 지정학의 요건

한반도 전략적 지정학은 다음과 같은 요건을 충족해야 한다.

첫째, 한반도는 유라시아 대륙과 태평양에 면해 있는 지리적 이점을 살려 해륙 국가로서의 위상을 가져야 한다. 해륙 국가는 해양과 육지를 유기적으로 연결 짓는 국가를 의미한다. 역사적으로 고구려는 영토 확장과 함께 활발한 해양활동으로 부를 축적하고 영향력을 넓혔으며 5, 6세기 요동 반도 대련, 북만주, 연해주 남부지역을 길목으로 삼아 동아시아의 중요한 핵심 조정자 역할을 하였다. 실제로 국제 관계의 균형자였던 고구려가 멸망한 후 북방 민족들이 한반도를 압박하였고, 한반도는 아시아의 중요 핵심 조정자 역할과 해륙 국가의 위상을 잃게 되었다.[38] 한반도는 대륙 국가와 해양 국가의 장점을 살려 광활한 유라시아 대륙과 태평양을 유기적으로 연결하는 해륙 국가로서 21세기 한반도의 지정학적 위상을 재정립해야 한다.

둘째, 한반도는 동아시아의 중추(Herb) 국가로서 경제영토를 확장해 나가야 한다. 한반도 평화프로세스와 한반도 신경제지도를 근간으로 한국이 동북아 물류와 에너지의 중심지가 되기 위한 철도, 도로, 항만을 연결하여 해양과 대륙을 잇는 경제의 관문으로 발전해야 한다. 물류의 중심지가 되기 위해서는 한반도 종단철도와 시베리아 횡단철도, 중국 횡단철도, 만주 횡단철도, 몽골 횡단철도와의 연결로 유라시아 대륙과의 연결, 환동해권과 환황해권에 위치한 항만과 중일러의 항만 연계, 북극해를 통한 해상 수송, 물류 수송을 위한 배후지 개발, 남 · 북 · 러, 남북중의 다자 경제협력 공간의 창출 등을 들 수 있다. 에너지에 있어서는 남 ·

---

38) 윤명환, [수지향] “고구려적 세계관으로 보는 미래한국”, kmablog. (검색일: 2019. 05.06.)

북 · 러의 천연가스 파이프라인(PNG) 연결, 남 · 북 · 러 전력망 연계 프로젝트 구축을 들 수 있다. 한반도와 유라시아 대륙의 물류망, 에너지망 연결은 침체된 한국 경제에 신동력을 공급하여 경제발전에 기여하고 다음 세대에게 많은 기회를 제공할 것이다.

셋째, 한반도의 전략적 지정학은 명확한 지정학적 가치와 목표 아래 설정되어야 하고 지정학을 강화할 수 있는 지경학적 전략이 함께 수립되어야 한다. 강대국들이 지정학과 지경학의 상호작용으로 자국의 영향력을 확대하는 것과 같이 한반도의 전략적 지정학도 한국의 외교 안보 경제발전이 상호보완적이고 유기적으로 연동하도록 정립되어야 한다. 한반도 신경제지도와 연계된 신북방정책과 신남방정책은 한국의 정치 · 경제 · 외교 · 안보 · 문화적 측면에서 외연을 확장하고 협력 관계를 구축하는 한반도 지정학의 영역을 확장하는 전략이라 하겠다.

넷째, 4강 중심의 경제협력을 확장하여, 한국 경제의 개방성을 유지하면서 북방 경제협력과 남방 경제협력을 통한 경제협력 국가 다변화와 고부가가치 서비스산업과 4차 산업혁명 신성장동력 창출을 모색해야 한다. 한국은 경제 · 외교 · 안보의 불균형으로 인해 갈등요인을 안고 있었다. 전략적으로 대중국 경제의존도를 낮추어 한국의 경제적 자주성을 회복하는 것이 중국과 대등한 관계로 일대일로와의 협력, 한반도 평화체제에서의 남 · 북 · 러 경제협력, 동북 3성에서의 다자 경제협력에 주도적으로 참여할 수 있는 외교적 자주성을 지키는 길이다.

한반도 지정학 전략으로서의 신북방 · 신남방 정책

한국이 추구하는 신북방 · 신남방 정책은 현 동북아에서 전개되는 지정학적 전략들과 상호 조응하여 훌륭한 한반도의 전략적 지정학이 될 것이다.

첫째, 지정학적 전략과 지경학적 전략이 상충하지 않는 전략적 지정학의 수립이 중요하다. 한반도의 전략적 지정학은 지경학과의 상호작용으로 서로를 강화하는 선순환 고리를 갖도록 해야 한다. 하위 정책들은 한국이 추구하는 전략적 목표를 향해 국가의 이익과 영향력이 강화되는 방향으로 나가야 한다. 한반도 평화프로세스와 신북방정책, 인도-태평양 전략과 신남방정책의 협력은 지정학적 전략과 지경학적 전략이 시너지 효과를 발휘하여 한국의 이익과 영향력이 확대되는 지정학적 전략이 될 것이다.

둘째, 신북방 · 신남방 정책은 한반도의 지정학적 딜레마를 약화시킬 것이다. 한반도 전략적 지정학의 가장 큰 걸림돌은, 안보는 미국에 경제는 중국에 기대면서 발생하는 지정학과 지경학 전략의 불일치에서 오는 딜레마였다. 한국이 전략적 지정학을 수립하기 가장 어려웠던 이유는 안보 강화와 경제발전의 요소가 비협력적으로 작용한 데 있다. 안보를 위한 미국과의 협력은 한 · 중 관계를 악화시키는 결과를, 경제발전을 위한 중국과의 협력은 한 · 미동맹을 약화시키는 결과를 초래함으로써, 한국의 지정학 전략과 지경학 전략이 상충하여 시너지 효과를 내지 못 한 데 있다. 신북방 · 신남방 정책은 안보는 미국과 북한 비핵화에 집중하면서 동북아시아의 평화로 영역을 넓히고, 경제는 대중국 의존도를 낮추고 신남방 국가들로 경제영토를 확장하여, 대외적으로 한국의 정치 · 경제 · 외교적 운신의 폭을 넓힐 수 있게 되어 지정학적 딜레마가 약화되는 결과를 가져올 것이다.

셋째, 한반도의 전략적 지정학은 4강과의 협력적 파트너십을 유지하는 데 기여하며, 신북방 · 신남방에 속하는 국가들과의 우호적 관계 형성을 통해 경제 · 외교 · 안보적 이익을 공유하고, 국제사회의 지지세력을 확보하는 데 도움이 될 것이다. 지지세력 확보는 한국의 영향력과 자주성 강화로 이어져 4강과의 협력적이고 대등한 파트너십을 유지 강화하는 선순환 작용을 이룰 것이다.

넷째, 한반도의 전략적 지정학 정립에 대한 실제적 방안으로의 신북방 정책과 신남방정책은 지정학적 · 지경학적 측면을 모두 갖추고 있다. 지경학적 측면은 신북방 · 신남방 국가들과의 경제협력을 통한 신성장동력 창출과 경제발전 기여, 경제영토 확장으로 인한 새로운 시장 확보, 한반도 신경제지도 완성 등이고, 지정학적 측면은 한반도 평화체제에 대한 지지와 한국의 생존 및 번영에 우호적이고 협력적인 환경을 조성, 한반도의 지정학적 딜레마 해소, 북한을 포함한 다자 경제협력에 대한 준비, 북방 경제협력을 통한 철도공동체, 에너지 공동체 등의 경제공동체 형성과 동북아 다자평화안보협력체와 동북아공동체로의 발전 가능성 등을 들 수 있다. 한반도의 전략적 지정학이라는 큰 틀에서 신북방 · 신남방 정책은 협력 국가와 한국의 정치 · 안보 · 외교 · 문화의 영역과 경제협력이 상호보완적 발전 관계를 형성하여 한반도 지정학의 위상을 높이고 한국의 국제적 영향력을 확대하여 한반도 평화와 번영에 기여할 것이다.

새로운 전략, 신남방 정책과 인도-태평양 전략의 협력

2019년 6월 30일 트럼프 대통령 방한으로 이루어진 한미 정상회담 후 가진 기자회견에서 문재인 대통령은 "우리는 개방성, 포용성, 투명성이라는 역내 협력 원칙에 따라 한국의 신남방정책과 미국의 인도–태평양 전략과 조화로운 협력을 추진하기로 했다.", "글로벌 지역 이슈에서도 한 · 미 양국은 동맹국으로 적극 협력할 것"[39]이라고 밝혀, 한국이 그동안

---

39) 문병기, "美 '한미동맹이 인도–태평양 전략의 린치핀'…中 견제 공조 시사", 『동아닷컴』 (검색일: 2019.07.04.)

미 · 중 사이에서 추구하던 전략적 모호성에서 벗어나 한 · 미동맹을 강화하고, 신남방정책 추진과 더불어 인도-태평양에서 미국의 동맹국으로서 협력할 뜻을 나타냈다. 미 국무부는 "한미 정상은 강력한 한 · 미동맹이 인도-태평양 지역 평화와 안보의 '린치핀(linchpin)'이라는 점을 재확인했다."고 밝혔다.

지정학 전략인 인도-태평양 전략과 지경학 전략인 신남방정책의 조응은 상호보완적으로 상승효과를 기대할 수 있을 것이다. 이는, 미 · 중 사이에서 전략적 모호성을 취하던 한국이 미 · 중 무역전쟁에서 미국과의 공조를 공식화하고, 신남방정책 가속화를 위해 인도-태평양 전략을 지정학 전략으로 선택함으로써, 한국이 한반도 신경제지도구상에 입각한 전략적 결정을 내렸다고 평가할 수 있다. 한국의 인도-태평양 전략 참여는 첫째, 패권국이자 동맹국인 미국과의 신뢰를 확인하고 미국이 주도하는 국제 안보 전략에 협력함으로써 한 · 미동맹뿐만 아니라 일본, 인도, 호주 및 동남아 국가들과 안보협력을 강화하는 의미가 있다. 둘째, 미국이 한반도의 지정학적 중요성을 재인식하여 북 · 미 비핵화 협상의 진전에 더욱 힘을 기울이는 계기가 될 것이다. 미 · 중은 서로를 견제하기 위해 대북정책을 전략적으로 이용하는 측면이 있다. 한국의 신뢰를 확인한 후 비핵화 진전을 위해 유연한 접근을 시도할 가능성이 있다. 셋째, 갈등이 심화되고 있는 한 · 일 관계 개선에 미국의 역할을 기대해 볼 수 있다. 실질적으로 미국은 일본의 대한국 수출규제조치에 따른 한 · 일 갈등이 한 · 미 · 일 공조에 도움이 되지 않는다는 데 크게 공감하고 있다.[40] 비록, 일본이 거부하긴 했지만, 미국이 7월 12일 한 · 미 · 일 차관보급 협의를 제안하였고, 모건 오테이거스 미 국무부 대변인이 7월 11일 한 · 미 · 일

40) 연합뉴스, "미국 한일 갈등, 공조에 도움 안돼" (검색일: 2019.07.14.)

3개국의 관계 강화를 위해 할 수 있는 모든 일을 하겠다는 입장을 밝힌 것은 그동안 한·일 갈등 문제에 중재자로 나서지 않던 기존의 미국의 모습과 다르다. 중국 견제를 위해 미국이 한·미·일 공조를 공고히 하려는 견지에서 일정 부분 한·일 관계의 중재 역할을 할 것으로 보인다. 넷째, 대중국 경제의존도를 지렛대로 강압적인 태도를 보이는 중국에 한반도 안보를 위한 한·미동맹의 공고함을 확인시키고 한국은 한·미동맹을 기반으로 한 대등한 한·중 관계를 원함을 표명했다는 의미가 있다. 마지막으로 한국의 인도-태평양 전략 협력은 신남방정책의 동력을 확보했다는 의미가 있다. 인도 및 동남아 국가들과의 국제정치적·안보적 협력 강화는 신남방정책 대상 국가들과의 경제협력을 강화하는 동기를 부여할 것이다. 미·중 무역전쟁과 차이나 리스크로 인해 대중 경제의존도를 낮추고 신남방정책 국가들과의 경제협력 다변화를 모색하는 시점에, 인도-태평양 전략 참여로 인해 문재인 대통령이 집권 초반부터 주력해온 신남방정책이 더욱 활성화·가속화될 것으로 예상한다.

정부가 인도-태평양 전략에 협력을 표명한 것은, 한반도 비핵화 추진, 신남방정책 추진, 한일 관계 개선에 미국의 협력, 인도-태평양에서 한국의 영향력 제고가 필요한 시점이라는 판단에서 나온 결정으로 보인다.

한반도 전략적 지정학의 함의

현 동북아 상황에서 한반도의 전략적 지정학이 지향해야 할 것은 무엇인가? 첫째, 한반도의 지정학적 딜레마를 최대한 약화시키는 것이다. 한국은 점진적으로 대중국 무역의존도를 줄여나가는 동시에 역내 중견국이자 중국의 경제협력 파트너로서, 자주적이고 소신 있는 정책을 추진해야 한다. 한국은 중국의 경제보복에 대한 지렛대를 낮추고 한반도 비핵화 · 평화프로세스 과정과 그 이후의 일대일로 협력, 남 · 북 · 중 경제협력, 동북아공동체 형성 등의 사안에 대해 중국과 대등한 외교 관계에서 협력할 수 있도록 해야 한다. 둘째, 한반도의 전략적 지정학은 지경학과의 상호작용으로 서로를 강화하는 선순환 고리를 갖도록 해야 한다. 하위 정책들은 한국이 추구하는 전략적 목표를 향해 국가의 이익과 영향력이 강화되는 방향으로 나가야 한다. 셋째, 한국은 4강과의 협력적 파트너십 유지에 최선을 다하면서, 신북방 · 신남방에 속하는 국가들과의 우호적 관계 형성을 통해 경제 · 외교 · 안보적 이익을 공유하고 국제 사회의 지지세력을 확보해야 한다.

한반도의 전략적 지정학이 한반도 평화체제와 미래 한반도 100년을 준비하는 한국의 경제 · 외교 · 안보에 있어서의 함의는 자강(自强)이다. 현 상황의 불확실성이 높다는 것은 가변성이 높다는 의미이다. 한국은 지금의 역동적인 상황을 이용하여 한반도 평화정착의 기회를 만들었고, 신북방 · 신남방 정책으로 정치 · 경제 · 외교 · 안보적 지경을 넓히는 정책을 추진하고 있다. 한국은 세계 경제 10위권의 경제 대국으로서의 자부심을 가지며, 한반도 비핵화와 평화프로세스를 추진해야 한다. 그 과정은 한반도의 힘을 통합하고 민족이 화합하고 한반도가 번영하는 길이 될 것이다.

6장

평화의 시대, 남북 중심의 경제협력방안

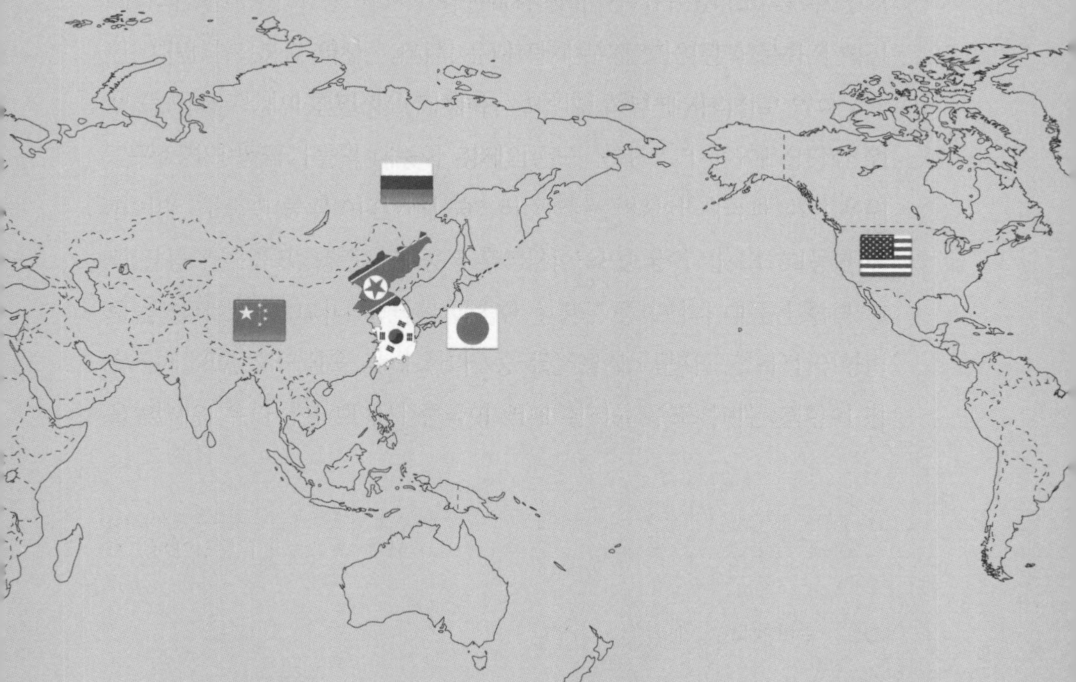

북한은 2013년 제23차 전원회의에서 '경제-핵무력 병진노선'을 노동당 전략노선으로 채택하고 핵무기 개발이 본격화함으로써 한반도의 지정학적 중요성을 최고점에 올려놓았다. 특히 김정은 위원장은 '경제-핵무력 병진노선'을 공식화하면서 보다 업그레이드된 경제발전 전략을 추진하려고 하였다. 그것은 기존 경제특구 전략을 지역적 · 산업적 확대를 포함한 경제개발구 정책으로 구체화[1]하였으나 계속되는 핵실험으로 UN 대북제재가 심화되었다. 2016년 1월, 4차 핵실험 이후 한국 정부의 개성공단 가동 전면 중단과 북한의 남측 인력 전원 추방, 남측 자산 전면 동결 및 개성공단 폐쇄로 남북경협도 전면 중단되었다. 북한은 '경제-핵무력 병진노선'을 채택한지 5년 만인 2018년 4월, '경제건설, 핵무력 건설 병진노선'의 승리를 공표하고, '사회주의 경제건설 총력노선'으로 당의 노선을 전환하였다. 한반도는 북한의 비핵화 선언과 남북, 북 · 미 정상회담을 통해 북한의 비핵화와 북한 체제보장 및 경제발전에 합의하면서 한반도에 평화체제 정착의 기회를 맞았으며, 남북한의 협력으로 한반도의 지경학적 가치를 강화할 수 있는 계기를 마련하였다. 북한의 비핵화 선언과 비핵화를 위한 남북 정상회담과 북 · 미 정상회담은 동아시아의 안보 불안을 종식과 냉전 시대의 적대 관계 청산의 시발점이 되었다. 동시에 한반도가 대륙의 시작점으로, 해양으로의 출발점으로 교통 · 에너지 · 물류를 통해 유라시아 대륙과 연결되어 평화를 기반으로 한 한반도

1) 나용우, 장성호, "김정은 시대의 대외개발정책과 남북 경제협력: 경제개발구 전략을 활용한 새로운 협력모델의 모색", 『평화학연구』 제18권 4호(2017), 279쪽.

신경제지도구상을 실현할 수 있는 토대가 마련되었다. 이는 한반도가 전략적 지정학의 관점에서 지경학적 가치를 강화할 기회를 맞았다는 것을 의미한다. 한반도의 지경학적 가치 제고를 위해 남북한 중심의 경제협력과 남북한과 제3국의 경제협력을 추진하는 것은 한반도 평화정착 과정에서 남북한의 주도권을 강화하는 방안이다.

1. 남북한 중심의 경제협력

개성공단

개성공단은 최초의 남북합작 공단으로 남북화해교류협력과 남북 경제협력에 중요한 역할을 하였다. 2000년 6 · 15공동선언 후 남쪽의 현대 아산과 북쪽의 아시아태평양평화위원회(아태)와 조선민족 경제협력연합회(민경련)가 '개성공업지구건설운영에 관한 합의서'를 체결하면서 공단 조성의 단초가 되었으며, 2004년 6월, 9만 3000m^2 면적의 시범단지가 조성되고 2007년 1단계 분양 및 1단계 1차 기반시설이 준공되어 본격적으로 운영되었다. 개성공단은 북한 기갑사단, 포병여단 등 5만여 명과 수도권을 겨냥한 북한 장사정포부대가 배치되어 있던 곳이다. 현실주의적 시각에서도 개성공단의 설립 및 운영으로 인해 북한 군부대 특히 포병부대가 후방으로 이동한 것은 남한 안보에 긍정적으로 기여했다고 평가한다.

일반인으로서 고 정주영 회장이 국경을 넘기까지 50여 년이 걸렸지만, 개성공단이 가동된 이후 2003년부터 2013년까지 자동차, 버스, 트럭은 1,177,594회 국경을 통과했다. 2012년에는 자동차, 버스, 트럭이 영업일 하루당 682회 국경을 넘어 시간당 운행 대수로 환산하면 29대가 넘는다. 개성공단이 생긴 결과, 일반인들에게도 남북 간의 국경은 더 이상 넘을 수 없는 경계선이 아니며 남한 사회의 일상 모습 중 한 장면을 연출하는 공간이 되었다. 서울대학교 평화통일연구원의 통일의식조사에 의하면, 2011년과 2012년 천안함 사건과 연평도 사건이 발생했음에도 불구하고 개성공단을 유지해야 한다는 의견이 반대의견과 비슷했고, 2013년과 2014년에는 오히려 찬성비율이 높았다. 개성공단은 단순히 경제협력 공간에 머무르는 것이 아니라 정치적 상징성을 지니며 한반도의 안정과 평화에 기여한 바가 크다고 국민들이 의식하고 있다.[2] 생산현황은 2010년 3억 2천 달러, 2011년 4억 달러를 비롯하여 누계생산액 12억 6천만 달러를 넘었고, 근로자 현황을 보면 2005년에 북측 근로자 6천 명에서 2012년 1월 5만 명을 넘었다.

개성공단은 남북 관계의 변화에 지속적인 영향을 받았다. 개성공단은 한미연합군사훈련을 이유로 2013년 4월 8일부터 9월 15일까지 북한 근로자 철수 조치가 있었고, 북한의 핵실험, 연평도 포격, 장거리미사일 발사, 공단 노동자 최저 임금 인상 등의 문제로 난항을 겪다가 2016년 2월 7일 북한 장거리 미사일 발사를 이유로 2월 10일 남한 정부가 개성공단 전면 중단 조치를 발표하면서 개성공단 설립 이래 11년 2개월 만에 가동이 전면 중단되었다. 2018년 9월 19일 평양선언에서 조건이 충족되면 개성공단과 금강산 관광사업을 재개하자고 합의했고, 개성공단기업 비상대책위원회가 공단 입주기업을 대상으로 한 설문에 응답한 기업 101곳 중 95%가 재입주 의지를 나타냄[3]으로써 대북제재가 완화될 경우 우선적으로 정상화될 것으로 보인다.

개성공단은 남북 경제협력을 넘어서는 민족화합과 평화의 상징으로

---

2) 김병로, 김병연, 박명규, 『개성공단: 공간평화의 기획과 한반도형 통일 프로젝트』 (과천: 진인진, 2015), 172~173쪽.

3) 개성공단 기업들 "곧 방북 신청… 연내 재가동 위한 시설 점검", 『서울신문』 (검색일: 2018.09.26).

남북이 매일 상생하는 평화의 공간이었다. 개성공단은 남북의 경계선, 접촉면, 접촉방식 등에 많은 변화를 초래하였고 남북한의 시간적 거리와 공간을 축소함으로써 상호 이익이 공존하는 공간이었다.[4] 개성공단은 과거에도 남북협력의 유일한 지경학적 사례였고, 남북협력의 작은 시험장이었다. 앞으로 개성공단의 규모와 역할은 더욱 확대되어 한반도 신경제지도의 환서해 경제벨트의 중심으로 경의선을 통해 대륙으로 연결될 것이다. 개성공단은 많은 한계와 위기를 극복하고 남북한이 끊임없는 협상을 통해 만들어낸 남북 경제협력의 새롭고 창의적인 경제모델이다. 한반도 평화체제 구축에 있어서 개성공단의 확대는 남북한 경제공동체 실현의 구심점으로써 남북한 주도의 경제협력으로 한반도의 지경학적 가치를 높이는 데 크게 기여할 것이다. 개성공단은 남한과 북한이 공동으로 남북 경제협력과 평화의 상징으로 인식하는 경제협력이다. 대북제재 완화로 속히 정상화되기를 고대하며, 제2, 제3의 개성공단이 조성되어 남북한 하나의 경제를 이루는 데 큰 진전이 있기를 바란다.

남북철도연결 사업

남북철도연결 사업은 1990년부터 논의되었고 1992년 남북 간의 화해와 불가침 및 교류 협력에 관해 채택한 합의서에서 "남과 북은 끊어진 철도와 도로를 연결하고 해로, 항로를 개설한다."라는 합의사항에 의해 2002년 9월, 동해선 철도 연결공사 착공식, 2003년 6월, 경의선과 동해선의 군사분계선 상에서 남북의 철도 궤도 연결식, 2007년 5월 17일 금강산역~제진역 간 25.5km 구간 시험운행이 진행되었다가 남북 관계 경색으로 철도 운행이 중단되었다. 2018년 4월 27일 판문점 선언을 통해

4) 김병로 · 김병연 · 박명규, 『개성공단: 공간평화의 기획과 한반도형 통일 프로젝트』(과천: 진인진, 2015), 155쪽.

남북한이 10 · 4선언에서 합의된 사업들을 적극적으로 추진하기로 함에 따라 동해선과 경의선 철도 · 도로 연결과 현대화 작업이 구체화되었다. 남북은 현지 공동조사를 7월 20일에 동해선 북측 구간(금강산 청년역~군사분계선), 7월 24일에 경의선 북측 구간(개성역~군사분계선)에 대한 공동조사가 진행하였다.

남북철도 연결은 남북의 인적 · 물적 교류를 하나로 잇는 기본 인프라로써 한반도 신경제지도의 핵심이다. 동해선과 경의선은 부산에서 원산과 나선을 거쳐 러시아까지 이어지는 환동해 벨트와 전라도와 수도권을 지나 개성과 신의주를 거쳐 중국까지 이어지는 환서해 벨트의 중추로서 에너지와 자원 · 교통 · 물류 · 산업을 발전시킬 기반으로 남북한 민족 경제의 균형발전과 공동 번영의 상징이다. 2018년 6월 북한의 동의로 한국이 국제철도협력기구(OSJD: Organization for Cooperation of Railway)에 정회원으로 가입[5]함에 따라 유라시아 대륙철도 노선 운영에 참여할 수 있는 자격을 얻게 되어 남북철도 연결과 동해선의 시베리아 횡단철도(TSR)와의 연결, 경의선의 중국 횡단열차와의 연결로 부산부터 유럽까지 이동할 수 있는 국제적인 기반을 마련하였다. 동해선[6]의 경우 현재 부산에서 경북 영덕까지 운행 중이며 영덕~삼척까지 122km 구간은 2020년 개통을 목표로 공사가 진행 중이다. 동해북부선에 속하는 강릉~제진간 104km 구간은 단절된 상태이나 3차 국가철도망 구축계획에 신규 사업으로 포함되어 진행될 예정이다.

---

5) 우리나라 대륙철도 길 열렸다…北협조로 국제철도협력기구 가입 (2018년 6월 7일). 연합뉴스, http://www.yonhapnews.co.kr/bulletin/2018/06/07/0200000000AKR20180607092100003.HTML?input=1179m (검색일: 2018년 6월 8일)

6) 일제가 함경남북도와 강원도 지방의 자원을 수탈하여 전쟁 물자 수송을 위해 1937년 12월 1일 개통하였고 남북 분단 이후 운행이 중단되었다. 세 부분으로 구성되어 있으며 동해북부선(안변-양양, 192.6km), 동해중부선(양양 포함), 동해남부선(부산진~포항, 145.8km)임.

동해선이 완성되어 부산-북한-시베리아 횡단열차로 유럽으로 연결되면 해상운송에 비해 거리는 8380km가 단축되고 수송 기간도 30일에서 14일로 단축되는 등 거리와 기간이 크게 줄어들게 될 것이다. 동해선은 금강산관광을 활성화, 금강산~원산 관광지구 구축 촉진, 설악산과의 연계 관광을 현실화시켜 동해권 경제발전에 큰 도움이 될 것이다. 경의선[7]은 서울~개성~사리원~평양~신의주에 이르는 518.5km의 복선철도이다. 남북철도 노선 중 가장 비중 있게 다루어지는 이유는 경의선이 북한의 주요 인구, 산업 밀집 지역을 통과하고 개성 특구와의 연계가 가능하기 때문이다.

동북아철도공동체구상

문재인 대통령은 2018년 8 · 15 광복절 경축사에서 동북아 6개국과 미국이 참여하는 동아시아 철도공동체를 제안하였다. 남과 북은 대륙과 해양을 잇는 '교량 국가'로 공동번영할 것이라는 교량 국가론 구상은 동북아철도공동체구상으로 구체화됐다. 이는 동북아시아를 철도로 연결해 경제공동체를 만든 뒤 이를 통해 평화공동체로 발전시키자는 의미이다. 안병민 한국교통연구원 선임연구위원은 2019년 2월 14일 유라시아 교통연구소 창립기념 국제세미나에서 '동아시아철도공동체 비전과 추진 방향'을 발표했다.[8] 간선축은 동북아 대도시를 잇는 '다롄-선양-창춘-하얼빈(921km)'과 '선양-평양-개성-서울(695km)'로 이를 통해 고부가가치 특송화물을 운송할 수 있을 것으로 전망했다. 또한, 초기 동아시아

7) 일본이 1904년 2월 러 · 일전쟁 발발 직후 '임시군용철도감부'를 설치하고 불법으로 경의선부설을 감행하였다. 일본 세력의 만주 확장을 위한 군용철도의 목적으로 부설함.

8) 박병률, "동아시아철도공동체 동북아 5국 협의부터", 『경향비즈』 (검색일: 2019. 05.03.)

[그림6] 한반도 종단열차와 대륙철도의 연결(동북아철도공동체구상)

출처: 박영석, '우리나라 대륙철도 길 열렸다', 연합뉴스(2018년 6월 7일)

철도공동체는 한국과 북한, 러시아, 중국, 몽골 등 동북아 5개국이 참여하는 느슨한 정부 간 협의체를 제안했다. 이후, 미국과 일본이 참여하고 심의 · 조정기능을 갖춘 공동체를 구성하자는 것으로 사무국은 평양이나 울란바토르에 설치할 것을 제안했다. 지금은 대북제재가 완화되지 않아 실행에 옮기기 어렵지만, 한반도 평화 정착시 충분히 실현가능한 구상이다. 동북아철도공동체구상이 동북아 평화를 담보하려면 미국과 일본의 참여가 필요하다.

철의 실크로드, 대륙을 향한 꿈

김대중 대통령은 남북 간 경의선 및 동해선 연결공사 착공식에서 단

[그림7] 한반도 종단열차와 대륙철도의 연결(남북철도연결 사업)

출처: 박영석, '우리나라 대륙철도 길 열렸다', 연합뉴스(2018년 6월 7일)

절되었던 남북한 철도가 연결되면 꿈의 실크로드 시대가 연결된다고 말했다. 부산과 목포에서 기차를 타고 유럽까지 가는 새로운 한반도의 시대, 태평양과 유라시아 대륙을 잇는 세계의 중심 국가가 될 것이라 말했다. 분단 이후 우리는 늘 그리운 땅 북한, 그 너머 미지의 땅 북방으로 생각해 왔다. 김대중 대통령이 말한 세계 중심 국가로의 길은 철의 실크로드 실현에 있다. 현실화된다면, 유럽과 동북아를 육상으로 연결하는 세계 최대의 운송로가 될 것이다. 철도 부문에서 한러 간의 협력 중 가장 핵심적인 사업은 한반도 종단철도(TKR)와 시베리아 횡단철도(TSR)의 연결이다. 미국과 러시아가 각기 서부의 접경지역과 동시베리아를 관통하는 대륙철도를 완성해 온전한 하나의 나라가 되었듯이, 한반도 초대형 인프라 사업은 경제개발과 성장동력을 마련하고 남과 북이 한 방향으로 향하는 길을 공유하고 소통할 수 있는 중대한 계기가 될 것이다. 또한, 한국이 동북아시아에 머무르지 않고 유라시아와 유럽의 거대경제권에 포함되어 경제활동의 범위가 확장되고 새로운 경제협력 모델들이 생겨날 것이다.

2007년 5월 17일 한국전쟁 이후 끊어진 동해선과 경의선을 복원하여 56년 만에 열차가 군사분계선을 넘어 시험운행을 하였다. 논의가 시작된 이후 시험운행까지 3년이 걸렸고, 한차례 시험운행 후 열차는 멈추었다. 시험운행을 하는 도라산역에 '또 만납시다'라는 환영 문구가 달렸지만, 또 만날 수는 없었다. 2013년 9월 22일 북한의 나진과 러시아의 하산을 잇는 54km 구간이 개통하였다. 지금은 한꺼번에 연결할 수 없지만 끊어진 구간들을 연결한 것은 대륙으로 가는 실크로드 실현의 희망이다.

경의선과 동해선이 시베리아 횡단철도(TSR), 몽골 횡단철도(TMGR), 만주 횡단철도(TMR), 중국 횡단철도(TCR)와 연계되면 한반도가 세계 GDP의 60%를 차지하는 유라시아 경제로 편입되고, 유라시아 국가들과의 무역량 증가로 얻는 이익은 물론이고, 높은 대중국 무역의존도로 인해 잠재적으로 안고 있었던 경제구조적 위험을 분산하는 효과도 기대할 수 있다. 또한, 철도의 연결은 경제특구 활성화, 배후지 확보, 공단 조성 등을 촉진하여 한반도와 유라시아 대륙에 걸친 메가 경제권 형성에 크게 기여하여 철도가 연결된 국가들이 이익을 공유하게 될 것이다. 남북철도 연결 사업에 대해 북한 비핵화의 불확정성, 대북제재, 북한 선로의 노후화 및 천문학적인 개발비용과 경제성, 인프라 개발에 대한 법 · 제도의 차이 등에 대한 논의도 함께 이루어지고 있다. 그러나 긍정적인 요소를 생각할 때 대륙경제와 연결되고, 물류비용이 감소하며, 국제경쟁력 향상과 남북경제의 균형적인 발전 가능성이 높아진다. 무엇보다도 남과 북이 원하는 최우선 사업으로 한반도 평화정착에 도움이 되며, 남한, 북한, 미국, 중국, 러시아, 일본, 몽골이 참여하는 동북아철도공동체로 발전할 수 있는 토대가 마련되어 다자협력기구가 부재한 동아시아에 경제안보공동체를 마련하는 계기가 될 수 있다.[9] 남북의 경제적 번영의 토대인 철도·도로·항만 등의 인프라 구축 없이 경제협력을 활성화할 수 없는 만큼 우려되는 점은 더욱 면밀히 검토하고 장점을 극대화하여 한반도의 지정학적 위치를 남북 경제발전에 전략적으로 이용해야 한다.

2. 남북한과 제3국과의 경제협력

남·북·러 가스관 연결사업

한반도 평화체제 구축에 있어서 안정적인 에너지 공급은 필수적이며, 철도·도로·항만 등의 인프라 확충 못지않게 중요한 요소이다. 러시아의 신동방정책의 핵심은 동북아시아에 에너지 공급망을 구축하는 것으로 북한을 지나는 한반도 가스관 프로젝트는 주요 이슈이다. 한국은 러시아 극동지역에서 지리적으로 가깝고 발전용, 도시가스용 수요가 많은 세계 2위의 LNG(액화천연가스: Liquefied Natural Gas) 수입국으로, 탈원전과 국제 기준의 환경오염물질 배출 규제 강화로 그 수요가 더욱 증가할 것이다. 북한도 중국의 경제성장 과정과 같이 석탄 위주의 에너지 생산에서 석유를 이용한 에너지 생산을 최소화하면서 천연가스 비중을 늘리는 정책이 합리적일 수 있다.

9) 2018년 8월 25일 문재인 대통령은 미국외교협회에서 열린 CFR·KS(코리아소사이어티)·AS(아시아소사이어티) 공동주최연설에서 한반도의 완전한 비핵화와 평화체제 정착 후 추진하게 될 경제협력에서 동아시아 철도공동체에 미국의 적극적인 참여를 제안함./ 문대통령, 유엔외교 후 귀국길…2차 북·미 정상회담 가시화 성과, (2018년 9월 27일) http://www.yonhapnews.co.kr/bulletin/2018/09/26/0200000000AKR20180926040200001.HTML?input=1195m(검색일: 2018.9.27.)

[그림8] 한 · 러 가스관 연결 구상

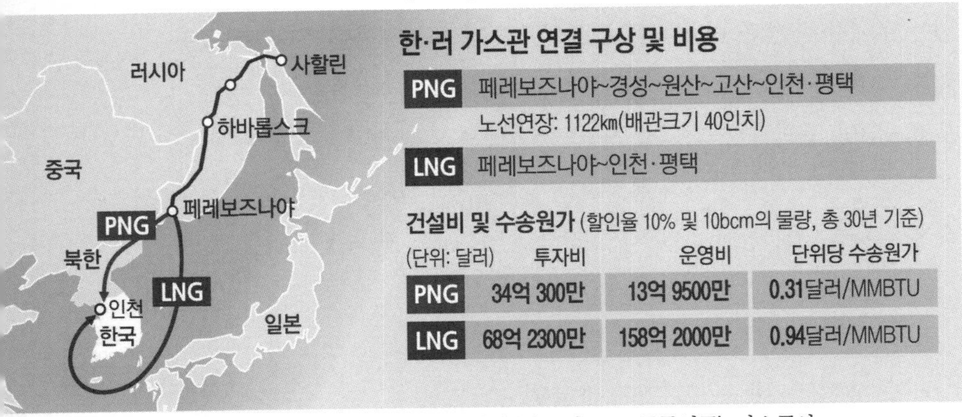

출처: 권칠승 의원실 '한 · 러 PNG 공동연구', 가스공사

한 · 러는 25년 전인 1993년부터 남 · 북 · 러 가스관 연결사업에 관한 논의를 시작하였다. 그러나 북한의 불확실성으로 여러 차례 무산되었다. 북한은 러시아로부터 PNG(Pipe Natural Gas) 사업에 대한 제의를 받았지만, 부정적인 반응을 보이다 2011년 8월 울란우데 정상회담에서 김정일 위원장이 러시아 가스관의 북한 영토 통과에 합의한 바 있다. 국제 사회의 지속적인 제재와 남북 관계 경색으로 외화공급이 차단된 상태에서 북한이 받게 될 한 해 3억 달러 이상의 통과료가 큰 작용을 했을지도 모른다.[10)] 북러는 2011년 한러 정상회담에 맞추어 남 · 북 · 러 가스관 연결사업의 구체적인 일정까지 발표했으나 한 달 뒤 김정일 국방위원장의 사망과 2012년 남한의 정권 교체, 2013년 3차 핵실험으로 PNG 사업은 전면 중단되었다.[11)] 문재인 정부는 출범 직후부터 북한을 경유하는 한 · 러 PNG 사업추진에 큰 관심을 보여 왔다. 2018년 6월 문재인 대통령의 러

10) 이종헌, 『에너지 빅뱅』(서울: 프리이코노미북스, 2017), 304~306쪽.

11) 강태호 외, 『북방루트리포트』 (경기: 돌베개, 2014), 317쪽.

시아 국빈방문으로 남·북·러 3각 협력이 추진될 수 있는 기반을 확보했고, 2017년 동방경제포럼에서 문재인 대통령이 제안한 나인브릿지 구상에 대한 행동계획을 마련하기로 합의하고 철도·전력·가스 부분에서 우선적인 협력을 약속했다. 한 국가스공사는 러시아 민간 천연가스 생산업체 노바텍과 '북극 LNG협력 양해각서'를 체결하고 한반도 비핵화와 대북제재 해제 등을 전제로 향후 협력하기로 하였다. 한 국가스공사와 러시아 국영가스회사 가즈프롬(Gazprom)은 양국 가스관 연결과 관련한 공동연구를 추진하기로 합의하고 남·북·러 가스관 연결 작업에 대비하여 경제성과 기술성을 검토에 착수한다.[12)] 한국과 러시아가 한반도와 동북아 평화정착에 공감대를 형성하고, 남·북·러 협력을 약속한 것은 한반도 비핵화 이후의 남북 경제발전의 방향과 속도를 예측할 수 있는 중요한 척도였다. 실질적으로 러시아를 통해 에너지를 공급받음으로써 북·중·러 초국경지역의 경제특구, 개성공단, 광역두만개발계획(GTI: Greater Tuman Initiative)[13)] 등의 개발이 활성화되고 북한의 열악한 에너지 수급 상황을 크게 진전시킬 수 있을 것으로 전망된다.

북한의 산업 인프라 구축에 있어서 가장 시급한 문제는 전력공급이다. 현재 남한과 북한 간 전력 생산 격차는 14배 이상이며, 한국전기연구원에 따르면 북한의 설비용량은 남한의 12분의 1, 발전량은 24분의 1 수준에 머물러 있다. 북한의 전력산업정책은 해방 후 1950년대까지는 수력

---

12) 한·러 전력·가스망 공동연구 추진…남·북·러 경제협력 '청사진'.(2018년 6월 22일). 연합뉴스, http://www.yonhapnews.co.kr/bulletin/2018/06/22/0200000000AKR20180622158800003.HTML?input=1179m (검색일: 2018.9.1.)

13) 광영두만강개발계획(GTI)은 북한 나진·선봉과 중국 동북3성(흑룡강성, 길림성, 요녕성), 러시아 연해주 일부를 아우르는 광범위한 지역을 개발 대상으로 하는 협의체임. 한국, 북한, 중국, 러시아, 몽골 5개국이 참여하여 두만강 유역을 교통, 운송, 관광, 제조, 가공업의 중심지로 발전시키고 교역 및 투자 촉진을 통해 역내 협력 증진을 목표로 하며 UNDP 지역사업으로 1995년 출범함. 북핵문제와 지역정세 불안정으로 사업추진 동력이 미약해짐.

[그림9] 남 · 북 · 러 송전망 연결로 구체화되는 동북아 수퍼그리드 연계도

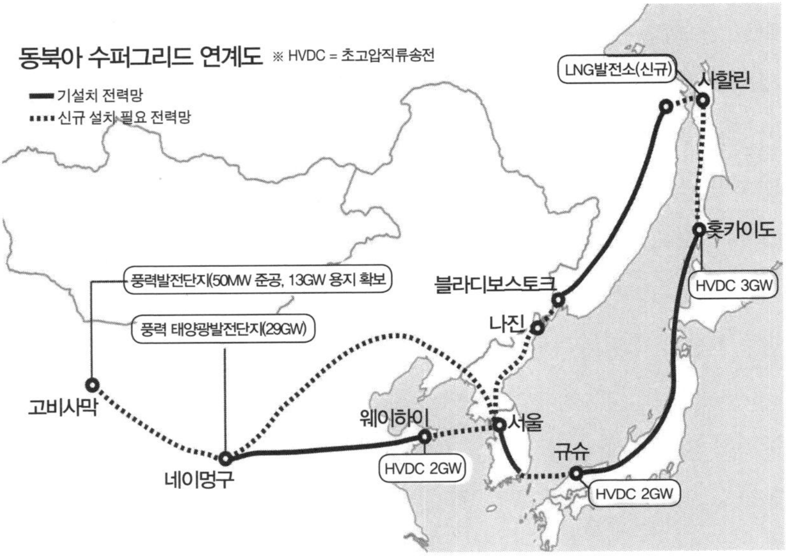

출저: 한국전력

중심, 1960년대 이후 수력 · 화력 병행, 김정은 정권 이후에는 신재생에너지를 강조하고 있으나 북한의 원자력 발전이나 신재생에너지 발전은 초기 단계이다. 북한의 전력발전설비가 상당히 노후화되었고 송전 도중 발생하는 손실이 많아 어려움을 겪고 있다.

러시아는 2015년 북한 핵실험으로 나진항 개발이 중지되자 2016년부터 전력 연계를 핵심사업으로 추진하고 있다. 러시아는 이미 구체적으로 연해주와 북한 나선 경제특구 간 계통 · 연계 타당성 조사를 마쳤으나 블라디보스토크에서 청진까지 380km에 이르는 송전선 건설비용 약 1억 6천만 달러에 대한 비용부담으로 사업 시행에 어려움이 있다. 건설비용도 문제지만 북한이 러시아 전기를 사용한다고 해도 사용료를 지불하기 어렵다는 문제점이 있다. 이러한 문제점은 남 · 북 · 러 전력망 연계로 경제성을 확보할 수 있다. 러시아는 최대 수력발전소인 부레야발전소를

신설하여 공급능력을 확보했고 야쿠치아(Yakutia) 남쪽 우추르(Uchur) 강과 팀프톤(Timpton)강에 건설되는 대규모 수력발전소와 하바롭스크 지역의 투구르(Tugur)에 대규모 조력발전소도 예비 전력으로 사용가능하다.[14] 지난 10년간 HVDC(초고압직류송전, High-Voltage, Direct Current) 송전방식의 상용화로 장거리 송전에 따른 전력 손실문제가 해결되어 러시아에서 경기 북부까지 전력 손실 없이 송전을 받을 수 있게 되었다. 러시아 극동지방의 수력은 연간 1,139TWh로 추정된다. 한국의 2016년 전력 총생산량이 526TWh로 극동지방 수력발전용량은 그 2배에 이른다. 러시아는 저렴한 원가의 수력발전 전력의 수출을 통해 극동지역의 경제를 활성화시킬 수 있고 전력난이 심각한 북한으로서는 러시아 전력의 통과료로 전기를 공급받을 수 있으며 추가로 필요한 전기를 구매할 수 있다. 한국은 에너지 정책의 다양성을 확보하면서 남 · 북 · 러 에너지 협력을 기반으로 남북 경제협력에 추가로 소요되는 전력을 안정적으로 공급받을 수 있게 된다.

유럽의 데저텍 프로젝트(Desertec Project)[15]와 같은 에너지 수퍼그리드를 동북아시아에 실현하자는 동북아시아 수퍼그리드 구상이 북핵 문제로 몽골과 러시아에서 생산된 신재생에너지를 해저케이블로 연결해야 하는 비경제성으로 더 이상 진전되지 못하였다. 북한의 비핵화와 개혁 · 개방으로 북한을 통한 송전이 가능해지면 현실성과 경제성에 기반한 동북아수퍼그리드 형성이 가능하다. 2017년 9월 3차 동방경제포럼 연설에서 문재인 대통령도 '동북아 수퍼그리드'를 적극적으로 제안했고, 동북아

---

14) 동북아공동체연구재단, 『neo Nordpolitik, 북방에서 길을 찾다』(서울: 디딤터, 2017), 122쪽.

15) 데저텍은 사막(Desert)과 테크놀로지(Technology)의 합성어로 북아프리카의 사하라 사막과 서남아시아에 태양광 발전소를 설치하고 생산된 전기를 해저케이블로 유럽에 내는 프로젝트로 유럽의 13개 기업이 참여하고 있음. 2050년까지 유럽 전체 전력 사용량의 15%를 충당할 계획임.

시아 수퍼그리드가 동북아의 경제번영과 평화를 동시에 가져올 수 있다고 강조하였다. 한반도 비핵화 프로세스로 북핵 문제가 해결되면 남북한이 러시아와의 송전망 연결을 주도적으로 추진할 수 있을 것이다. 남·북·러의 에너지 협력은 남북의 경제협력과 국토 균형발전, 동북아 국가와의 다자협력 모델 개발에 모멘텀을 제공할 것이다. 더 나아가 한국, 북한, 러시아, 중국, 몽골, 일본을 잇는 세계최대의 에너지 수퍼그리드 구상의 현실화를 앞당기고 에너지 공유를 바탕으로 한 동북아 평화에 기여할 것이다. 한반도 평화체제는 동아시아의 강대국들을 국제 질서과 규범의 틀 안에서 동아시아 이익공동체로 협력하게 함으로써 지경학적 가치의 강화 기반 위에서 더 공고해 질 것이다.

3. 남북한 경제협력이 나아갈 방향

정치·경제·사회·문화적으로 협력과 갈등이 혼재한 현 동북아 상황을 한반도를 둘러싼 미·중·일·러 강대국의 국제정치를 지정학과 지경학의 관점에서 이야기하였다. 미국과 일본의 인도-태평양 전략을 통한 협력과 중국 일대일로와의 대립, 동북아시아로 에너지 판로를 모색하며 재건을 꿈꾸는 러시아의 신동방정책이 지정학과 지경학의 상호작용을 통해 자국의 영향력 강화로 나타나고 있다.

미국은 중국의 영향력 확대를 미국 기반의 자유주의 국제질서에 대한 수정주의 도전국의 부상으로 규정[16)]하고 중국의 일대일로 정책에 인도-태평양 전략과 미·중 무역전쟁으로 대응하고 있다. 현 동아시아는

16) 2018 NSS는 러시아와 중국은 수정주의적 도전국으로 지목함.

양자 간의 FTA와 더불어 환태평양경제동반자협정(TPP: Trans-Pacific Partnership), 역내포괄적동반자협정(RCEP: Regional Conprehensive Economic Partnership), 브릭스(BRICS: Brazil, Russia, India, China, South Africa), 환인도양연합(IORA: Indian Ocean Rim Association) 등 다자 간 협력기구와 미 · 중이 펼치고 있는 전략적 구상 사이에 복합적이고 다층적인 국제 관계를 이루고 있다. 역내 국가들은 국제규범과 질서 내에서 자국의 영향력 강화를 위해 지정학적 접근의 적극적인 수단으로 지경학적 요소를 강화시키는 전략을 펴고 있다. 한국은 이러한 지역 내 국제정치 환경을 파악하여 한반도 비핵화 프로세스가 강대국들의 지정학적 역학 관계에 좌우되지 않고, 동북아 평화 실현으로 함께 공유할 공동이익과 가치 창출을 강조하여 이익공동체로서 한반도 비핵화와 동북아 평화의 시대를 열어가야 한다.

한 가지 주지해야 할 점은 미국은 동아시아 패권국이면서 한반도 휴전협정 당사국으로 종전선언, 평화협정, 대북경제제재 해제의 열쇠를 쥐고 있는 주체이면서 한반도 평화에 따른 이익공유 주체로서, 러시아, 중국, 일본에 비해 상대적으로 경제적 이익공유의 몫이 제한적이라고 생각할 수 있다. 한반도 평화에 대한 미국의 이익이 북 · 미 관계 진전을 추동할 기재로 작용하는 것이 한반도 평화구축을 앞당기는 하나의 방법이 될 수 있다. 한반도 비핵화와 평화체제구축을 촉진하기 위해서는 북한의 비핵화 진전과 함께 다자 간 경제협력을 통한 미국의 경제적 이익공유에 대한 비전이 제시돼야 할 것이다. 문재인 대통령이 동아시아철도공동체를 천명하면서 미국의 적극적인 참여를 강조한 것도 이러한 이유 때문으로 보인다. 북 · 미 비핵화협상의 진전과 남북 간 협력이 보조를 맞추어 조화롭게 이루어져야 할 것이다.

한반도는 남북 분단 이후, 남북 관계 경색과 북핵 문제로 인해 한반도의 지경학적 가치를 강화할 수 없고, 지정학적 긴장만 심화되는 구조적 딜레마에 있었으나, 북한의 비핵화 선언으로 한반도 평화체제 구축 과정에서 남북 경제협력을 통한 한반도의 지경학적 가치 강화방안을 모색할 수 있게 되었다. 과거 해방 후 한반도를 둘러싼 열강들의 지정학적 경쟁에 고립되어 있었던 한반도 문제를 남북한이 주도적으로 해결할 역량이 부족했기 때문에 분단의 현실과 고착화를 받아들일 수밖에 없었다. 남북한은 분단 70년 만에 한반도 평화체제 구축의 기회를 맞이하였다. 남북한이 이념 논쟁에서 벗어나 실질적인 경제협력으로 한반도의 지경학적 가치를 강화하여 주도적으로 한반도 문제를 해결할 수 있음을 증명하고, 강대국들의 정치적 이익 논리에서 벗어나야 한반도의 평화, 번영, 화합의 미래를 담보할 수 있다. 한반도 비핵화 프로세스의 중단 없는 시행을 보장하고, 한반도를 과거와 같이 강대국의 지정학적 이권 다툼에 휘말리지 않도록 하기 위해서는, 신뢰를 바탕으로 한 남북한 중심의 경제협력을 구심점으로 강대국들을 한반도 경제의 이익공유 주체로 남북한과 협력하게 함으로써, 한반도의 지경학적 가치를 강화해야 한다. 남북한은 종전선언과 평화협정, 대북제재 해제까지 많은 여정이 남아 있으며, 그 핵심은 북한의 완전한 비핵화와 한반도의 항구적인 평화이다. 한반도 평화체제 구축 과정에서 지경학적 접근으로 이루어지는 남북한의 주도권 강화는 북한의 완전한 비핵화를 강력하게 추동하는 원인이며 남한과 북한이 원하는 경제적인 청사진의 실현도 가능하게 할 것이다. 개성공단, 금강산관광과 같이 위험을 감수하면서 시험적으로 시도했던 남북경협이 한반도 평화구축 과정에서 더 안정적이고 발전된 형태로 남북한 번영의 중심이 될 것이다.

한반도 신경제지도구상 실현과 교통 · 물류 · 에너지로 유라시아 대륙과의 연결을 통해 한반도 지정학을 전략적으로 활용할 때 남북한이 민족경제 번영을 동시에 추구할 수 있다. 이러한 경제적 번영은 한반도 평화체제를 더욱 강화할 것이다. 한반도의 평화는 주변국들과의 경제협력과 이익공유를 통하여 그 합리성과 당위성을 갖게 되고, 항구적으로 유지될 동력을 제공받게 될 것이다. 한반도 평화와 지경학적 가치의 강화는 동북아 다자경제안보공동체, 동북아 에너지수퍼그리드의 실현을 가능하게 하고 궁극적으로 동아시아의 평화와 경제번영에 기여할 것이다.

한반도는 북한의 비핵화와 동북아 평화시대를 열어가는 중요한 시점에 있다. 북한의 비핵화와 정상 국가화를 통해 한반도와 동북아의 평화를 이루고 한반도의 지정학적 딜레마를 극복함으로써 대륙과 해양을 교통 · 에너지 · 물류로 연결하고, 한반도의 지경학적 가치를 높여야 한다. 한반도의 항구적 평화를 지키기 위해서는 한반도에 영향력을 행사하는 강대국들을 동북아 평화 이익의 공유 주체로 참여시켜 한반도와 함께 상생하는 다자 경제협력공동체를 추구하도록 해야 한다. 한반도의 지경학적 요소를 강화하는 것이 한반도 비핵화와 평화체제 구축 과정에서 남북이 주도권을 갖고 한반도의 평화를 정착시킬 수 있는 길이 될 것이다.

7장

북방 경제협력과 한반도의 미래

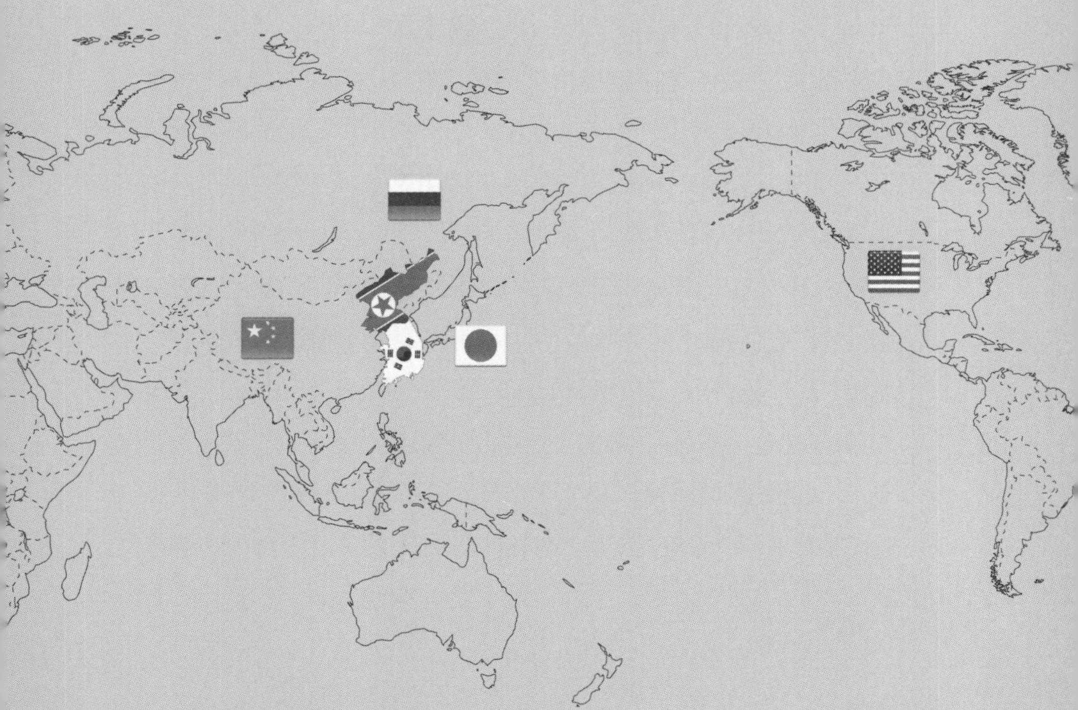

21세기 연결의 시대

21세기는 특정 국가의 문제가 한 국가에 국한되지 않고, 인접국, 경제 공동체 또는 전 세계에 영향을 미친다. 바꾸어 말하면, 전 지구적 문제, 지역 내 문제에 공동으로 대응하여 해결할 수 있다는 의미이기도 하다. 세계는 제1, 2차 세계대전과 냉전 시대, 탈냉전 시대를 겪으면서 공동의 경제 · 안보 · 군사적 협력을 위해 EU(유럽연합), NATO(북대서양조약기구), NAFTA(북미자유무역협정), ASEAN(아시아유럽 정상회담) 등의 공동체를 구성해 왔다. 세계는 점차 무력 충돌을 지양하고, 평화공존과 번영과 세계화를 목표로 여러 공동체를 형성하고 있다. 이러한 공동체는 때로 영토분쟁이나 정치적 · 종교적 대립 등 현존하는 갈등을 해결하지 않고도 자국과 공동체의 이익을 위해 협력을 하고 있다.

동북아시아는 경제발전, 에너지 협력, 4강의 지정학 전략으로 가장 역동적인 공간으로 변모했고, 그 중심에 한반도가 있다. 한국은 지난 70년 동안 경제성장으로 아시아의 기적을 이루었지만, 분단의 아픔과 전쟁의 위협을 안고 지냈고, 북한이 생존을 위해 선택한 핵과 미사일 개발은 대규모 경제 제재와 외교적 고립을 야기했다. 결과적으로 한국은 해양진출을 통한 세계화를 추구해왔고, 대륙과의 연결을 꿈꿔왔다. 우리에게 발해와 옛 고구려 땅은 분단과 단절로 육로로 연결되지 못한 그리움의 땅이다. 분단을 극복할 수 없는 현 상황에서 휴전선을 두고도 대륙과 연결할 수 있다면 우리는 어느 것보다 우선적으로 그것을 해야 한다.

에너지 패러다임의 변화는 국가와 경제공동체의 정책적 변화뿐만 아니라 세계정치 · 경제의 흐름도 바꾸어 놓고 있다. 21세기는 연결의 시대, 에너지의 시대이다. 전 세계가 환경오염을 줄이기 위한 노력을 시작했다. 이러한 변화는 환경오염에 대한 국제적인 각종 규제와 화석 연료의 쇠퇴, 천연가스와 신재생에너지로의 이동으로 나타난다. 또한, 새로운 에너지 판로를 모색하는 러시아의 남하, 동북아의 천연가스 시장을 장악하려는 미국, 러시아와 PNG를 연결하고 미국에서 LNG를 수입하여 탈원자력을 이루려는 일본, 세계의 공장을 돌리기 위해 늘 에너지에 배가 고픈 중국을 볼 때 에너지 패러다임의 변화는 강대국들의 새로운 정책과 호전적인 외교전략으로 나타난다. 이러한 상황에서 한반도의 평화를 지키는 길은 한반도 동북아 에너지 흐름의 중심으로 만들어 열강들이 한반도의 평화를 지켜야 할 당위성을 갖게 하는 것이다.

21세기는 연결의 시대이다. 섬과 대륙과의 연결, 에너지 · 물류의 연결, 항만 간의 연결, 대륙의 경계를 넘는 철도의 연결이 곧 경제발전, 평화정착, 국제질서 순응의 또 다른 이름이 되었다. 이러한 모든 연결이 나라의 경제발전과 생존, 국제적 영향력, 인류의 평화와 연결된다면 분단된 국가 한국이 해야 할 일은 러시아를 비롯한 북방지역 국가들과의 연결이다. 현재 한국은 신북방정책과 신동방정책이 조응하는 북방 경제협력의 최적기를 맞아 북방이 다시 우리의 활동 무대가 되고 더 나아가 경제협력의 공간을 창출할 수 있는 시대가 도래했다.

1. 북방 경제협력, 기회와 가능성

역대 정권의 북방정책의 흐름과 한계점

북방정책(Nordpolitik, 북방 외교)은 1988년부터 제6공화국의 노태우 정권이 추진해온 대공산권 외교정책이다. 소련, 중국 등 사회주의 국가와의 관계 개선을 통해 한반도의 평화와 안전을 유지하고, 경제협력 증진과 남북한 교류협력 관계 발전을 추구하며, 궁극적으로 사회주의 국가와의 외교 정상화 및 남북한 통일의 실현을 그 목적으로 한다. 한국 근현대사에서 러시아는 서구 제국주의에 속해 있었지만, 국운이 기운 조선의 왕이 375일 동안 러시아 공사관에서 일본에 대항하여 집무를 수행하였으며 대한제국으로 국호를 바꾸고 고종이 황제로 즉위할 수 있도록 지지와 협력을 보냈었다. 현대에 와서 1990년 노태우 정부 때 한 · 소 수교가 이루어졌고, 1991년 남북한 유엔 동시 가입, 1992년 남북기본합의서와 비핵화공동선언, 1992년 한 · 중 수교로 사회주의 국가와의 적극적인 수교가 이루어지고, 국제 사회에 남북한의 정치적 공동합의를 알리는 중요한 시기였다. 그러나 이 시기의 북방정책은 지리적 이념적 한계를 넘지 못했다.

김대중 정부와 노무현 정부의 북방정책은 북한을 향한 정책이었다. 김대중 정부는 역대 한국 정부 처음으로 대북 화해 협력 정책을 표방했다. 김대중 대통령은 역대 대통령 최초로 평양에서 남북 정상회담을 가졌으며, 김정일 북한 국방위원장과 공동성명을 통해 통일문제를 자주적으로 해결하며, 남측의 연합제안과 북측의 낮은 단계의 연방제안이 서로 공통성이 있다고 인정하고, 이 방향에서 통일을 지향해 나가기로 합의했다. 그 해 1998년 현대그룹 정주영 회장이 보낸 소떼가 두 차례 DMZ를 넘어 육로로 이송되었고, 금강산 관광(1998~2008)도 시작되었다. 그 후 정주영 명예회장의 방북 때 800만 평 규모의 서해안공단개발계획을 제시했고, 북한이 이에 호응함으로써 2000년 8월 현대아산과 북한 간 「공업지구개발에 관한 합의서」를 체결하고 남북 최초의 경제협력 모델인 개성공단이 시작되었다. 북한과 공산주의에 대한 두려움이 강했던 1990년대의 상황에서 대북사업을 추진한다는 것은 많은 위험부담을 감수해야 하는 일이었다. 분단체제로 엄중한 군사적 대치 상황에 이념 갈등이 심각한 한반도에서 남한과 북한이 경제적 협력을 시작한다는 것은 경제적 관점에서 보면 매우 위험하고 불합리한 일이다. 개성공단은 남북한 지도자의 리더십과 한국적 기업가 정신이 발휘된 독특한 사례라 할 수 있다. 김대중 대통령은 남북 간 경의선 및 동해선 연결공사 착공식에서 철의 실크로드를 제시했다. 철의 실크로드는 한반도 종단열차(TKR), 시베리아 횡단열차(TCR), 만주 횡단철도(TMR)를 하나로 연결하는 유라시아 철도망이다. 안타깝게도 경의선은 한차례 시험운행 후 더 이상 운행하지 못하고 있다.

이명박, 박근혜 정부에서는 북방정책이라는 용어는 사용했으나 개념적 명확성이 결여된 정책적 좌표에 그쳤다. 이명박 정부는 북한을 관통하는 러시아 가스관 사업을 추진했으나 실질적 진전은 없었다. 박근혜 정부는 유라시아 이니셔티브(Eurasia Initiative)구상을 제안하였다. 실크로드 익스프레스를 실현하여 북방으로 가는 길을 열어야 한다고 강조했으나 구체화되지 못했다. 유라시아 이니셔티브 구상의 핵심은 러시아와 한국을 철도, 가스관, 항만 등으로 연결하자는 것으로 북한의 협력을 전제로 한 것이었다. '선(先) 핵포기'를 고수했던 박근혜 정부로서는 가시적인 성과를 기대하기 어려운 정책을 위한 정책이었다. 남 · 북 · 러 합작사업으로 러시아와의 합작으로는 나진-하산 프로젝트가 있었다. 2007년 나진-하산구간 철도 개 · 보수와 나진항 현대화를 남 · 북 · 러 합작으로 추진하기로 합의했으나 이명박 정부의 5 · 24조치로 전면 중단됐다가 2013년 박근혜 대통령과 푸틴 대통령이 다시 추진하기로 공동성명을 내고 포스코 · 현대상선 · 코레일이 철도 항만 사업에 컨소시엄 형태로 참여하였다. 이 사업은 유일한 남 · 북 · 러 합작 사업이었으나, 북한의 4차 핵실험에 따른 유엔 안보리의 대북제재 결의 2270호에 대한 박근혜 정부의 '독자적인 대북제재 조치'로 무기한 중단되었다. 러시아는 유엔 결의 통과를 지연시키면서 이 프로젝트를 유엔 제재 대상에서 제외한 것과 대조적이다. 북방 경제협력의 상징인 나진-하산 프로젝트 중단은 남·북·러의 경제협력모델 상실이며 북방 외교의 큰 손실이다.

문재인 대통령은 당 대표 시절인 2015년 '한반도 신경제지도'를 발표하면서, "한국이 유라시아 대륙과 태평양을 연결하는 교량 국가가 되어야 한다."고 주장했다. 문재인 정부는 최초로 북방 경제협력을 위한 전담기구인 북방경제통합추진위원회를 대통령 직속으로 설치했다. 러시아의 신동방정책과 한국의 신북방정책, 중국의 일대일로와 몽골의 초원의 길 이니셔티브 등 북방 경제협력에 대한 공감대가 형성되어 있는 것은 커다란 기회 요인이 될 수 있다.

북방 경제협력의 필요성과 의의

북방 경제협력을 통해 분단 이후 해양진출을 통한 경제성장으로 편중되었던 한국의 경제협력구조를 대륙으로 확장함으로써 한국은 첫째, 해륙 국가로서의 위상을 정립하고, 러시아·중앙아시아와의 실질적인 경제협력을 통해 동아시아 중추 국가로서 경제영토를 확장하여 신성장동력을 확보할 수 있다. 둘째, 한반도 전략적 지정학을 뒷받침할 지경학적 요소를 갖춤으로써 전략적 지정학을 통한 한국의 영향력을 확대를 모색할 수 있다. 셋째, 한반도 평화체제 하에서 북방에서의 정치·경제·안보·문화의 다자협력공간 확보를 도모할 수 있다. 이러한 측면에서 북방 경제협력은 한반도 전략적 지정학 수립의 고려사항을 모두 충족한다고 볼 수 있으며 한반도 전략적 지정학에 부합한다고 볼 수 있다.

신북방정책은 북방지역 국가들과의 경제협력과 동북아 내의 지정학적 긴장 해소, 한반도 평화체제에 대한 지지와 한국의 생존 및 번영에 우호적이고 협력적 환경을 조성하려는 정치 · 외교적 전략도 포함되어 있다. 신북방정책의 핵심인 북방 경제협력은 경제적으로 시장 다변화, 4차 산업혁명 기술협력, 대륙에너지, 물류망 구축 등 한국 경제에 신성장 동력을 창출, 러시아 · 중앙아시아 국가들과 우리나라의 발전 경험을 공유하여 호혜적 이익을 도모하는 데 목적이 있다. 외교 · 안보적 측면에서 러시아를 동북아 협력과 통합, 한반도 평화체제 구축을 지지하는 중재자, 조력자임을 감안할 때, 러시아가 한국에 가지는 중요한 의미에 비해 한 · 러 관계의 발전은 이를 따라가지 못하고 있다. 한국과 러시아, 카자흐스탄, 우즈베키스탄, 몽골, 중국 동북 3성은 역사적 · 문화적으로 밀접한 관계가 있음에도 불구하고, 한국과 북방지역 사이의 인적 · 물적 교류는 지리적인 인접성과 경제적인 보완성에 기초한 잠재력에 크게 못 미친다. 특히, 북한의 존재로 육로를 통한 교류가 불가능하다는 사실은 한국과 북방지역 간 교류의 잠재력을 현실화하는 데 결정적인 장애 요인이 작용해 왔다.[1)]

육지 면적의 40%, 세계 인구의 70%, 세계 국내총생산(GDP)의 60%를 차지하는 유라시아 대륙은 한국 제품의 거대한 수출 시장, 에너지 · 자원의 안정적인 공급원, 정보통신기술(ICT)로 대표되는 디지털 한국의 실크로드로서, 중동을 대신하는 건설 · 플랜트 시장으로서 위축된 한국 경제의 출구이자 블루오션이다. 또한, 러시아는 구소련 5개국인 러시아, 카자흐스탄, 벨라루스, 아르메니아, 키르키즈스탄 간 '유라시아경제연합(EAEU)'을 결성함으로써 인구 1억 8천, GDP 2조 1천억 달러의 거대시장으로 부상했다. 한 · 러는 2017년 9월 블라디보스토크 정상회담에서 한-EAEU 간

1) 정여천, 『신북방 경제협력의 필요성과 추진방향』(서울: 대외경제정책연구원, 2014), 35쪽.

FTA협상을 조속히 진행하기로 합의했다.[2] 러시아는 극동개발을 추진하면서 한국의 적극적인 진출을 원하고 있다. 러시아와 중앙아시아 국가는 중국의 대규모 노동력과 자본의 진출을 국가적 위협으로 느끼는 반면, 한국은 안보에 대한 위협요인이 없고 최첨단 기술을 보유한 제조업 강국으로서 러시아와 상호보완적 산업 구조를 가지고 있기 때문이다.

동북아에 아직 형성되지 않은 지역협력체 구성을 위해서도 북방 경제협력이 유의미하다. 문재인 대통령은 북방 경제협력이 모태가 되어 철도공동체, 에너지 공동체 등의 경제공동체로, 더 나아가 동북아 다자평화안보협력체로 이어져 동북아공동체로 발전할 것이라는 비전을 제시했다. 한반도–유라시아–유럽을 잇는 교통 · 물류 인프라 구축은 동북아와 유라시아 대륙 전체의 번영을 가져올 것이라고 강조했다. 한국 경제의 새로운 변화의 방향을 설정하고 대중국 경제의존도를 낮추는 경제 전략 수립에 한국을 환영하는 큰 시장인 한 · 러, 한–중앙아시아, 한–CIS 국가의 경제협력은 양측 모두에게 기회와 가능성을 제공할 것이다.

2. 에너지 패러다임의 변화와 북방 경제협력의 시기적 적합성

에너지 패러다임의 변화

세계적인 에너지 패러다임이 변하고 있다. 인류는 석탄을 사용하던 100년, 석유를 사용하던 100년이 지나 이제 지구의 마지막 화석 연료인 천연가스를 사용하면서 신재생에너지 시대를 준비하고 있다. 지난 세기 동안 전 세계는 1, 2차 세계대전과 중동전쟁, 곳곳에서 일어나는 종교적

2) 박종수, "왜 다시 북방인가?", 『북방에서 길을 찾다』 (서울: 디딤터, 2017), 19~51쪽.

갈등과 내전, 영토분쟁, 냉전 시대의 이념적 투쟁 등으로 끊임없는 전쟁을 치르고 전쟁에 대비해야만 했다. 21세기에 들어서 세계는 경제발전에 더 치중하기 시작했고, 과거 적대국과 경제협력도 가능해졌다. 경제협력을 넘어 에너지와 환경문제에 공동 대응하는 발전적 형태의 지역화 현상이 진행되고 있다. 인류가 지난 200년 동안 경제발전을 위해 무분별하게 사용했던 석탄과 석유는 엄청난 환경 오염을 유발했고, 지구의 생존을 위협하고 있다. 무분별한 화석 연료 사용으로 인한 오염물질 배출은 전 지구에 영향을 미치게 되고, 환경을 지키기 위한 노력은 전 세계의 공동대응이 필요한 인류생존의 중요한 이슈가 되었다. 인류에게 전기의 풍족한 사용을 허락했던 원자력도 폐기물 처리의 위험성과 원전사고 등의 문제로 많은 나라가 탈원자력을 기치로 내걸었다. 체르노빌 원전사고(1986년), 후쿠시마 원전사고(2011년)로 원전사고는 단순한 사고가 아닌 인류의 재앙이 될 수 있음이 증명되었다. 20세기 최고의 에너지원이었던 석탄, 석유, 원자력이 쇠퇴하고 있고, 천연가스, 셰일가스의 사용이 폭발적으로 증가하고 있으며, 인류의 에너지원은 오염물질이 없고 무한한 에너지인 신재생에너지로 대체될 준비를 하고 있다

셰일가스 혁명과 미국의 에너지 독립

2008년 미국은 기존의 무역적자와 재정적자에 리먼 브라더스(Lehman Brothers) 사태로 발생된 금융위기까지 겹쳐 최대의 경제위기에 봉착했었다. 미국은 더 이상 시리아와 리비아에서 발생한 혼란이나 러시아의 우크라이나 강제합병에 적극적으로 관여할 여력이 없었다. 지난 100년간 전 세계를 호령하던 미국이 서서히 무너지고 중국에게 그 자리를 내주는 것이 아니냐는 여론이 형성될 즈음, 2009년부터 셰일층에

서 천연가스와 원유가 쏟아지기 시작했다. 미국은 세계최대의 석유 수입국에서 세계최대의 산유국이 되었고, 미국산 원유 때문에 기존의 러시아와 중동산 원유가격은 폭락했다. 미국은 제조업이 살아나고, 경상수지가 대폭 개선되었으며, 해외로 나갔던 미국 기업들이 다시 돌아왔다. 세계 최강국 미국을 유지하기 위해서 가장 어려운 문제는 에너지 안보였다. 중동산 원유에 대한 의존도 때문에 중동 평화 유지를 위해 엄청난 비용을 지불해야 했다.

셰일가스 혁명으로 에너지 독립을 이룬 미국은 '아메리카 퍼스트(America First)'라는 보호주의를 표방하며, 이전 보다 더 전 세계의 정치 · 경제에 자유롭게 개입하고 있다. 미국은 지난 1세기 동안 자유무역과 세계화로 미국 경제를 키워왔기 때문에 트럼프 대통령의 등장과 보호주의의 미국은 전 세계가 놀랄 만큼 낯설었다. FTA 재협상 요구, TPP 탈퇴, 무슬림의 미국 입국 금지, 자국 산업을 위한 각종 세금 부과, 미국과 멕시코 국경에 세운 장벽 등이 에너지 안보에서 자유로워진 미국이 보여준 새로운 얼굴이다.

미국의 셰일가스 혁명은 전 세계 에너지의 흐름을 바꾸어 놓았다. 미국이 천연가스 수입을 위해 지었던 많은 기화터미널들이 이제는 천연가스 수출을 위한 액화터미널로 바뀌었다. 2009년부터 미국은 세계최대의 천연가스 생산국이 되었다. 현재 미국의 LNG는 세계로 수출되고 있다. 러시아 천연가스에 의존했던 유럽은 수입선 다변화를 위해 미국산 LNG 수입을 서서히 늘리고 있다. 현재 미국 천연가스 수출량의 절반 정도는 남미로, 13% 정도가 유럽으로 판매되고 있다. 아시아 국가들도 미국산 LNG 도입을 늘리고 있는데, 미국 총수출량의 30% 이상을 차지하고 있다. 일본은 2011년 후쿠시마 원전사고로 원전가동이 멈추었기 때문에 원자력을 대체할 에너지원이 절실했다. 2012년부터 미국과의 계약을 통해 미국산 LNG를 적극적으로 도입했고, 2017년 1월 첫 LNG 물량 21만 톤이 일본에 도착했다. 일본은 미국과의 계약을 통해 향후 20년간 막대한 양의 LNG를 확보했다. 아시아 재균형 정책을 추진하면서 미국의 중국 압박에도 불구하고 중국도 미국의 LNG를 늘릴 계획이다. 현재 중국은 러시아로부터 PNG를 공급받고 있지만, 중국 내 천연가스 수요가 급증하고 있기 때문에 수입선 다변화를 위해 미국의 LNG도 도입이 필요하다는 입장이다.[3] 심지어는 중동에서도 미국산 LNG를 수입한다. 이유는 두 가지이다. 첫째, 발전 연료로 석유보다 싼 천연가스를 쓰는 것이 경제적이고, 셰일가스 혁명으로 미국산 천연가스가 가격경쟁력이 높아졌기 때문에 막대한 유전개발 비용을 들이는 것보다 값싼 미국산 LNG를 수입하는 것이 경제적이라는 판단에서이고, 둘째는 미국의 LNG 수송을 이유로 중동지역에 대한 미국의 군사적 보호와 미국과의 관계 개선을 기대하기 때문이다. 이제 세계의 경찰인 미국의 보호를 받기 위해서 에너지 강국 중동 산유국들도 미국산 LNG를 수입해야 하는 시대가 되었다.[4]

신재생에너지와 전 세계 에너지 수퍼그리드

신재생에너지 시대의 도래는 어디에나 동일하게 존재하는 햇빛, 바람, 물에 기술을 결합시켜 태양열, 풍력, 수력을 발생시켜 인류 발전 최대의 에너지인 전기를 환경 오염과 비용 없이 무한정 생산하고 소비할 수 있는 시대를 말한다. 불과 30년 전만 해도 꿈과 같은 일이었지만 인류는 신재생에너지를 저렴하게 생산하기 위한 기술발전을 이루었고, 세계 각국은 환경오염물질 배출 기준을 충족시키고, 탈원전시대 준비를 위해 국가 전체 에

---

3) 이종헌, 『에너지 빅뱅』 (서울: 프리이코노미북스, 2017), 158~160쪽.
4) 위의 책, 162~163쪽.

너지 소비에서 차지하는 신재생에너지의 비율을 높이고자 주력하고 있다.

현재 한국의 에너지 불균형은 상당히 심각하다. 우리나라의 발전 설비 용량은 94GW로 세계 13위이다. 우리나라의 국내총생산(GDP) 규모가 13위이니, 경제 규모에 맞는 설비용량을 가지고 있다. 그러나 문제는 높은 원자력 발전 의존도이다. 우리나라 원전 용량은 26.8%로 세계 4위(프랑스 48.8%, 아르메니아 34.3%, 벨기에 30.4%)인 반면, 신재생에너지 비율은 세계 최하위 수준인 1.9%로 82위이다. 신재생에너지 비율이 높은 덴마크(43.1%), 독일(41.2%), 니카라과(34.1%), 스페인(30%) 등과 비교하지 않더라도 중국(9%), 미국(7.4%), 일본(3.8%)에도 한참 미치지 못하고 있다.[5] 문재인 대통령은 2017년 6월 "탈원전은 거스를 수 없는 시대의 흐름"이라고 천명했다. 국민 여론 수렴을 거쳐 고리 5, 6호기 건설이 재개 쪽으로 결론이 났지만, 시민참여단의 53.2%는 향후 '원전 축소'를 지지했다.[6] 문재인 정부의 로드맵에 따르면, 원전은 올해 24기에서 2022년 28기, 2031년 18기, 2038년 14기 등으로 단계적으로 감축되며, 이러한 원전의 단계적 감축 방안을 제8차 전력수급기본계획(~2031년)과 제3차 에너지기본계획(~2038년)에 반영하기로 했다. 한국은 2030년까지 온실가스 배출전망치(BAU, Business A Usual) 대비 온실가스 37% 감축이라는 약속을 지키기 위해 정부는 정책적으로 신재생에너지 비율을 높여야 한다.[7]

앞으로 전기 소비량은 지속적으로 증가할 것이다. 지구 온난화로 한국의 하절기 전기 사용량이 증가하고 전기차의 상용화로 전기 수요가

---

5) 김대우, "[파리기후협정 타결 이후…] 신재생에너지 갈길 먼 한국…OECD국 중 최하위", 『헤럴드경제』 (검색일: 2017.06.08.)

6) 위클리 공감, "'국민안전', '에너지효율' 판단은 국민의 몫", 『대한민국 정책브리핑』 (검색일: 2017.09.03.)

7) 정상균, 김은희, "정부 '원전 2038년까지 14기 감축'…월성1호기 조기 폐쇄", 『파이낸셜뉴스』 (검색일: 2017.10.31.)

가파르게 증가할 전망이다. 그 증가분을 화력발전이나 원자력에 의존하지 않고 신재생에너지의 비율을 늘리기 위해서 동북아 수퍼그리드의 실현이 절실하다. 러시아의 수력, 몽골 고비사막의 태양광 에너지와 풍력을 공급받을 수 있다면 한국은 신재생에너지 비율을 높이고, 환경오염물질 배출을 현저하게 줄이며, 빠르게 탈원전을 진행해 나갈 수 있을 것이다.

동북아 전력망 계통연계 프로젝트는 일본 소프트 뱅크 손정의 회장의 '아시아 수퍼그리드(ASG, Asia Super Grid)'사업 구상에서 시작되었다.[8] 2011년 후쿠시마 원자력발전소 사고 이후, 몽골 고비사막에서의 태양열 발전과 아시아 한국, 일본, 중국, 러시아 나아가 전 아시아를 연결하는 대규모 송전망을 제안했다. 유럽의 데저텍(Desertec) 프로젝트를 아시아에서 실현하자는 것이다. 이는 한 · 중 · 일 공동으로 직면한 과제인 탈원전의 공동전략이 될 수 있다. 지난 9월 블라디보스토크에서 열린 3차 동방경제포럼 연설에서 문 대통령도 '동북아 수퍼그리드'를 제시하고 동북아시아 수퍼그리드가 동북아시아 경제번영과 평화를 동시에 가져올 수 있다고 강조했다. 또한, 세계최대의 에너지 공동체를 형성할 수 있을 것이며, 에너지 공동체는 유럽연합(EU)처럼 동북아시아 경제공동체와 다자안보체제로 발전하는 밑바탕이 될 수 있을 것이라고 기대했다. 러시아는 동북아 수퍼그리드를 자체적으로 '에너지 슈퍼링(Energy Super Ring)'으로 명명하고 상대적으로 전기 사용료가 비싼 한국과 일본에 전력판매 의지를 표명하였으며 에너지 판매 수입을 극동지역 경제 개선에 투입할 생각이다.[9] 2016년 러시아와 일본은 사할린의 천연가스발전소에

8) 한상희,"日 소프트뱅크, 아시아 재생에너지에 베팅", 『에너지경제』(검색일: 2017. 10.31.)

9) 윤성학, "푸틴의 아시아 에너지 슈퍼링 구상과 한 · 러 협력", 동북아연구재단 편, 『북방에서 길을 찾다』(서울: 디딤터, 2017), 113~115쪽.

서 생산된 전기를 해저케이블로 보내는 '파워브리지(Power Bridge) 프로젝트'에 합의하고, 2020년 7월 동경올림픽 개최 시기에 맞춰 이 전기를 공급받길 원한다.

신재생에너지 협력을 위한 아시아 전력망 구상은 기본적으로 몽골의 풍력과 태양, 러시아의 수자원을 활용하는 것을 전제로 한다. 몽골 고비사막의 재생에너지 활용 잠재량은 풍력이 연간 1,110TWh, 태양광이 1,500TWh로 추정되며, 러시아 극동지방의 수력은 연간 1,139TWh로 추정된다. 한국의 2016년 전력 총생산량이 526TWh로 극동지방 수력발전용량은 그 2배에 이른다. 이미 몽골 · 중국 · 러시아 간에는 양자 간 전력거래 등 에너지 연계 협력이 이루어졌다. 현재 북유럽 수퍼그리드(Nordic-EU SuperGrid)는 유럽지역 전력시장에 전력을 공급하고 있고, 데저텍(Desertec) 프로젝트라 불리는 남유럽과 북아프리카-중동 수퍼그리드(Sud EU-MagherbSuperGrid)는 사하라 사막의 태양열과 태양광발전으로 지중해 연안에 2050년까지 470GW 공급을 목표로 한다. 사하라 사막 면적의 1%로 태양열 발전시 지중해 연안국, 북아프리카 전체에 전력공급이 가능하다. 남부 아프리카 그리드(Grand Inga Project)는 콩고 잉가댐의 수력발전 자원을 북으로는 이집트 카이로에 남으로는 남아공 요하네스버그에 공급하는 것을 목표로 하며 발전량은 100GW로, 이는 아프리카 전체 전력수요의 3배에 달하는 양이다.[10)]

러, 신동방정책 추진을 위한 법적 · 제도적 보완

한국과 러시아의 경제 구조는 높은 상호보완적 관계이다. 우리나라에

10) 강태호, "탈핵의 에너지 전환과 아시아 수퍼그리드", 『한겨레』(검색일: 2017. 12.01.)

[그림10] 데저텍(Desertec) 프로젝트

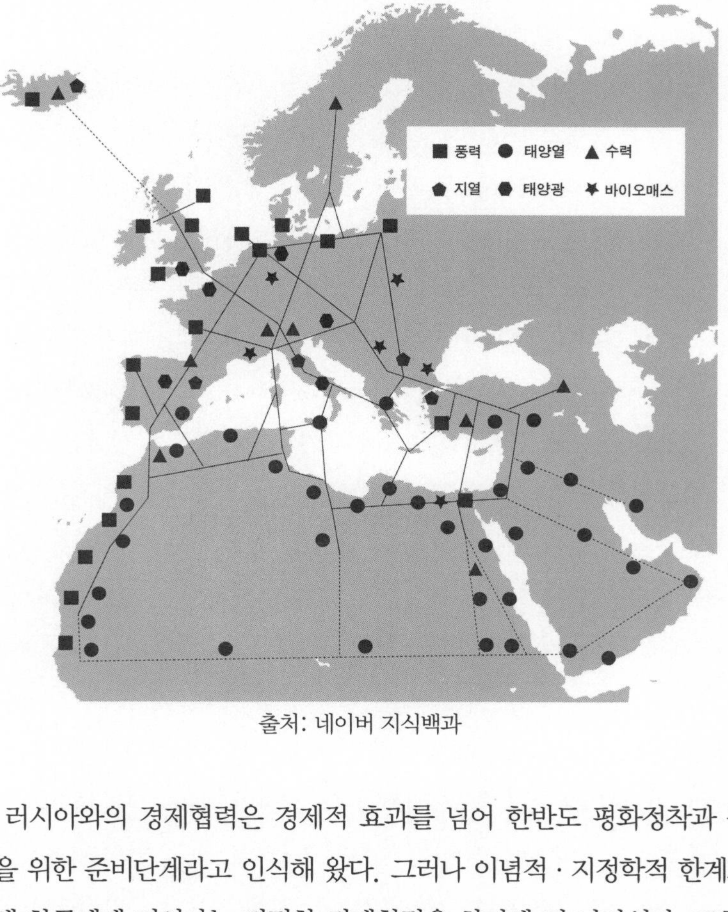

출처: 네이버 지식백과

서 러시아와의 경제협력은 경제적 효과를 넘어 한반도 평화정착과 통일을 위한 준비단계라고 인식해 왔다. 그러나 이념적 · 지정학적 한계로 인해 한국에게 러시아는 긴밀한 경제협력을 하기엔 먼 나라였다. 또한, 한 · 러 경제협력의 무대가 될 극동지역은 러시아 국가 정책의 가장 후순위에 머물러 있었다. 러시아 정책 대부분은 유럽에 초점이 맞추어져 있었고, 동아시아와의 협력은 러시아 입장에서도 필요하지만 낙후된 인프라의 현대화를 위한 막대한 예산 소요와 장기적인 발전 계획, 북한으로 인한 안보 불안 등의 불확실성으로 인해 극동지역은 늘 개발 우선순위에서 밀려났었다. 그러나 지금 러시아는 극동지역을 동아시아 경제의 블루

오션으로 만들기 위해 총력을 기울이고 있고, 이미 중국과 일본의 경제협력이 일부 가시적 성과를 내고 있다.

정권 3기를 맞이한 푸틴 정부는 유럽과의 경제협력 추진상 한계를 인식하고 자국 경제의 아태지역 편입을 통한 러시아의 미래를 새롭게 모색해보겠다는 의지가 확고하다. 푸틴 대통령은 자원의존형 경제구조 탈피를 위해 외국투자 유치, 경제 현대화와 수입대체산업 육성 및 극동지역 개발에 주력하고 있다. 주요 육성 산업으로는 항공, 우주, 제약 · 의료, 전자, 농업 등이다. 러시아 극동개발정책은 전례 없는 '과감한 개방' 및 '전담기구의 체계화 · 법제화'에 의한 안정적 투자 플랫폼을 구축했다. 푸틴 대통령은 2012년 5월 3시 출범과 함께 극동개발부를 신설한 후에 극동투자유치청, 극동개발펀드, 극동인력개발청, 극동개발공사 설치 및 선도개발구역법, 블라디보스토크 자유항법 등 연방 차원의 법적 기초를 마련했다. 선도개발구역법은 운영 주체, 입주사 혜택, 입주 신청절차, 입주계약 해지조건 등을 규정하고, 블라디보스토크 자유항법은 세제 혜택, 통관비자, 절차 간소화, 외국 의료진의 자유항 내 의료활동 허가 등을 규정하고 있다.[11] 2017년 2월 현재 극동 선도개발구역 입주기업은 118개, 자유항 입주기업은 143개로 집계되었다. 러시아 정부는 약 5억 5천만 달러, 입주기업은 약 85억 달러를 투자했고 약 3만 개의 일자리를 창출했다. 2015년 10월 블라디보스토크 자유항 지정에 관한 연방법을 시행하여, 군사기지로 묶어 두었던 블라디보스토크를 개방해 극동개발의 거점으로, 북극항로 개발의 전초 사업으로 중점 육성하고 있다. 블라디보스토크항은 연해주 15개 항만과 함께 러시아 최초로 70년간 자유항 지위를 유지한다. 러시아 정부는 블라디보스토크항을 홍콩, 싱가포르와 같은

11) 이태림, "푸틴 3기의 극동개발 법제와 우리의 전략", 『북방에서 길을 찾다』 (서울: 디딤터, 2017), 235~256쪽.

세계적인 자유항이면서 아태지역 물류 중심지로 개발하는 목표를 설정하고 있다.

최근 극동정책이 기존 방식과 다른 점은 과거에는 러시아 정부가 주로 개발프로그램에 자체 예산을 배정하는 식이었으나, 지금은 연방법으로 투자환경 개선책을 주체적으로 보장하고 장기적인 사업투자 플랫폼을 구성하는 것이다. 러시아 정부는 2015년 3월 30일 선도사회경제개발구역(이하 선도개발구역)에 관한 연방법을 시행하고 2017년 현재 극동지역에 15개의 선도개발구역을 지정하였다. 이 법은 부가세 환급 기한을 10일로 규정하고, 극동개발부의 동의 없이 특별세무조사가 불가하도록 했으며, 입주기업에 대해 외국인 노동비자를 무제한으로 발급하겠다는 파격적인 내용을 담고 있다.

문재인 대통령이 러시아와의 경제협력에서 제안한 9개의 다리(가스, 철도, 전력, 항만, 조선, 일자리, 북극항로, 농업, 수산업)를 놓아 동시다발적인 협력을 이루어 가자고 제안했다. 러시아와 한국과의 경제협력을 추진하기에 지금은 아주 적합한 시기이다. 최근 2년 사이 러시아는 극동지역과 시베리아 지역의 개발을 위한 법과 제도를 정비하고 각종 세제혜택과 24시간 민원서비스를 제공하는 등 정부가 적극인 정책으로 극동개발을 위한 해외기업의 러시아 진출을 장려하고 있다.

한국과 러시아는 항만자유경제지역으로 지정된 곳을 중심으로 항만개발 및 터미널 확충 사업에 참여하고, 조선 분야에서는 러시아와의 합의를 기초로 극동지역의 조선소 현대화사업을 병행하여 러시아와의 전략적 협력 기반을 강화할 수 있다. 러시아는 해륙복합운송체계를 가지고 있으므로 항만과 연계된 철도인프라의 현대화가 가속될 전망이므로, 이 분야의 진출도 전망이 있다. 이미 진출한 훈춘포스코 현대 국제 물류단지와 자루비노 항만을 연계하여 중앙아시아, 중국 등으로부터의 물류

유치를 통해 자루비노항을 한중러 물류 거점항으로 육성하며, 향후 남북중러 물류망으로 활용하는 것을 고려해 볼 수 있다. 북극항로에 대해서는 한국을 비롯한 여러 국가들이 관심을 보이고 있다. 본격적인 상업화까지 상당히 많은 한계와 장애 요인이 존재하지만 그 잠재력은 무시할 수 없다.

현대경제연구원은 '북방에서 찾는 기회, 유라시아 경제권' 보고서에서 한국과 EAEU의 FTA로 러시아의 한국산 제품 수입 관세가 1%포인트 인하되면 대러시아 수출은 약 3.3% 증가할 것으로 추정했다. 한국-유라시아경제연합 자유무역협정(FTA) 체결과 기업 활동을 저해하는 규제, 비관세장벽 완화 등을 실현하기 위해 한국과 러시아가 공동으로 노력하고 가능한 분야에서부터 긴밀한 경제협력을 이루어가야 할 것이다.

러, 중국 · 일본과의 협력 자본으로 인프라 확충

러시아는 우크라이나 사태로 크림반도를 강제 병합하면서 유럽과 미국의 경제제재로 유럽 내에서의 정치적 · 경제적 입지가 축소되었다. 원유와 천연가스 등 에너지 자원의 수출이 러시아 국가 수입의 약 70%로, 유럽으로의 수출물량이 줄어드는 것은 러시아 경제에 큰 타격이다. 에너지 자원 강국인 러시아가 동방으로의 에너지 수출길을 여는 것이 현재 가장 중요한 이슈이다.

러시아는 2016년 사우디를 제치고 중국의 최대원유공급자가 되었다. 중국의 원유수입에서 러시아가 차지하는 비중은 매년 급증하였다(2013년 8.8%, 2015년 11.9%, 2016년 13.8%). 현재 러시아는 서시베리아의 원유를 에스포(ESPO: Eastern Siberia-Pacific Ocean oil pipeline)를 통해 중국에 공급하고 있고, 유럽으로 가는 물량을 줄이고 있다. 동시베리아 유전에서의 생산량(원유 가채매장량 200억 배럴)이 여의치 않아 서시베리아(원유 가채매장량 1,800억 배럴)에서 생산된 원유를 카자흐스탄과의 스왑거래를 통해 중국으로의 수출을 늘리고 있다.

중국은 블라디보스토크의 코즈미노항에서 텐진으로 원유를 받고 있는데, 이곳에는 양국 최초 합작 정유공장이 지어질 예정이다. 천연가스 부문에서도 '시베리아의 힘' 프로젝트가 가동되면서 러시아는 중국에 동부지선을 통해 2019년부터 천연가스를 연간 38bcm을 공급하고, 2020년부터 서부지선을 통해 천연가스 30bcm을 추가로 보내게 된다. 중국 국영 가스회사 CNPC는 러시아 민간가스기업 노바텍과 2014년 계약을 체결해 러시아 야말에서 생산된 LNG를 20년 동안 300만 톤의 물량을 받기로 했고, 이를 위해 CNPC는 노바텍의 야말 LNG 지분 20%를 인수했다. 이외에도 중국 실크로드 기금이 2016년 야말 LNG부분 9.9%를 인수했고 중국개발은행과 수출입은행은 야말 LNG 프로젝트에 191억 유로의 차관을 제공했다. 또한, 중국 CNOOC(중국해양석유총공사)는 야말-LNG 액화공정 관련 설비를 건설할 예정이다.[12)]

러시아와 중국은 정치적으로는 여전히 대립각을 세운다. 푸틴은 중국을 견제하기 위해 카자흐스탄, 벨라루스, 아르메니아, 키르기스스탄과 함께 '유라시아 경제협력기구(Eurasian Economic Union: EEU 또는 EAEU)'를 출범시켰고, 2025년 단일경제정책, 단일 통화도입을 목표로 유럽연합과 같은 유라시아연합(Eurasian Union)의 출범을 목표로 하고 있다. 중국의 러시아 견제는 상하이협력기구(SCO: Shanghai Cooperation Organization)이다. 러시아, 카자흐스탄, 키르기스스탄, 타지키스탄, 우즈베키스탄, 인도, 파키스탄이 회원국이며, 전 세계 인구의

---

12) 이종헌, 『에너지 빅뱅』(서울: 프리이코노미북스, 2017), 276~277쪽.

44%인 31억 명, 세계 경제에서 차지하는 비중은 25%이다. 그러나 경제적으로 EAEU와 중국의 일대일로 대상국과 겹쳐서, 러시아와 중국의 주도하에 EAEU와 일대일로의 연계를 추진하고 있다. 2017년 7월 모스크바 정상회담에서 양국은 이 두 경제 전략의 연계를 위해 680억 위안(약 11조 5000억 원) 규모의 공동기금을 조성하기로 합의했다. 모스크바와 러시아의 중부도시 카잔(Kazan)을 잇는 770km 길이의 고속철도 건설에 1조 루블을 공동 투자하기로 했다.[13] 이 두 경제권의 연계는 중국과 유럽으로 이어지는 유라시아 대륙에 새로운 공동 경제 공간이 출현한다는 것을 의미한다. 중국은 러시아와 극동 농업개발을 위한 대규모 농업펀드를 출범시켰고, 연해주의 5성급 호텔 건설, 수력발전사업 협력, 물류와 농업 분야까지 전면적 협력을 벌이고 있다.

일본도 농업과 에너지 분야에서의 협력을 강화하고 있다. 일본기업 제이지시 에버그린(JGC Evergreen)의 하바롭스크 온실하우스 사업(투자액 5억 루블/ 약 100억 원, 인력 50명)이 일본 농업 성공사례로 러시아에 널리 홍보되었다. 실질적으로 2011년 후쿠시마 원자력발전소 사고 이후, 일본은 청정지역에서의 안정적인 농수산물 공급이 절실하다. 일본은 우리나라와 마찬가지로 중동 원유에 대한 의존도가 매우 높다(사우디 30%, UAE 25%, 쿠웨이트 8%, 카타르 8% 등 총 80% 상회). 이를 완화하기 위해 약 10% 정도 러시아에서 원유를 도입하고 있다. 2006년부터 사할린-1 프로젝트에서 생산된 원유를 도입하기 시작했고, 2008년부터는 사할린-2 프로젝트에서 그리고 2009년 말부터 ESPO-2라인을 통해 원유를 도입하고 있다. 천연가스도 러시아에서 LNG 형태로 들여오고 있지만 비용이 높아 러시아와 일본 간 파이프라인 설치는 논의하고 있다. 사

13) 강태호, “기획 푸틴의 동방외교와 극동개발의 국제정치 1”, 『투코리아』 (검색일: 2017.12.13.)

할린에서 홋카이도를 경유, 혼슈로 연결하여 도쿄로 이어지는 것이다. 이 1500km의 파이프라인을 통해 연간 최대 25bcm의 천연가스를 수송할 수 있다. 60억 달러 정도의 비용이 소요될 것으로 보이며, 2022년 완공을 목표로 추진되고 있다. 이 파이프라인이 연결되면 일본은 단순히 천연가스를 싸게 쓸 수 있다는 표면적인 이점 이외에, 파이프라인을 통해 대륙과 연결되며, 안정적으로 천연가스를 공급받는다. 원전사고로 인해 원전재가동에 대한 시민단체의 반발이 거센 일본으로서는 원전재가동을 최소화하면서 저렴한 가격으로 에너지를 공급할 수 있다. 가스관이 연결되면 그 옆으로 송유관과 전력망도 연결될 수 있다.

러시아로서는 유럽의 창이 닫힌 만큼 동북아에서의 안정적인 천연가스 판매라인 확보가 절실히 필요하고 동북아 경제의 중심인 한 · 중 · 일은 해양을 통해 공급되는 중동산 석유에 대한 의존도를 낮추고 환경 오염을 줄일 수 있는 천연가스 도입이 필요한 상황에서 러시아와 한 · 중 · 일의 에너지를 통한 경제협력은 경제 주체 모두에게 이익이 되며, 동북아시아의 에너지 안보를 든든히 하고 정치적 대립을 완화하는 데 기여할 것이다.

3. 한 · 러, 남 · 북 · 러의 경제협력 기회

러시아는 에너지 정책과 연계된 신동방정책을 추진함에 있어 푸틴 3기 출범과 함께 이를 전담할 '극동개발부'를 신설하였다. 2015년부터 아시아의 대러 투자와 경제협력을 위한 동방경제포럼(EEF)를 개최하고, 15개의 '선도개발구역'과 극동연안 15개 항구를 '자유항'으로 지정하고 토지를 무상으로 공급하는 '극동헥타르법'을 지정하는 등 러시아는 극동지역 개발의 지속성을 보장하기 위한 법적, 제도적 장치를 마련하였다. 국내외 투자자에게 토지 이용, 인허가 절차, 각종 세제 혜택 등 파격적인 특혜도 제공하고 있다.

문재인 정부도 최초로 대통령 직속 '북방 경제협력위원회'를 신설(2017년 6월 26일)하였다. 위원회의 설립 목적은 "동북아시아를 포함한 유라시아 지역 국가와의 연계성 강화를 통해 우리 경제의 미래 성장동력을 창출하고, 남북한 통일의 기반을 구축하기 위함"이다. 2017년 9월 7일 블라디보스토크에서 열린 제3차 동방경제포럼에서 문재인 대통령이 '9-브릿지 전략'을 발표하면서 러시아의 극동개발의 적극적인 참여 의지를 밝히고 남북 간의 어려움으로 진척시키지 못했던 사업을 포함하여 러시아와의 협력을 우선 목표로 삼을 것을 피력하였다. 문재인 대통령이 동북아 국가들이 협력하여 극동개발을 성공시키는 일은 북핵 문제 해결의 또 하나의 근본적인 해법이라고 언급한 것은 성공하는 경제모델을 보여줌으로써 비핵화 이후 북한이 경제협력으로 얻을 이익을 보여준다는 데 의미가 있다. 역대 정부의 한·러 경제협력은 실질적인 진전 없이 흐지부지되는 경우가 많았고 러시아에 신뢰를 주기 어려웠다.

북한에 대한 경제 제재가 유지되는 상황에서 러시아와의 경제협력에서 북한을 포함한 사업과 한·러 경제협력을 분리해서 접근해야 한다. 북한을 포함한 다자 경제협력을 추진할 여건이 마련될 때 착수할 수 있도록 북한을 포함한 남·북·러 사업(철도·도로·가스관·송유관)에 대해 준비하되, 현 상황에서 실현 가능한 한·러 경제협력에 주력하는 실리적 접근이 필요하다. 북한이라는 심리적·지리적 제약을 넘어 한·러 경제협력이 활성화될 때 북한은 더욱 남·북·러, 북·러 경제협력을 원할 것이다. 한·러 경제협력은 협력 가능한 분야부터 성공사례를 만들고 경험과 신뢰를 축적해야 한다. 그런 의미에서 2019년 2월 13일 한·

러 북방경제 분야별 협력 비전과 실행계획을 담은 '9-브릿지 행동계획'의 합의는 한·러의 실제적인 경제협력 활성화에 크게 기여할 것으로 기대된다. 한국은 현재 수산물류가공복합단지 건설사업, 쇄빙 액화천연가스(LNG) 운반선 수주, 슬라비얀카항 현대화 등에 참여를 희망하며, 유럽행 급행화물열차 블록트레인(Block Train)을 이용한 물류 수송 정착을 위해 노력하고 있다.

한·러 통합네트워크 구축을 통한 전략적 이익공유 방안으로는 유라시아 복합물류망 구축, 동북아 수퍼그리드 구축, 한·러 천연가스 협력, 북극항로 진출로 해운, 조선 등 신시장 개척 등을 들 수 있고, 산업협력 고도화를 통한 신성장동력 창출 방안으로는 한·러 혁신 플랫폼 구축, 4차 산업혁명 대응 산업혁명 강화, 보건의료 및 헬스케어 산업협력 확대, 농·수산분야 진출 활성화 등을 들 수 있다.[14] 최근 한국교통연구원에서 '철도공동체가 구축되면 동아시아 주요 도시의 1일 생활권 연결이 가능하고 세계최대 규모의 경제권이 형성될 것'이라는 보고서를 발표했다. 문재인 대통령이 제안한 동북아 6개국과 미국이 참여하는 동아시아 철도공동체가 탄생하면 동북아공동체로 발전 가능할 것이다. 미국을 포함한 동아시아 철도공동체 국가들의 국내총생산(GDP)은 39조 6천억 달러로 전 세계 GDP의 49.8%에 달할 것이라고 추산했다.[15]

---

14) 배기찬, "신한반도체제의 형성과 북방협력의 미래", 『2019 유라시아 정책세미나 '신한반도체제'의 형성과 한국-중앙아시아 협력』, 29~30쪽.

15) 김동규, "철도공동체 구축되면 동아시아 1일 생활권·최대 경제권 부상", 『연합뉴스』 (검색일: 2019.04.24.)

[그림11] 동아시아 철도공동체로 구현되는 1일 생활권

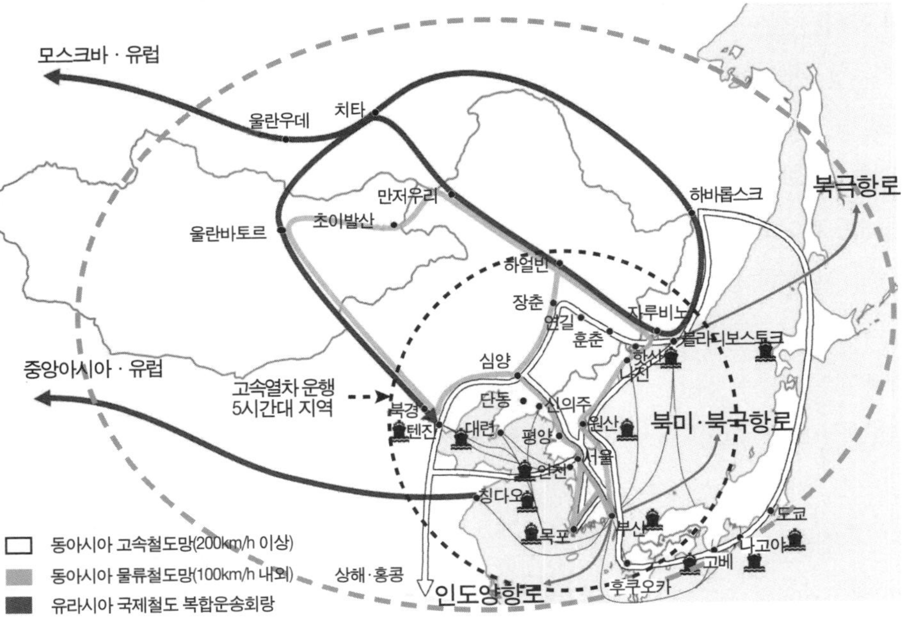

출처: 한국교통연구원 제공

4. 한-중앙아시아의 경제협력 기회

중앙아시아는 구소련에 포함되어 장기간 국제 사회와의 교류 · 협력이 차단되었다. 중앙아시아 국가의 독립 후, 구소련 붕괴 이후 발생한 힘의 공백 상황에서 지정학적 · 지경학적 중요성을 재인식한 미 · 중 · 일 · 러가 세력재편을 위해 각축이 벌어지고 있다. 최근 군사 · 안보적 요충지로서 전략적 가치가 높아짐에 따라 미국은 9 · 11테러 이후 지역 안보 수호를 명분으로 재정원조와 미군 주둔을 통해 개입하고, 러시아는 2004년 중앙아시아협력기구(CACO)에 합류함으로써 정치 · 경제협력을 강화하고, 중국은 상하이협력기구(SOC)를 통하여 경제 · 외교 · 군사 역량을 구축하고, 일본은 재정자립과 사회간접자본의 확대를 통해 협력을 추

[그림12] 동아시아철도공동체: 검토가능한 주요 협력 사업

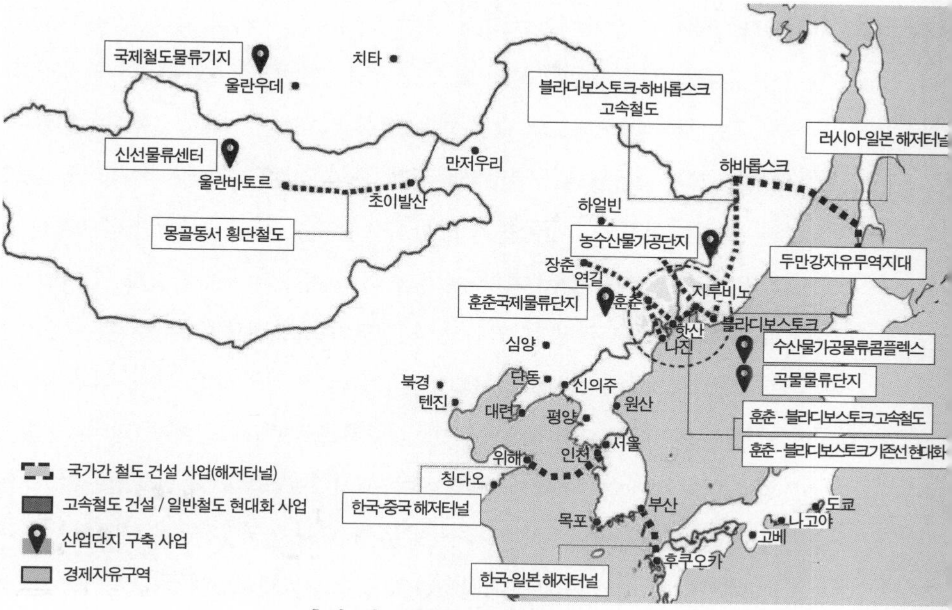

출처: 한국교통연구원 제공

진하고 있다. 중앙아시아의 방대한 에너지자원과 그 경제적 가치로 자원 확보를 둘러싼 경쟁이 심화될 것이다.

문재인 정부는 신남방 · 북방 정책을 통해 기존의 4강 외교와 동북아에 국한된 경제협력의 외연을 아세안과 북방을 넓히려는 노력을 해왔다. 그러나 지난 2년간 신북방정책은 북한의 비핵화 협상과 대러시아 외교, 극동지역개발협력에 제한되어 있었다. 2019년 4월 문재인 대통령 취임 이래 처음으로 중앙아시아 3개국을 방문하여 기존의 극동 중심의 신북방정책의 다변화, 국가들과의 연계성 강화, 상생 외교 전략 등의 목적을 달성하였다. 북방 경제협력위원회 권구훈 위원장은 순방 성과에 대해, 북방경제권과의 연결 강화라는 신북방정책의 핵심가치를 본격적으로 이행한다는 의미가 있고, 특히 우즈베키스탄과 '특별한 전략 동반자'로 관

계를 격상한 것은 신북방정책의 중앙아시아 거점을 확보한 것으로 평가했다. 또한, 중앙아시아는 대륙 중앙에 위치한 지리적 여건, 언어와 문화적 유사성, 상호보완적 산업 및 인구 구조, 한국과의 경제협력 의지와 경제 · 보건복지 등 제도의 수용성 등을 볼 때, 보건 · 의료 · 통신 · 건설 · 행정 · 교통 · 물류 등 서비스와 미래 산업 경협의 핵심지역이라고 강조했다. 중앙아시아 5개국들의 공동관심인 물 · 환경 · 물류 · 정보통신 · 인적개발 등 공동 대처 시 시너지 효과가 기대된다고 밝혔다.[16] 이번 순방 중 총 24개 프로젝트, 130억 불 규모의 프로젝트 수주 지원활동을 전개했고 우즈베키스탄으로부터 120억 달러, 카자흐스탄으로부터 32억 달러 상당의 협력 사업 제안이 있었다. 투르크메니스탄에서 한국 기업은 정유공장 현대화, 가스전 개발, 도로 교통수송 확대 등 산업인프라 구축에 크게 기여해왔다. 이번 정상 방문을 통해 한국은 세계 4위의 천연가스 매장량을 지닌 투르크메니스탄과 공동 번영의 토대를 구축하고 한국 경제외교의 지평을 확대했다.[17] 카자흐스탄은 2024년까지 '디지털 실크로드'를 구축하는 것을 목표로 천연자원 중심의 경제 구조를 정보통신기술, 핀테크, 신소재, 3D 프린팅, 스마트시티, 스마트팜 위주로 재편하겠다는 구상을 실행에 옮기고 있다. 카자흐스탄은 우리나라와의 협력에 혁신성장의 핵심 산업인 5G, 빅데이터, e-헬스 케어, 로봇수술기 등 첨단 의료분야협력이 포함될 것으로 보인다.

신북방정책은 문재인 정부의 핵심적 경제 기조인 혁신성장을 떠받치는 축으로 이번 순방을 통해 꾸준히 성장하는 중앙아시아와 한국의 경제협력 성공 가능성을 확인했으며 한국의 외교적 · 경제적 지평을 중앙아

16) 홍은지, "권구훈 북방위원장 "중앙亞와 경협 추진 전략 3분기 내 수립", 『뉴시스』 (검색일: 2019.04.26.)

17) 허고운, "한 · 투르크 정상회담, 큰 성과 속 미래 기대된다." 『아시아투데이』 (검색일: 2019.05.16.)

시아로 확장한 것은 상당히 고무적인 일이다. 앞으로 중앙아시아와의 경제협력 영역을 넓혀 상생 외교와 상생 경제를 통한 한국 경제의 신성장 동력을 창출할 것으로 예상한다.

5. 대륙과의 연결, 한반도의 미래

분단 국가인 한국에게 상당히 오랜 기간 동안 대륙과의 연결은 통일을 제외하고 생각할 수 없었다. 70년 동안 섬처럼 존재해 온 한국에게 대륙과의 연결은 절실하다. 역대 정부들도 북방 경제협력에 대해 정책적으로 다각적인 노력을 기울였지만, 그 협력들이 실효성이 없었던 이유는 북핵 문제, 국제정치적인 문제, 한반도 안보 문제와 더불어 북방 경제협력 대상 국가인 러시아가 아시아와의 경제협력에 집중하지 않았다는 점, 중앙아시아의 잠재력을 발견하지 못했다는 점 등을 들 수 있다.

에너지 패러다임의 변화는 동북아 경제지형에 변화를 주고 있다. 또한, 에너지 패러다임의 변화는 단순히 연료의 대체가 아닌 개인의 생활 습관, 국가 정책, 국가 단위의 정치적 결단과 세계질서에까지 영향을 미치고 있다. 신재생에너지를 확보하고자 세계는 곳곳에 거대한 에너지 수퍼그리드를 만들고 있다. 한국은 이러한 에너지 패러다임의 변화를 잘 감지하고 준비해야 한다. 에너지로 인해 국제질서가 재편되고 있음을 깨닫고 남 · 북 · 러 에너지 협력뿐만 아니라 중앙아시아와의 에너지 · 자원 협력을 모색해야 한다.

이제 북방 경제협력은 거대 담론에서 벗어나 구체적인 경제협력의 실제성을 갖추도록 노력해야 한다. 정부의 보여주기식 외교적 성과에 그쳐서는 안 되며, 경제협력을 통해 북방 경제협력 국가들과의 신뢰를 쌓아야 한다. 러시아는 필연적으로 신동방정책을 선택했다. 유럽으로 난 창이 닫히고 있고, 세계 경제의 중심이 아시아로 이동했기 때문이다. 한국도 경제협력의 돌파구가 필요하다. 한국의 신북방정책과 러시아의 신동방정책의 조응은 양국이 바라는 북방 경제협력과 극동지역개발의 현실화를 앞당길 것이다.

한반도 DMZ에 에너지가 흐르고, 한국에서 철도를 타고 신의주를 거쳐 만주 벌판을 달려 유럽에 도착하는 꿈, 국제개발구역에서 자유롭게 남북한의 물류와 인적자원의 교류가 이루어지는 꿈이 현실화되는 날이 올 것이다. 러시아의 극동지역 발전의 정책적 지원에 힘입어, 한 · 러 경제협력방안을 적극적으로 모색하고 가능한 분야에서부터 순차적으로 접근해야 한다. 21세기에 한반도는 지정학적 위치를 이용하여 에너지 흐름을 연결하고, 강대국과 공동이익을 창출하며, 한반도의 평화를 지켜나가야 한다. 한국은 북방 경제협력 국가들과의 연계성 강화, 상생 외교전략으로, 어느 때보다 명민한 외교와 전략적 경제협력이 요구된다.

8장

한반도를 위한 최상의 시나리오

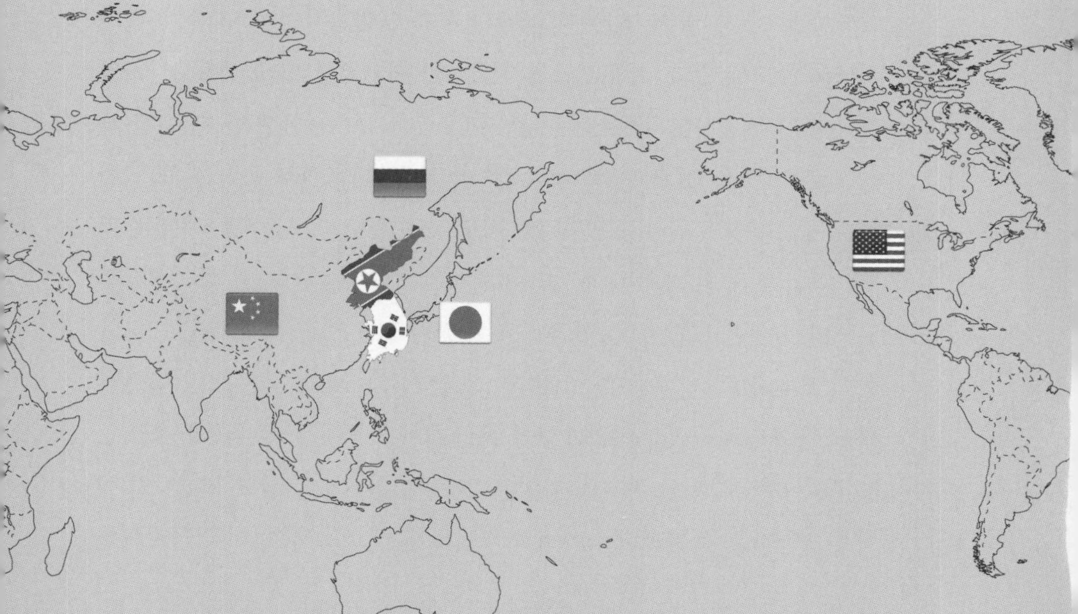

1. 미국의 개입과 영향력

북방 경제협력의 선결과제: 미국의 제재 완화

북방 경제협력의 주체는 남 · 북 · 러 또는 한 · 러이지만, 실질적으로 미국의 대북제재 완화에 따라 그 결과가 크게 좌우된다 해도 과언이 아니다. 앞서 말한 전력망 · PNG · 철도는 북한도 참여하여 한반도의 평화와 협력이 보장되어야만 실현 가능한 협력들이다. 역대 정부는 러시아와의 경제협력, 특별히 PNG와 철도 부분에서 진전을 이루고자 구체적인 정책을 추진하였다. 하지만 실효성이 없었던 이유는 기술적인 문제나 사업 예산 집행의 문제가 아니었다. 북한 문제는 남북한에 국한되어 있지 않고 미국을 중심으로 한 열강들의 이해 관계와 복잡하게 얽혀 있다.

역사적으로도 알 수 있듯이 북핵 문제를 포함한 북한 문제는 북한과 미국이 주도해 왔다. 1992년 1월 최초 북 · 미고위급 회담, 1994년 10월 북 · 미 간 제네바합의(Geneva Agreed Framework), 1999년 페리 전 국방 장관의 방북, 2000년 북한의 북 · 미 간 적대적 관계 종식 발표와 매들린 올브라이트 국무장관의 평양 답방, 2003년부터 시작된 6차에 걸린 6자회담, 2007년 베를린 북 · 미 양자회담, 2011년 남북 비핵화 회담과 북 · 미 비핵화 회담 등 북한과의 접촉을 주도한 것은 미국이었고, 회담 방식도 미국이 결정하였다. 1994년 제네바 협상 때 한국은 가장 중요한 북핵 문제 당사국이면서도 협상에 직접 참여하지 못하고 미국 측 브리핑을 통해 협상 상황을 파악해야 했다. 2017년 한반도 긴장도 핵미사일 실험을 강행하는 북한과 미국이 주도하는 유엔의 대북제재, 미국 군사옵션의 대립이라고 볼 수 있다.

부시 정부의 '맞춤형 봉쇄(tailored containment)'와 오바마 정부의 '전략적 인내(strategic patience)'를 거치는 동안 북한의 핵미사일은 더욱 고도화되었으며, 북한을 향한 국제 제재는 더욱 강력해졌고, 트럼프 정부 초기에 '최대 압박' 수위에 이르렀다. 그러나 2018년을 기점으로 남·북, 북·미 관계가 드라마틱하게 전환되었다. 기존의 6자 회담의 틀을 고수하지 않고 중국, 일본, 러시아의 한반도 평화에 대한 지지를 얻으면서 탑다운(하향식 외교, Top-down)방식[1]의 북·미 비핵화협상의 동력을 이어가고 있는 것 또한 미국의 영향력이 강력히 작용했다고 볼 수 있다. 북방 경제협력의 선결과제는 북한의 비핵화 진전으로 대북 제재가 완화되는 것이다. 미국은 최근 북핵문제에 대한 '유연한 접근'을 시사했지만 여전히 '핵동결(입구)→ 로드맵→ 완전한 비핵화(출구)' 협상 전략에는 변함이 없으며, 실질적인 비핵화 진전 없이는 대북제재를 유지한다는 방침을 세우고 있다. 하노이 정상회담 노딜 이후 북·미 관계가 교착상태에 빠지면서 양자의 기싸움이 더욱 심해졌다. 2019년 7월 12일 폼페이오 장관은 "우리는 북한이 필요로 하는 안전 보장(security assurances)이 갖춰지도록 확실히 해야 한다."고 밝혀[2] 북·미협상을 재개하는 시점에서 북한의 체제 보장을 인정한 것은 좋은 신호로 보인다. 북핵문제 해결의 열쇠를 가진 미

---

1) 2019년 3월 5일 국회의원회관에서 열린 특강에서 조명균 통일부 장관은 "북한의 의사결정 체계에서 중요한 결정은 김정은 위원장만이 할 수 있다는 점을 감안한다면 탑다운 방식은 선택의 문제가 아니다. 다만, 탑다운 방식이 좀 더 효율적이고 제대로 협상을 할 수 있도록 실무협상을 통해 옆에서 보완해 나가는 노력이 필요하다"고 밝혔다. (임경구, "조명균 '톱다운 방식은 선택의 문제가 아냐'", 『프레시안』(검색일: 2019.06.18.))
2019년 7월 3일 국회 외교통일위원회 현안보고를 통해 6월 30일 열린 남북·미 판문점 정상회동은 "남북·미 정상 간 신뢰를 바탕으로 한 '탑다운' 방식의 유용성을 재확인했다."고 평가했다. (김민정, "강경화 '판문점 회동', '톱다운' 방식 유용성 재확인", 『KBS NEWS』(검색일: 2019.07.03.)

2) 이세현, "폼페이오 '北이 필요로 하는 체제안전 보장 갖춰져야.'" 『매일경제』(검색일: 2019.07.13.)

국과 문을 잠그고 있는 북한이 비핵화의 진전을 이루어 북한을 포함한 북방 경제협력이 진행되길 바란다.

미국의 의지적 개입, 이란 핵 협상 타결

트럼프 대통령은 2018년 5월 8일 이란 핵합의(JCPOA: Joint Comprehensive Plan of Action, 포괄적 공동행동계획) 탈퇴를 공식 선언한 뒤, 대이란 제재를 재개하는 행정명령에 서명하여 8월 7일부터 이란 제재가 전면 복원되었다. 트럼프 대통령은 이란이 합의 조건을 어겼다고 주장하면서, 일방적으로 이란 핵협정에서 탈퇴하였다. 2019년 7월 15일, 영국, 프랑스, 독일이 여전히 이란 핵합의는 지켜져야 하며 미국이 이를 위해 다시 대화에 나서라고 촉구하는 유럽 3개국 정상 공동성명을 발표했다.[3] 미국이 재개한 이란 제재에 대해 이란이 핵합의의 중요 조치들을 이행하지 않기로 결정하면서 핵합의가 해체될 위험을 우려한 데 따른 것이다.

그럼에도 불구하고 여전히 이란 핵협상은 미국의 의지적 개입이 얼마나 큰 영향력을 발휘하는지 보여주는 좋은 예이다. 2002년 불거진 이란 핵문제는 오랫동안 악화되었다. 이란은 우라늄 농축시설을 계속 늘려갔고 유엔은 제재의 강도를 높였다. 충돌로 향해가던 이란 핵문제를 외교적으로 풀 실마리가 마련된 것은 2013년 8월 이란의 권력이 보수 강경파에서 중도파인 로하니 대통령으로 넘어오고 미국이 셰일가스 혁명 후 더 이상 사우디를 염두에 두지 않아도 되는 상황에서, 미국의 대외정책이 자유로워졌기 때문이다. 퇴임 전 이란 핵협상을 타결하고자 하는 오바마 대통령의 의지 또한 강했다. 2013년 10월 첫 협상이 진행된 지 한 달 만

---

3) 연합뉴스, "'영 · 불 · 독' 이란 핵합의 지켜져야…대화 나서라", (검색일: 2019. 07.15.)

에 합의안이 도출되었고, 협상이 시작된 지 2년이 되지 않아 2015년 7월 14일 완전 타결에 이르렀다. 이 협상은 미국 · 영국 · 프랑스 · 독일 · 러시아 · 중국(P5+1)과 이란이 20개월간 협상해 온 끝에 타결되었다. 이란과 주요 6개국은 18일간의 협상 끝에 '포괄적공동행동계획'을 채택했다. 이란은 향후 10년 이상 이란의 핵무기 개발을 동결하는 대신 2016년부터 이란에 대한 경제 제재를 단계적으로 해제하는 내용의 합의안을 내놓았다. 이로써 핵문제를 둘러싼 갈등뿐만 아니라, 1979년 호메이니의 이슬람 혁명 이후로 이어져 온 미국과 이란의 오랜 적대 관계가 풀릴 계기를 맞았다. 이란 대통령은 "불필요한 위기는 끝났고, 공통의 도전에 초점을 맞출 새로운 지평이 열렸다."며 핵갈등을 봉합하고 수니파 무장조직(IS)과의 전쟁에서 미국과 공조할 뜻을 비쳤다. 오바마 대통령은 "핵 합의는 이란과의 관계에서 새로운 방향을 설정할 기회를 줄 것", "미국의 외교가 의미 있는 변화를 이끌어 낼 수 있음을 보여준 것"이라고 발표했다. 이란 핵 협상은 미국의 이란에 대한 13년의 경제 제재와 37년간의 적대적 관계를 미국 주도의 다자회담 방식으로 해결할 수 있음을 보여주었다. 국제문제에 있어서 미국의 의지적 개입은 문제 해결을 위한 국제적 합의를 이끌어내는 중요한 요소임을 보여주었다.

2. 중 · 러 관계의 변수, 미국

미국의 세계 전략 변화와 그 영향

미국이 의도하든 의도하지 않든 세계 패권국 미국의 세계 전략 변화는 국제 사회와 세계 질서에 큰 변화를 초래한다. 지금의 긴밀한 중 · 러 관계도 미국이 관여하는 나토의 동진과 중국 봉쇄전략에 기인한 바가 크다. 중 · 러의 전략적 협력은 다방면에서 높은 긴밀화를 유지하고 있지만, 미국의 동아시아 전략의 변화에 따라 전략적 협력의 지속 여부가 결정될 수 있다. 즉, 미국이 더 이상 중 · 러에게 공동의 적으로 존재하지 않고, 어느 한 쪽이 미국과 협력 관계로 돌아선다면, 중 · 러의 협력은 약해질 것이다. 중 · 러 모두 미국과의 관계를 가장 중요하게 생각하며 자국의 핵심이익과 자존심을 지키면서 미국과의 관계 개선을 원하고 있다. 미국의 최종 목표는 중국과 러시아 모두 미국 중심의 세계질서에 순응하는 것이다.

나토의 동진으로 러시아도 하나의 유럽에 포함시키려 했으나 러시아가 우크라이나 사태를 일으키면서 강력히 반발하고 있고, 중국은 WTO 가입을 통해 세계 경제 질서에 동화되게 함으로써 공산주의 체제 와해를 기대했으나 세계 2위의 경제 대국으로 성장하여 사회주의 강대국 건설을 통한 중국 중심의 국제질서를 구축하고 있다. 지난 30년간 미국의 대중국 · 대러시아 전략은 국경을 접하고 있는 중 · 러의 결속을 강화시키고 반미전략을 공동으로 폄으로써, 미국의 세계 전략에 큰 부담이 되고 있다. 특히, 시리아 내전, 이란 핵협상, 북한 비핵화, 북극해 개발 등 미래의 지정학적 이익을 놓고 중 · 러가 연합하여 미국에 대항하는 것은 국제적 이슈에 주요 변수로 작용함으로써, 궁극적으로 미국의 전략이 무력화될 수 있음을 의미한다. 따라서, 미국은 중 · 러 긴밀화가 큰 변수로 작용하지 않았던 과거와 달리 중 · 러 관계 와해를 위한 헤징 전략(hedging strategy)을 구사할 가능성이 높아졌다.

미국의 대중 · 러 전략 변화 예상

이 시점에서 미국의 세계 전략 변경 가능성에 대해 조심스럽게 예측해 볼 수 있다. 현 트럼프 정부의 강력한 '미국 우선주의(America First)'와 보호주의는 미국의 재정적자 감소, 강한 미국 재건에 긍정적으로 작용할 수 있다. 그러나 미 · 중 무역분쟁으로 인한 세계경제성장 저하, 일부 일대일로 협력국과 유럽에서 일어나고 있는 반미 연대 형성 움직임, 패권국 미국에 대한 국제적 위상 하락 등이 미국이 패권국으로서의 위상을 유지하는 데 부담으로 작용할 것이다. 따라서, 미국의 차기 정부는 지금과 같은 강력한 미국 우선주의를 고집하기 어려울 것으로 보인다. 부시 행정부의 이라크 침공 시, 독일을 포함한 유럽의 반발, 중 · 러 연합의 공세적 태도 등 국제적 저항에 부딪혀 차기 오바마 정부는 반미 연합 형성의 강화를 막기 위해 국제협력을 강화하는 방향으로 대외정책을 전환하였다.[4)]

중국은 중화인민공화국 수립 100주년인 2049년까지 중국몽 실현을 위한 도전을 계속 할 것이다. 중국은 미국과의 협력보다 갈등 관계를 극복하며 중국몽을 이루어나가는 노정을 선택했다. 시진핑 주석은 현실주의에 입각한 공격적 외교로 중국의 영향력을 확대하고 있다. 시진핑은 국제사회도 경제 · 정치 · 군사력 등 거의 모든 분야에서 변화된 중국의 위상을 받아들이거나 혹은 받아들이도록 해야 한다는 인식을 갖고 있다.[5)]

따라서, 미국이 인도-태평양 전략으로 해상에서 중국을 봉쇄했다면 중국의 패권 도전을 저지하기 위한 육상봉쇄전략은 러시아를 이용한 방법일 것이다. 미국의 친러 정책은 중러 관계의 제한성을 극대화하고 육상에서 중국을 견제하는 효율적인 방법이다. 미국은 소련 봉쇄를 위해 1972년 닉슨이 베이징 방문 시 상하이 코뮤니케(Shanghai Communique)를 발표하여 미 · 중 간 20여 년에 걸친 적대 관계 종식과 관계 정상화를 선언하였고, 1978년 중국의 개혁 · 개방과 1979년 미 · 중 수교로 이어졌다. 이는 패권국 미국의 전략 변경이 국제 관계에 지대한 영향을 미치고 있음을 단적으로 보여준다.

---

4) 윤영관, 『외교의 시대』 (서울: 미지 북스, 2015), 59쪽.

5) Jeffrey A. Bader, “How Xi Jinping Sees the World…and Why”, *Foreign Policy at BROOKINGS*, 2016.02.

러시아를 통한 대중국 육상 봉쇄 시나리오

미국이 대러 제재를 완화하여 중국의 견제에 성공한다면 미 · 중 패권 전쟁의 새로운 2막이 열릴 것이다. 이는, 유라시아 대륙에서 '미국이 지향하는 역내 균형' 회복을 목적으로 하는 지정학 전략이 될 것이며, 중 · 러 연합의 균열로 패권전쟁에서 미국이 중국을 압도하는 기회가 될 것이다. 러시아의 경제발전, 중앙아시아와의 협력 강화, EAEU 활성화는 유라시아에서 일대일로 전략의 확산을 저지하고 중국의 영향력을 약화시킬 것이다. 이는 대중국 해상 봉쇄에 더하여 대중국 육상 봉쇄의 의미를 갖는다.

또한, 미국은 러시아와 협력하면서 북극해 · 북극항로 · 천연자원개발에 적극적으로 가담하여 북극항로 개척에 중국의 참여를 최소화하려고 노력할 것이다. 미 국방부가 2019년 5월 미 의회에 제출한 '2019 중화인민공화국의 군사와 안보 관련 현황'이라는 보고서에서 중국 인민해방군이 현재 북극해에서 중국이 전개하는 민간연구 활동이 중국군 주둔을 뒷받침할 수 있으며, 핵 공격 억지를 명분으로 잠수함을 전개하는 등 중국이 북극에 군대를 보낼 우려도 보고서에 포함되어 있다.[6] 미국은 중국의 북극해 개발 참여가 군사 · 안보적 목적으로 사용될 경우 북극권 국가인 미국의 핵심 이익을 침해당할 수 있다고 인식하고 있기 때문이다.

3. 일본 경제보복과 한국의 대응

한일 갈등

일본의 식민지 지배는 우리 역사의 과거가 되지 못하고 해결되지 않은

6) 김중호, "美국방부 보고서 '中일대일로 명분 해외기지 늘릴 것'", 『노컷뉴스』(검색일: 2019.05.10.)

고통으로 현재에 이르고 있으며 한일 갈등과 사회 분열의 근원이 되고 있다. 그 고통의 중심에는 위안부 할머니와 강제징용 배상 문제가 자리잡고 있다. 일본의 아베 정부의 역사수정주의와 정체성의 정치가 한국에 강한 정서적 반발을 초래하였고 한국 정부도 강경 일변도로 대응해왔다. 한·미·일 안보 삼각협력에 제동이 걸리면서 미국 측 불만이 점증하였고, 한일 양국 간 교역과 직접투자, 관광객 수가 급격히 축소되어 정치·경제적 비용을 감내하기 어려운 상황에서 결국 외교적 타협으로 12·28 위안부 합의가 이루어졌다. 그러나 아베 정부의 태도는 화해를 위한 노력에 반하는 태도로 나타났다. 합의 후 아베 총리가 위안부 할머니에 대한 직접적인 사과 발언이나 서신 전달 요청을 정면으로 거부한 점, 독일에서 평화의 소녀상 건립 시도에 일본 정부가 압력을 가해 무산시킨 사례, 미국 글렌데일 평화의 소녀상 철거 소송에 일본 정부가 개입한 사례 등 일본 정부는 지속적으로 위안부 문제에 대한 한국의 노력을 무산시켰다. 역사에 기반한 뿌리 깊은 한일 갈등의 골이 세월이 지날수록 더욱 깊어지고 있다. 이로 인해 한국은 많은 정치·경제·외교적 비용을 지불하고 있다.

한일 관계는 갈등과 회복의 사이클을 반복해왔고, 관계가 진전되는가 싶으면 과거사 문제에 부딪혀 다시 제자리로 돌아오거나 오히려 후퇴했다. 혹자는 이를 꼭대기까지 돌을 굴려 올리면 다시 제자리로 굴러떨어지는 시지프스의 형벌에 비유하기도 했다. 그러나 양국은 최악의 사태는 막아야 한다는 공동의식에 따라 회복 불능 사태에 이르지는 않았다. 지난 20년을 돌아보면 한국은 일본-한국-중국의 글로벌 가치사슬에서 이익을 얻으며, 경제발전과 함께 국제사회의 위상도 높아졌다. 한·중 간 경제협력이 심화되면서 대중 경제의존도가 높아진 것과 같이 중국을 향한 정치적 경사도 나타났다.

일본의 대외전략적 관점

일본의 대외전략적 관점에서 보면, 2차 세계대전 이후 냉전기 일본이 요시다 독트린을 추구하며 비무장 상태에서 고속 경제성장을 달성할 수 있었던 가장 중요한 이유는 미 · 일동맹을 통해 미국이 안보 우산을 제공했기 때문이며, 다음 이유는 한국에 주한미군이 주둔함으로써 비무장한 일본의 안보를 지켜주는 방패 역할을 했기 때문이다. 한국의 안보가 일본의 안보에 긴요하다는 판단에 의한 것이다. 냉전 이후 일본은 한국이 중국의 부상을 막는 데 적극적인 역할을 해주길 바랐다. 일본은 급속한 경제성장 후 '잃어버린 20년'으로 인한 경기침체와 동일본 대지진(2011)을 겪고 자신감을 잃었다. 그동안 중국은 일본을 넘어 세계 경제 2위를 탈환했고 2010년 이후 중국이 외교적 공세를 펼치자 일본의 불안감은 증폭되었다. 이에, 일본은 한 · 미동맹을 강화하면서 한 · 미 · 일 3자 연대로 중국에 대항하길 원했고 한국을 전략적 협력대상으로 파악했다. 아베 정부 이전에도 일본은 인도 · 호주와 가치 외교 네트워크를 구축하고 있었고 한국도 이에 참여해주길 바랐다. 그러나 한국의 입장은 북한과의 관계를 염두에 두어야 하고 한반도 평화정착을 위해서는 중국의 협조가 중요한 만큼 중국과 깊은 경제협력 관계를 차치하고서라도 일본이 원하는 것처럼 한미일 연대를 형성하는 데에는 선택적 한계가 있다.

일본이 '잃어버린 20년'과 '동일본 대지진', '중국의 급부상'에 자신감을 잃었을 때 등장한 아베 정부는 미 · 일동맹을 강화하면서 호주, 인도, 필리핀 등과 반중 연대를 구축하면서 동아시아에서 자국의 위상을 강화했다. 이를 바탕으로 한국과 중국을 상대로 과거사에 대한 수정주의적 입장을 강화했다. 아베 정부는 2015년 독도가 일본 영토라고 명기된 중학교 교과서를 승인하고, 같은 해 2015년 외교청서에도 독도가 일본 영토라고 주장했다. 위안부 문제에 대해서도 국가의 법적 책임을 인정하지 않고 '전시에 어디에서나 있었던 일반적인 일'로 치부했다. 아베 이전의 일본 정부는 기본적으로 민감한 과거사 문제는 뒤로 미루고 미래를 위한 한일 협력은 따로 분리해서 동시에 추진해 나가자는 입장이었으나 아베 정부는 역사문제에 강경 일변도로 대응하면서 일본의 대외 정책에서 한국을 제외하겠다는 의도를 노골적으로 표출하고 있다.

일본은 그동안 북한의 핵 · 미사일 실험에 가장 민감하게 반응하면서 북핵문제를 미 · 일동맹 강화, 인도-태평양 전략의 연대, 자위대의 전투력 보강뿐만 아니라 아베 정권의 정치력 강화에까지 이용해왔다. 그러나 북한의 비핵화 선언 이후, 남북 정상회담과 북미 간 비핵화 협상과 북미 정상회담이 잇달아 열리자, 북한의 '일본인 납치 문제'를 정치적 최우선 쟁점으로 삼으며 북한을 적대시했던 태도를 바꾸어 조건 없는 회담을 요청하고 있다. 미국과 북한이 한반도 비핵화의 해법을 찾고, 미 · 중 무역 분쟁이 패권전쟁으로 확산되면서, 일본은 한반도 평화프로세스에서 일본 패싱을 방지하기 위해 북한과의 관계회복을 시도하고 있다.

일본의 경제보복

2019년 7월 1일 일본 경제산업성에서 플루오린 폴리이미드, 리지스트, 에칭가스 수출을 규제했다. 2018년 10월 한국 대법원이 일본 전범기업에 강제 징용에 대해 배상하라고 판결한 것에 대해 일본은 한국 정부가 나서서 해결하라고 요구했다가 받아들여지지 않자 이에 보복을 준비해 온 것으로 보인다. 일본의 보복은 지난 1월부터 검토되었고, 3월에는 송금 정지, 비자발급정지, 4월에는 일부 일본 보수 언론매체에서 단교까지 거론되었고, 한국도 한일 관계의 갈등 상황을 직시하고 일본의 이러한 움직임에 예의주시하고 있었다. 그러나 안타까운 점은 일본의 보복이 여러 옵션으로 제기되는 상황에 대해 한국이 아무런 외교적 노력을 기울이지 않았다는 것이고 경제적 보복은 양국에 피해가 되기 때문에 사용하기 어려울 것이라고 안일하게 생각했다는 점이다. 더욱이 올해 임시정부수립과 3 · 1운동 100주년을 맞아 반일감정이 높아진 데 대해 반대로 이를 완화하기 위한 정부와 민간차원의 한일 교류가 거의 없었다는 점이다.

한국에 대해 보복을 검토해오던 일본이 보복을 단행한 시점을 보면, G20 오사카 정상회담 후, 트럼프 대통령이 방한하여 가진 한미 정상회담에서 다음과 같은 결과를 도출한 직후이다. "미국과 한국은 정보공유, 고위급 정책협의, 연합훈련 등을 포함한 일본과의 3국 안보협력에 협조하기로 합의했다", "인도 · 태평양 지역에서 올바른 통치, 투명성, 법치, 주권, 규칙에 기반한 질서, 시장경제 원칙 등을 함께 증진시켜 나가기로 했다", 문재인 대통령은 "한국의 신남방정책과 미국의 인도 · 태평양 전략을 조화롭게 추진하기로 했다"라고 발표했다. 미국의 한 · 미 · 일 3각 안보협력 합의에 영향을 미치지 않는 범위 내에서 일정을 잡은 것이다. 이번 G20 정상회의는 일본이 의장국으로 개최하는 최초의 G20 정상회의로, 일본은 '자유롭고 공정하며, 비차별적이고 투명하며, 예측가능하고 안정적인' 무역환경의 중요성을 주장했다. 한국에 대한 경제보복을 G20 정상회담 뒤로 미루어 자유무역을 수호하는 국가 이미지에 타격을 주지 않도록 하였다. 또한, 일본은 6월 21일 예고된 참의원 선거를 앞두고 아베 총리의 저하된 지지도를 상승시키고자 치밀한 계산 끝에 단기간에 가장 치명타를 입힐 수 있는 경제보복카드를 꺼내 들었다.

이번 수출 규제는 일본 정부가 강제징용 배상 판결[7]에 반발하며 반도

7) 일제 강점기 당시 강제 징용 피해자들이 일본 기업을 상대로 낸 손해배상 청구 소송에 대해 대법원이 1인당 1억 원씩을 배상하라고 최종 확정한 판결이다. 일본은 그동안 1965년 체결된 한일 청구권협정으로 강제징용 피해에 대해 개인에게 배상할 의

체 핵심 소재에 대한 수출규제조치를 취했다. 그러나 아베 총리는 '강제 징용 배상'에 대한 보복성 조치가 절대 아니며 한국의 대북제재 위반을 이유로 들면서, "한국이 정확한 수출관리를 하고 있다고 확실히 제시해 주지 않으면 규제 품목을 내보낼 수 없다"고 했다. 그러나 이 부분도 향후 "한국에서 제3국으로의 구체적인 수출 안건을 염두에 둔 조치는 아니다"라고 말을 바꾸었다. 사실상 일본의 한국수출규제에 대해서 내세운 이유는 어설프다. 한국이 규제 품목을 북한에 밀수출한 정확한 증거도 없고, 이렇게 민감한 사안에 대해 미국과 UN이 아무런 의혹을 제기하지 않는데도 불구하고 일본 단독으로 수출규제조치를 취하는 것도 이치에 맞지 않는다. 수출 규제에 대한 한국의 거듭된 대화 촉구에도 응하지 않았으며, 미국 측이 제안한 '한미일 차관보급 합의' 제안에도 일정을 핑계로 거부했다. WTO 일반이사회에서 한국의 명료한 반박에 일본은 원론적 입장만 고수하여, WTO 이사회 국가들이 일본의 대한국 수출규제에 대한 외면하는 분위기가 형성되었다.[8)]

일본은 가장 긴요한 시기에 안보를 명분으로 한국 경제에 치명적 타격을 가했다. 일본은 이에 더하여 2019년 8월 2일 아베 총리가 한국의 국무회의에 해당하는 각의에서 한국을 백색 국가(화이트 리스트)에서 제외하는 '수출무역관리령 개정안'을 처리했다. 이에 한국 정부의 대응은 수입선 다변화, 국내 생산 확충, 국산화, 관련 규제 합리화 및 신속 처리 등을 꼽았지만, 한국이 백색 국가에서 제외됨으로써 군사 전용 가능성이 있는

무가 없다고 주장해 왔으나 대법원은 2018년 10월 30일 이 협정은 정치적인 해석이며 개인의 청구권에 적용될 수 없다고 최종 판단했다. ([네이버 지식백과] 일제 강제 징용 배상 판결 (시사상식사전, pmg 지식엔진연구소))

8) 김선경, "김승호, WTO이사회서 일본은 '유구무언'", 『CBS 노컷뉴스』 (검색일: 2019. 07.28.)

품목에 대해 일일이 수출 허가를 받아야 한다. 이는 1,100여 개에 이르러 한국 경제에 미치는 타격이 클 것으로 예상된다.[9] 한국 정부는 향후 피해가 예상되는 중소 ·벤처 기업에 대한 선제적 대응과 소상공인 및 영세 자영업자 지원을 위해 추가경정예산 투입하기로 했으며, 반도체 소재와 장비에 대한 국산화 및 수입선 다변화도 본격적으로 추진하기로 했다.

한국의 대응

악화일로의 한일 관계가 일본의 경제보복으로 표출되었다. 이에 대한 한국의 대응은 어떠해야 할까? 일단, 지금 시급한 현안인 경제보복에 대한 대응과 역사적 갈등 문제를 분리해서 대응할 필요가 있다.

일본경제보복에 대한 한국의 대응

부당한 일본의 경제보복에 대해서는, 첫째, 한국 반도체 소재에 대한 대일 의존도를 낮출 기회로 삼아야 한다. 일본이 한국에 수출 규제한 첨단 소재 3개 품목은 대일 의존도가 90% 수준이다. 이유는 다음과 같다. 우리나라의 소재 · 부품 산업은 2001년에서 2017년 사이 240조 원에서 786조 원으로 3배 이상 증가했으나 자립화율은 60%에 정체됐다. 반대로 빠르고 안정적인 공급선 확보를 위해 기존 가치사슬에 의존하고 재고관리 · 최종제품 생산에 집중해 왔다. 일본은 오랜 기간 기술 축적이 필요한 첨단 소재 · 부품의 다품종 소량생산 분야에서 점유율을 지속해서 유지해 왔다. 수출 규제가 시행된 한 달동안 한국 반도체 생산 기업들은 빠르게 대처하고 있다. 불화수소를 공급받을 수 있는 중국, 대만 기업들과의 협력을 타진하고 있으며, 국산 제품 사용도 검토하고 있다. 정부도 매

9) 문동성, "홍남기 '日, 화이트리스트 제외 강행시 광범위한 피해 우려'", 『국민일보』 (검색일: 2019.07.29.)

년 1조 원을 투자해 소재·부품 개발에 나서는 한편 수입선 다변화 노력도 병행해 '탈(脫)일본'을 모색하기로 했다.

일본도 2010년 중국으로부터 똑같은 경제보복을 당해 결과적으로 전화위복의 기회로 삼은 일이 있다. 한국에 같은 방법으로 경제보복을 하면, 한국도 이번 일을 계기로 일본 의존도를 낮추게 되어 결과적으로 일본 경제에 장기적인 손해를 가져온다는 사실을 알고 있을 것이다. 2010년 9월 일본이 실효 지배 중인 센카쿠제도(중국명 다오위다오)에 중국 어선이 진입했다가 억류됐다. 일본이 선장을 풀어줄 것인가를 놓고 긴장이 고조되는 상황에서 중국이 희토류 수출 규제카드를 꺼냈고 일본은 3일 만에 항복했다. 중국 선장을 조건 없이 석방했고, 나중에 사과와 함께 배상금도 지급했다. 이 당시 일본의 희토류 대중 의존도는 90%에 달했다. 이후 일본은 수입선을 다변화하고 재활용 기술, 대체 기술을 개발했다. 일본은 중국 희토류에 대한 의존도를 60% 선으로 낮추었고, 일본의 희토류 탈중국화는 희토류 가격 하락으로 이어지면서 중국의 희토류 점유율을 떨어뜨리는 결과를 가져왔다.

닛케이 신문은 한국 반도체 기업이 일본 이외에서 소재를 조달하기 위해 대책을 서두름에 따라 일본 기업에도 리스크가 될 것이라고 경고했다. 삼성전자 등 한국기업들이 일본의 규제대상 품목의 대체품을 확보하는 데 시간이 걸리겠지만 일본에 계속 의존하는 것이 위험하다는 인식을 하면서 장기적으로 일본 기업이 압도적인 시장을 점유하고 있는 첨단 반도체 소재 분야의 시장점유율이 떨어질 것을 우려했다.[10] 일본의 이번 수출 규제는 부당하고, 반도체 소재의 수입선 다변화와 대체화를 추진하는 기업들의 부담과 우리 경제의 타격이 크다. 반도체 첨단 소재의 일본 편중

---

10) 이재준, "'韓반도체 소재 대체 추진, 일본에도 리스크' 닛케이," 『뉴시스』 (검색일: 2019.07.20.)

은 잠재된 리스크였지만, 우리나라는 이에 경계심을 가지고 적극적인 대처를 하지 않았다. 이번 기회에 한국 반도체 산업의 우월함과 빠른 위기 대처능력을 보여주고 근본적으로 반도체 첨단 소재의 수입선 다변화와 국산화에 성공하여 반도체 산업의 리스크를 줄이는 기회로 삼아야 한다.

둘째, 한국은 일본의 반도체 소재 수출 규제는 한국 반도체 생산에 차질을 빚어 가격 상승과 전 세계 기업들의 첨단 제조업 생산에 영향을 미칠 것으로 예상된다는 점을 주장하여 WTO 제소를 준비하고, 이를 일본에 피력할 필요가 있다. 산업통상자원부는 상대국으로부터 차별 없는 시장접근을 의미하는 '최혜국 대우의 원칙'을 근거로 이번 수출제한 조치를 정면으로 반박하고 있다. 수출제한 조치는 명백한 WTO 협정 위반이며, 한국만 차별하는 것으로 판명 나면 불공정 무역행위로 WTO 제소가 가능하다는 입장이다. 니혼게이자이 신문이 보도한대로 "한일 간 신뢰 관계가 현저하게 손상되었다"는 것이 일본 정부의 규제 이유라면, 외교적 이유로 수출을 통제하는 행위는 WTO 규범상 위반사항이다.

WTO 제소는 국가 간 무역분쟁을 해결하는 수단이긴 하지만 판결까지 통상 2~4년이 소요되어 WTO 제소가 당장 국내 업체들의 피해를 막기에 역부족이라는 이유를 들어 실효성 여부를 제기[11)]하지만 최근 한국이 후쿠시마 수산물 수입금지 분쟁에 승소하고, 일본도 중국의 희토류 수출제한을 WTO에 제소해 2014년 승소함으로써 경제보복의 부당함과 피해국가의 정당성을 국제사회에 입증할 수 있는 수단이기도 하다. WTO 일반이사회에서 한국의 입장이 지지를 얻은 만큼 WTO 제소를 적극 검토하는 것이 바람직하다.

셋째, 한미 공조로 일본을 압박하여 일본이 한국의 대화에 응하도록

11) "日 경제보복, WTO 제소…승소 가능성 있을까," 『노컷뉴스』 (검색일: 2019. 07.15)

해야 한다. 미국에 일본의 부당한 한국 수출 규제로 인해 '미국 제조업이 타격을 입을 것'과 '매우 위험한 선례를 남길 것'으로 미국을 설득하고, 거듭된 한국의 대화 요청에도 불구하고 일본이 무대응으로 일관하고 있음을 알릴 필요가 있다. 유명희 산업통상자원부 통상교섭본부장은 7월 23일부터 사흘간 워싱턴을 방문하여, 일본 수출 규제가 미국과 세계 경제에 미치는 파급 효과에 대해 설명하였다. 그 결과, 그간 침묵하던 미국 업계로부터 상황이 악화되지 않도록 목소리를 내겠다는 적극적인 입장을 이끌어냈다. 이는 실제로 반도체 가격(8기가 현물 기준 D램 기준)이 17일 사이 3.03달러에서 3.69달러로 20% 이상 급등한 것에 대해 일본의 불투명하고 일방적 수출 통제 정책 변화가 글로벌 공급망에 혼란을 초래한다는 것에 공감했기 때문이다. 또한, 유명희 통상교섭본부장은 일본이 긴밀한 경제협력 관계를 정치 문제 해결의 도구로 이용한 '매우 위험한 선례'라고 강조하며, 이번 수출 규제 조치가 미국 제조업에 직접 영향을 미친다고 공감하고 윌버로스 상무장관의 지지를 이끌어냈다.[12] 2019년 8월 2에 열릴 역내포괄적경제동반자협정(RCEP) 장관회의에서 장관급 만남을 갖자고 제의했지만, 일본은 또 일정상의 이유로 거절했다. 한국이 지속적으로 대화를 요청함에도 일본이 거절로 일관하는 것에 대해 한미 공동으로 대화에 나설 것을 압박할 필요가 있다.

역사적 갈등에 대한 한국의 대응

그렇다면 역사적 갈등 문제는 어떻게 대응해야 할 것인가?

그 해법은 1998년 10월 8일 김대중 · 오부치 공동선언으로 알려진 '21시기 새로운 한일 파트너십 공동선언'에서 찾을 수 있다. 이 공동선언은

---

12) "日 경제보복, WTO 제소...승소 가능성 있을까," 『노컷뉴스』 (검색일: 2019. 07,15)

역사문제를 포함한 한일 외교 관계에서 가장 건설적이고 생산적인 문서로 평가받는다. 일본 보수 본류인 오부치 전 총리는 이 공동선언과 관련해 "식민 지배로 인해 한국 국민에게 다대한 손해와 고통을 안겨줬다는 역사적 사실을 겸허히 받아들이며 통절한 반성과 마음으로부터의 사죄를 한다"고 밝혔다. 김대중 대통령의 외교 책사였던 최상용 교수는 "김대중 전 대통령과 오부치 게이조 전 일본 총리가 합의한 '21세기 새로운 한일 파트너십 공동선언'의 정신으로 돌아가는 게 한일 관계를 푸는 길"이라고 강조하면서 김대중 대통령의 의회 연설 내용을 소개했다. 김대중 전 대통령은 의회 연설에서 일제 강점기 우리가 받은 고통을 얘기하면서 일본 국민도 고통을 받았다고 했으며, 원자폭탄을 맞은 피폭 국민이 일관되게 비핵 평화주의를 고수하는 것을 높이 평가했다. 일본이 제2의 경제 대국이면서 제1의 원조 국가라는 점을 강조하면서 동서양에 관해 균형 잡힌 지식과 교양을 갖춘 훌륭한 양 국민이 협력한다면 얼마나 시너지가 크겠냐고 강조했다. 또한, "일본의 35년 식민지 통치와 임진왜란에서 정유재란까지 7년의 비참한 역사가 있으나 그것은 채 50년이 되지 않으며, 1500년의 꾸준한 교류와 역사의 무게를 생각하자"라고 말해 일본 정치인들의 공감을 얻었다. 일본 보수 주류의 총리가 한국 대통령 앞에서 처음으로 '사죄'라는 표현을 사용했으며, 김대중 대통령도 일본 총리에게 처음으로 '화해'라는 말로 화답했다.[13] 이후, 김대중 대통령은 국민 여론의 압도적인 반대에도 불구하고 문화를 개방했다. 이는 한류 열풍의 시작점으로 한일 양국 국민의 거리감을 좁혔으며, 역사 감정과 분리하여 서로의 문화를 존중하는 계기가 되었다. 김대중 대통령의 일본 포용정책에서 배울 점은 양국 국민이 납득할 만한 수준의 훌륭한 합의를 이끌어

13) 송홍근, "'DJ외교 책사' 최상용 "文, '98년 김대중'에게 배우라," 『신동아』 (검색일: 2019.07.28)

냈으며, 역사문제에 감정적으로 대응하여 현재의 협력을 저해하지 않으면서 미래를 향한 발전적 방향을 모색했다는 점이다.

일본의 한국에 대한 경제보복 조치에 대해 일본 주요 언론의 보도는 다음과 같다.

> "보복의 연쇄에 승자는 없다"(니혼게이자이 신문)
> "한국뿐만 아니라 일본 기업에도 영향을 우려하는 목소리 확산"(아사히 신문)
> "G20 의장국으로서 자유주의 내세운 일본 대응에 의문" (요미우리 신문)

또한, 와다 하루키 교수 등 일본 지식인 75명이 "일본 정부는 한국에 대한 수출 규제 조치를 즉각 철회하라"는 주장을 담은 성명서 발표와 함께 온라인 서명운동을 전개하고 있다. 이 성명을 길게 소개하는 이유는 일본의 의식 있는 지식인의 의견을 대변할만하기 때문이다. 이 성명은 "반도체 제조가 한국 경제에 갖는 중요한 의의를 생각하면 이번 조치는 한국 경제에 치명적인 타격을 줄 수 있는 적대적 행위이며, 일본이 한국을 침략해 식민지 지배한 경사가 있어 한국과 대립하더라도 특별하고 신중한 배려가 필요하다", "최근 G20 정상회담에서 문재인 대통령만 무시하고 마치 한국이 '적'인 것처럼 다루는 조치는 말도 안 되는 잘못이다", "일본의 이번 조치는 그동안 큰 수혜를 입은 자유무역의 원칙에 반하며, 일본 경제에도 커다란 손실이 될 것이다. 보통 올림픽 주최국은 주변국과 갈등이 일어나길 원치 않지만, 일본은 주최국 자신이 주변과 마찰을 일으키고 있다", "1965년 한일 청구권협정으로 과거사 문제가 모두 해결됐다는 일본 정부의 기본 입장은 사실이 아니며, 아베 정권이 반복하는 것처럼 '해결이 끝났다'고 결코 말할 수 없다"고 밝혔다.

성명 말미에 "일본에서 BTS(방탄소년단)의 인기는 압도적이고, 매년

300만 명이 일본에서 한국으로 여행하고, 700만 명이 한국에서 일본을 찾고 있다", "우익과 혐오 스피치 세력이 아무리 외쳐도 일본과 한국은 중요한 이웃 나라로서 분리될 수 없다"고 강조하면서 "아베 총리는 일본 국민과 한국 국민의 사이를 갈라놓고 대립시키려는 걸 그만두라", "일본 정부는 한국에 대한 수출 규제를 즉시 철회하고, 한국 정부와 냉정한 대화와 토론을 시작하라"고 촉구했다.[14] 한국은 일본이 다원적 민주 사회임을 인정하고 위와 같은 생각을 가진 의식 있는 지식인과 민간단체, 비정부 기구와의 민간교류를 확대하여 한일 간 역사문제에 대한 공감대를 넓혀야 한다.

관계 개선이 필요한 이유는 당연히 한국의 국익을 위해서이다.

한국은 현 일본의 경제보복에 대해 국제사회에 부당함을 알리고, 한국의 대화 요구에 일본이 응할 수 있도록 해야 한다. 반도체 소재 분야는 '탈(脫) 일본화'를 추진하고, 정부 · 민간이 공동으로 적극적인 대안을 모색하여 잠재적 리스크를 줄이는 방향으로 나가야 한다. 사드배치에 대한 중국의 경제보복 사례처럼 일본의 수출 규제도 언제든 다시 발생할 수 있는 문제이므로, 같은 상황이 발생하지 않도록 단호한 태도로 대응하여 한국이 일본의 의도대로 되지 않는다는 것을 보여주어야 한다.

그러나 한일 관계 개선은 보다 큰 틀에서 접근해야 한다. 내년은 '21세기 새로운 한일 파트너십 공동선언' 20주년이 되는 해이다. 또한, 일본은 올해 아키히토 일왕이 퇴위하고 나루히토 새 일왕이 즉위하였다. 이에 일본은 연호를 '헤이세이'에서 '레이와'로 변경하고 30년 만에 새 시대를 맞이했다. 일본 경제는 아베 신조 총리가 즉위한 2012년 12월부터 74개월째 경제 호조를 이어가며 20년간의 장기 불황을 딛고 2020년 도쿄올림픽

14) 김정우, "와다 하루키 등 일본 지식인 75명, '수출규제 철회' 서명운동 개시," 『한국일보』(검색일: 2019.07.26.)

을 성대하게 치루어 경제 강국 일본의 면모를 세계에 보여주려 한다. 한국은 이 기회를 놓치지 말고 일본과의 관계회복에 나서야 한다. 양보하고 굽히라는 얘기가 아니다. 한국이 늘 그렇게 했던 것처럼 위기 속에서 기회를 잡으라는 것이다. 일본은 새 시대가 시작되었다고 기뻐하고 있으며, 올림픽 정신을 얘기하고 있다. 한일 관계 개선을 도모할 수 있는 시기를 놓치지 말고 '21세기 새로운 한일 파트너십 공동선언'과 그 공동선언을 이끌어 내는 과정을 되짚어보며 한국 정부가 해결의 모티브를 찾아야 한다. 우리는 평창 동계 올림픽을 통해 북한의 비핵화 선언을 이끌어내고 한반도 평화의 모멘텀을 만들었다는 것을 잊지 말아야 한다.

한반도 평화프로세스에 미 · 중 · 일 · 러와의 협력적 파트너십이 중요하다. 또한, 한 · 미 · 일, 한 · 중 · 일 협력 관계에서 한국의 역할과 포지셔닝에 한일 관계는 크게 영향을 미친다. 한일 관계가 좋을 때 한미 관계도 좋다. 한일 관계가 개선되면, 한국도 일본을 중국의 강압적인 압력에 외교적 지렛대로 사용할 수 있다. 한국은 일본 정부에 전 정부가 문서화 한 '21세기 새로운 한일 파트너십 공동선언'을 지켜가자고 제안해야 한다.

한국은 동아시아의 중대 사안에 대해 한국 패싱을 늘 염려한다. 그러나 우리나라의 지정학적 가치나 국제 사회적 영향력으로 볼 때 그냥 무시하고 가기엔 영향력 있는 나라로 성장했다. 한국은 글로벌 가치에 부합하는 역사적 정당성을 가지고 있으며 독도를 실효 지배하고 있다. 세계가 한국이 평화를 지키려는 노력하고 자유무역체제를 존중하며 민주주의를 수호하는 국가임을 인정한다. 이를 기반으로, 국력은 일본보다 약하지만 감정을 배제하고 냉철함을 유지하면서 한일 관계에 대응해야 한다.

한국은 일본에 대해 다시 한 번 포용정책을 발휘할 때가 왔다. 한일 관계가 좋아서가 아니라 위태롭기 때문이다. 중국은 지역 내 패권국이 되려하고, 미국과 일본이 이에 적극 대응하고 있다. 미국은 중국의 도전을 용

납할 수 없고, 일본은 한 · 미동맹을 이용하여 군사력을 강화하고 평화헌법을 개정하여 전쟁 가능 국가가 되려 한다. 중국의 모든 외교정책이 중국몽을 실현하는 것에 맞추어져 있는 것과 같이, 현재 극우 성향의 아베 정부의 대외 정책은 임기 내 숙원인 평화헌법 개정에 맞추어져 있다. 한국이 전범 국가의 책임을 주장하고, 대법원 판결을 앞세워 강제징용에 대한 배상을 요구하는 입장에서 일본이 이를 수용하거나 배상이 현실화될 경우, 과거사에 대한 인정이 평화헌법 개정에 걸림돌이 될 수 있기 때문에 이를 막으려는 것이다. 한국이 평화적 해결 방법을 적극적으로 모색해야 하는 이유이다. 평화헌법 개정 후 동아시아의 평화는 담보할 수 없다. 2차 세계대전 이후, 동아시아의 평화를 위협하는 여러 요소에도 불구하고 평화가 지켜졌던 것은 평화헌법이라 불리는 일본 헌법 제9조[15]로 인해 일본의 재무장이 불가능했기 때문이다. 한일 관계 악화는 평화헌법을 개정하여 재무장하려는 일본의 극우 세력에게 정당성을 부여해주는 것이다. 한국이 일본에 포용정책으로 대응함으로써 동아시아의 평화를 수호하는 파트너로서 서로를 인정하는 모습을 보여야 할 것이다.

4. 한반도 평화를 위한 최상의 시나리오

남 · 북 · 미 · 러의 협력

필자는 한반도에 가장 좋은 시나리오를 남 · 북 · 미 · 러의 협력으로 상정하였다. 미국이 미 · 중 패권전쟁의 승기를 잡기 위해 러시아와의 관계를 회복할 경우, 중국과 러시아의 관계가 약화될 수 있다. 러시아는 중

15) 일본 헌법 제9조: "일본국민은 정의와 질서를 기조로 하는 국제 평화를 성실히 희구하고, 국권의 발동에 의거한 전쟁 및 무력에 의한 위협 또는 무력의 행사는 국제분쟁을 해결하는 수단으로써는 영구히 이를 포기한다. 이러한 목적을 성취하기 위하여 육해공군 및 그 이외의 어떠한 전력도 보유하지 않는다. 국가의 교전권 역시 인정치 않는다."

국과 전략적 협력으로 미국에 대항하고 있지만, 미국과의 관계 회복 기회가 생긴다면 그 기회를 놓치지 않을 것이다. 유라시아 대륙에서 중국의 영향력 확대는 중앙아시아 · 독립 국가연합(CIS) 국가들에 일대일로를 통한 경제적 영향력 확대와 상하이협력기구(SCO)를 통한 정치적 영향력 확대로 나타나면서 중국과의 협력이 러시아의 영향력을 보완해주는 단계를 벗어나 러시아의 영향력을 약화시키는 단계로 접어들었다.[16) 유라시아 대륙의 두 강대국 중 · 러의 전략적인 협력 관계가 근본적으로 가지고 있는 한계점이며, 러시아는 중국으로 인해 누적된 갈등요인들이 중 · 러 긴밀화를 약화시키고 중국을 견제하는 요인으로 인식할 것이다.

필자는 러시아로 인한 중국견제가 가능해지고, 남 · 북 · 미 · 러의 협력 관계가 형성되면 동북아의 평화와 번영, 한반도 신경제지도 완성, 대중국 · 대일본과 한국의 대등한 외교 관계 정립이 가능할 것으로 예상한다. 남 · 북 · 미 · 러가 협력하고 한중, 한일 간 대등한 협력 관계가 형성되면 한반도 평화와 번영을 위해 필요한 계획의 실현이 가능하다. 북한의 완전한 비핵화와 시장경제로의 편입 유도, 한반도 평화정착에 따른 남북한 주도의 경제협력, 한반도-유라시아 철도연결, 송유관 · 가스관 · 전력망 등 메가 프로젝트급 남 · 북 · 러 경제협력, 한반도의 항구적 평화를 위한 동아시아 안보협력체 구성 등이 이루어질 것이다. 이러한 계획은 한반도에 대한 중국의 영향력이 약화될 때 실현 가능성이 높아진다. 아울러, 한반도에 대한 중국의 영향력 약화는 일본의 한반도 관여를 자극하지 않고, 중국견제를 빌미로 한 일본의 군사력 강화도 상당 부분 완화될 것이다. 동북아는 군사적 긴장이 완화되고 항구적 평화가 정착되며 상호보완적 경제 구조를 통한 경제협력이 가능해진다.

---

16) 홍현익, “주변 4국의 중국인식: 러시아의 대중국인식”, 『성균 차이나브리프』 1권 1호(2013), 87쪽.

미 · 러를 통한 중국견제, 미국을 통한 중 · 일 견제

이 구도에서는 미국의 한반도 영향력 유지, 미국을 통한 중 · 일견제, 러시아를 통한 중국견제가 이루어짐으로써 역내 국가들은 갈등을 통한 영향력 확대보다 협력을 통해 발전적 관계를 형성하려 할 것이다. 반대로, 중국이 공세적으로 한반도에 영향력을 투사하게 되면 남 · 북 · 중 접경지역의 경제협력이 일대일로 전략 내로 편입되어 중국이 경제협력의 주도권을 가지게 될 것이다. 또한, 중국은 일대일로를 한반도 내로 확장하고, 나진 · 청진항을 이용한 경제적 · 군사적 영향력 확대, 동해를 통한 북극해 진출 전략을 모색할 것이다.

2018년 6월 20일 시진핑 주석이 11년 만에 북한을 공식 방문하여 열린 북중 정상회담에서 "중국은 조선(북한)이 자신의 합리적 안보 및 발전에 관한 관심사를 해결할 수 있도록 힘이 닿는 한 도움을 주겠다."고 말해 북한의 체제보장과 경제적 지원 의사를 보였다. 또한 중국이 한반도 문제에 관해 "적극적이고 건설적인 역할을 하겠다."고 말해 한반도 문제에 대한 중국의 적극적인 개입을 시사했다.[17] 이는, 한국과 미국의 의도대로 한반도 문제가 해결되는 것을 막겠다는 의미를 내포하고 있다. 북한을 통한 중국의 영향력 확대는 남 · 북 · 미 · 일 · 러에 위협으로 인식될 것이다. 따라서, 중국 영향력 확대에 대한 견제가 이루어지지 않는다면 다시금 동북아의 긴장을 초래할 수 있다. 결과적으로, 미 · 러에 의해 중국견제가 이루어지지 않으면 미국은 지금과 같이 일본을 통한 중국 견제에 나설 것이고, 이는 한반도와 동북아의 평화를 저해하는 요인으로 작용할 것이다. 따라서, 남 · 북 · 미 · 러의 협력이 한반도의 항구적 평화를 위해 가장 좋은 시나리오이다.

---

17) 연합뉴스, "北김정은 '인내심 유지할 것'…한반도 문제 해결 성과 원해" (검색일: 2019.06.21.)

마치며

한국은 동북아 중견국으로써 100여 년 전 약소국 한국에 규정된 결정론적 지정학을 극복하고, 자주적이고 능동적인 한반도의 전략적 지정학을 정립하여 다음과 같은 질문에 원칙과 일관성에 기반한 답을 스스로 찾아가야 한다. 소규모 개방경제이면서 미국과 중국 수출 비중이 37%에 달하는 한국은 장기화될 미 · 중 무역전쟁과 양국의 보호무역주의, 그 과정에서 한국이 미 · 중 간 선택을 강요당하는 딜레마를 어떻게 극복해야 할 것인가?' 또, '중국의 경제성장률 하락과 점증하는 차이나 리스크로 인한 중국발 경제위기의 위험에 대해 어떻게 대비해야 할 것인가?', '미 트럼프 행정부의 더 공정하고 호혜적인 무역 관계 형성'을 중심으로 한 '새로운 미국의 시대'에 대한 한국의 대응은 어떠해야 하는가?', '동북아에서의 영향력 확대와 자국의 안보 · 자원 · 시장 확보를 위한 미 · 중 · 일 · 러의 치열한 지정학 전략의 최전방에서 한국은 어떠한 전략을 펴야 하는가?'

한국은 변화하는 역내 역학 관계에서 미 · 중 · 일 · 러의 지정학적 전략을 파악하고 4강과의 협력적 파트너십을 유지해야 한다. 그러나 협력적 파트너십 형성에 있어서 한국은 당당하고 자주적인 태도로 임해야 한다. 이러한 맥락에서 한반도의 미래 100년을 위해 전략적 지정학의 정립이 필요하며, 한반도의 전략적 지정학을 바탕으로 한 자주적 국가전략 수립이 필요하다.

한반도의 전략적 지정학은 명확한 지정학적 가치와 목표 아래 설정되어야 하고 지정학을 강화할 수 있는 지경학적 전략이 함께 수립되어야 한다. 강대국들이 지정학과 지경학의 상호작용으로 자국의 영향력을 확대하는 것과 같이 한반도의 전략적 지정학도 외교 · 안보 · 경제발전이 상호보완적이고 유기적으로 연동하도록 정립되어야 한다. 한반도 신경제지도와 연계된 신북방정책과 신남방정책은 한국의 정치 · 경제 · 외교 · 안보 · 문화적 측면에서 외연을 확장하고 협력 관계를 구축하는 한반도 지정학의 영역을 확장하는 전략이라 하겠다. 4강 중심의 경제협력을 확장하여, 한국 경제의 개방성을 유지하면서 대중국 경제의존도를 낮추고 북방 경제협력과 남방 경제협력을 통한 경제협력 국가 다변화와 고부가가치 서비스산업과 4차 산업혁명에 부합하는 신성장동력 창출 방안을 모색해야 한다.

한국은 경제는 중국에, 안보는 미국에 의존하면서 야기된 경제 · 외교 · 안보의 불균형으로 인해 갈등요인을 안고 있었다. 사드배치와 같은 외교 · 안보적인 문제가 중국의 경제보복으로 이어지면서 한국의 경제적 타격뿐만 아니라 외교적 입지가 축소되는 결과를 낳았다. 미 · 중은 동아시아 국가들에게 미 · 중 무역분쟁의 핵심 사안들을 편가르기를 위한 선택지로 계속 제시하고 선택을 강요함으로써, 미 · 중 대결구도를 확산하고 자국에 유리한 방향으로 미 · 중 무역전쟁의 전선을 확고하게 형성하려 할 것이다. 미국은 최근 한국에 반(反) 화웨이 캠페인 동참, '항행의 자유 작전' 참여 요청에 이어, '호르무즈 해협 호위 연합'을 위해 함대를 파견해 줄 것을 요청했다. 중국과 전면적인 무역 전쟁을 벌이고 있는 미국은 '인도-태평양 전략'에 합류하지 않는 한국이 미국의 동맹국으로서 미국에 신뢰를 주지 못한다고 여기고 있었다. 트럼프 대통령의 방한을 계기로 한국이 신남방정책과 인도-태평양 전략의 조화로운 협력을 발표한 것은 한미 간 신뢰 회복에 좋은 모멘텀이 되었다고 생각한다.

동아시아는 갈등과 협력이 상호 견제와 균형을 이루던 시기에서 갈등이 증폭되고 대결구도가 심화되는 상황으로 이행하고 있다. 따라서 동아시아의 정치 · 경제 · 군사 · 안보적 불확실성이 높아지고 있다. 불확실성이 높다는 것은 반대로 상황이 고착화되지 않고 가변적임을 의미한다. 한국은 가변적인 동아시아의 정세를 이용해 경제 구조를 개선하고, 외교적 영향력을 넓히며, 한반도 평화를 정착시키는 기회로 삼아야 한다. 한국은 한국의 안보와 한반도의 비핵화 · 평화체제 정착을 위해 한 · 미동맹을 흔들림 없이 유지해야 함에는 변함이 없다. 북한 비핵화와 한반도 평화프로세스의 진전을 위해 한 · 미동맹은 한국의 안보에 있어서 절대적이다. 2019년 7월 11일 미 의회 사상 처음으로 2020회계연도 국방수권법안에 '외교를 통한 대북 문제 해결과 한국전쟁의 공식 종전을 촉구하는 결의'가 포함되었다.[18] 비록 구속력은 없지만, 그동안 대북정책에 있어 트럼프 정부와 대립각을 세웠던 미 의회에서 북한과의 관계 개선을 추구하고 종전과 평화협정 체결을 추진하자는 결의가 채택된 것은 상당히 고무적인 일이다. 또한, 지정학적으로 중국과 한국은 뗄 수 없는 관계로 동북아 평화 유지, 한국의 높은 대중 경제의존도, 동북아 안보 경제협력공동체 형성, 북핵 문제 해결을 위해 중국과의 협력적 파트너십 유지가 필요한 것도 주지의 사실이다.

한국이 미 · 중 갈등 상황이 발생하는 개별 사안마다 국익을 최우선으로 하는 합리적인 결정을 하지 못하는 가장 큰 원인은 한국의 높은 대중국 경제의존도에 의한 중국의 경제 무기화, 경제보복이다. 지난 30여 년간 한중 상호보완적 경제 구조와 아시아 경제의 세계 경제성장 주

18) 오피니언, "[사설] 미 의회의 한국전쟁 종전촉구 결의 환영한다", 『경향신문』 (검색일: 2019.07.15.)

도로 한국과 중국은 경제 관계에 있어서 상호 윈-윈하는 관계였으나 한국의 지나치게 높은 대중국 경제의존도는 한국 경제가 중국경제 동조화와 종속 관계 심화로 한국 경제 구조의 아킬레스건이 되었다. 한국은 현재 미 · 중 무역전쟁의 파고를 넘기 위해서만이 아니라 미래 한국을 위해 대중국 경제의존도를 낮추는 중장기적 전략을 수립해야 한다. 중국에 대한 의존도를 낮춰야 경제보복에 대한 영향력을 감소시킬 수 있고 한반도 비핵화와 평화프로세스 과정과 그 후의 남북중 경제협력, 동북 3성 지역에서의 다자 경제협력, 동북아 공동체형성 등의 사안에서 중국과 대등한 협력을 할 수 있다. 강한 상대에게 약하고 약한 상대에게 강한 중국의 태도를 파악하고 역내 중견국이자 중국의 대등한 경제협력 파트너로서 자주적이고 소신 있는 정책을 추진해야 한다.

한국은 미 · 중 무역분쟁이라는 도전에 응전하면서 취약점을 개선하고 장기화될 미 · 중 패권전쟁에서 한국이 나아갈 방향과 비전을 정립해야 한다. 미 · 중 무역분쟁을 한반도의 전략적 지정학을 수립하는 계기로 삼아야 한다. 4강과의 협력적 파트너십을 유지하면서 신북방 · 신남방 정책으로 한국의 영향력을 확대하여 안정적인 국제정치 · 경제적 환경을 조성해야 한다. 또한, 한 · 중 경제협력의 체질 개선의 기회로 삼아야 한다. 중국 산업구조의 변화와 경쟁적 환경, 기술격차 축소에 대해 경각심을 가지면서도 중간재 수출로 계속 흑자가 나고 있는 상황에서 산업구조 조정은 쉽지 않다. 이번 기회를 통해 중간재 수출에 편중된 대중국수출 구조를 개선해야 한다. 중국에 편향된 경제 구조를 개선하려는 노력과 함께 중국과의 외교 관계의 자주성을 회복해야 한다. 중국이 정치적 · 경제적 힘으로 한국을 제압하여 중국의 질서 아래 두려는 시도에 한국은 단호하고 의연한 태도를 보여야 한다. 이것이 중국과 대등한 외교적 · 경제적 협력의 틀을 구축하는 방안이 될 것이다. 한국은 중국에 한 · 미동맹과 상호존중을 바탕으로 한 한중 관계 유지가 가능함을 인식시키는 계기로 삼아야 한다.

한국은 미·중 무역분쟁을 직시하되 과대 해석하여 심리적인 불안감을 키우는 것을 경계해야 한다. 미·중 무역분쟁 과정에서 발생하는 개별 사안에 지나치게 침착(沈着)하거나, 양자택일 상황에서 선택하더라도 나머지 국가로부터 경제보복, 외교적 고립 상황에 놓이지 않도록 외교적 노력을 기울여야 한다. 한국의 대중국 의존도가 높은 상태에서 중국을 자극하여 경제보복의 본보기가 되지 말아야겠지만, 지금과 같이 불확실성이 높은 상황에서 한·미동맹이 흔들리는 것은 한국이 더 큰 어려움에 직면할 가능성이 있음을 염두에 두어야 한다.

한국은 2차 세계대전 후 세계 경제의 고도성장과 무역확대, GATT 체제에서 선진국-개도국간 무역의 비대칭적 혜택 등 우호적 국제경제 환경을 잘 이용하여 세계 역사에 유례없이 짧은 기간에 빈곤과 저개발을 탈피하고 경제 대국으로 변모했다. 또한, 한국은 지난 70년 동안 오일쇼크, 아시아 외환위기, IT 버블 붕괴, 글로벌 금융위기 등의 경제위기 극복과 70년대 노동집약적 공산품 수출에서 중화학공업 육성정책으로 전환, 90년대 개방화와 2000년대 글로벌화에 효과적으로 대응하면서 위기를 기회로 만든 저력 있는 국가이다. 최근 한국무역협회의 발표에 따르면, 미·중 무역분쟁으로 우리나라가 대세계수출에 영향을 받는 정도는 0.1%, 대중 수출의 경우 0.04%로 예상했다. 현재 지속되고 있는 글로벌 경기 둔화는 세계적인 추세로 중국, 일본 등의 수출 역시 마이너스이며 인도를 비롯해 빠르게 성장하는 개도국의 경제발전도 현저히 둔화하고 있다. 미·중 패권전쟁의 일환인 미·중 무역분쟁은 패권을 지키려는 미국과 도전국 중국이 겪어야 할 필연적인 결과이자 과정이다.

우리 경제가 지금까지 역사의 파고를 넘어왔듯이 이번 위기를 한국 경제발전의 기회, 한반도의 전략적 지정학이 한반도 평화체제와 한반도의 미래를 준비하는 한국 경제 · 외교 · 안보에 갖는 함의는 자강이다. 100년 전 조선이 꿈꾸었지만 이루지 못한 자강을 한국의 높아진 국제적 위상과 경제발전의 자부심을 바탕으로 개방경제이면서도 특정 국가에 과도하게 의존하지 않는, 한 · 미동맹을 유지하면서도 자주국방의 길을 모색하는, 4강의 지정학적 전략에 한반도의 전략적 지정학으로 대응하면서 한반도 자강의 길을 스스로 찾아가야 한다. 위기의 때에 당면한 현안에만 함몰되지 말고 자강을 통해 한반도의 미래를 준비해야 한다. 그 과정은 한반도의 힘을 통합하고 민족이 화합하고 한반도가 번영하는 길이 될 것이다.

이제 강대국 편가르기에 한국도 어느 편에 확실히 서야 하는 강력한 압박에 직면했다. 한반도를 둘러싼 동북아의 상황이 호락호락한 때는 없었다. 그러나 지금의 상황은 역사의 한 페이지에 남을 만큼 쉽지 않다. 한국의 선택 하나 하나가 신중해야 하는 이유다. 지금까지 한국은 높은 세계사적 파고에 잘 대응해왔으며, 오히려 그것은 정치적 · 경제적 · 군사적 발전의 동력으로 삼아왔다. 한반도는 분단 70여 년 만에 평화체제를 구축할 절호의 기회를 맞았다. 동북아의 역동성을 이용해 남북미가 합의한 한반도 평화를 위한 동력을 살리고 현실화해야 한다. 우리의 선택은 국익을 위한 전략적인 선택이어야 하며, 대한민국의 자강(自强)과 미래 한반도 100년을 위한 자주적인 선택이어야 한다. 대한민국은 지금의 혼란에 차분하고 의연하게 대처하면서, 모두가 위기라고 받아들일 때 기회로 삼는 지혜가 필요한 시점이다.

감사의 글

필자는 대학을 졸업한 후 중국의 개혁·개방의 시기에 중국의 주재원 생활을 시작하였다. 이후 한국에 돌아온 후에도 정기적으로 중국을 방문하여 중국의 변화상을 목도하면서 한·중 관계의 과거와 현재, 미래에 대해 깊은 관심을 갖게 되었다. 주재원 시절의 중국과 그 후의 변화, 중국 대륙의 통일과 한국 침략의 역사, 구한 말 서세동점의 시기와 한국전쟁에 대한 중국 개입의 역사적 의미, 끝이 보이지 않을 것 같은 중국의 부상, 필연적으로 직면하게 될 남북한 통일 과정에서의 중국의 영향력, 중국의 국력이 변함에 따라 함께 변해 온 중국인의 한국인에 대한 인식과 세계 속에서 중국을 평가하는 시각의 변화, 사회주의 체제가 시장규칙을 활용하고 자본의 이익을 국가의 이익에 종속시켜 부강해지는 위협적인 중국, 자본주의를 일부 수용하여 세계화에 이용하면서도 견고하고 조직적으로 통제되는 사회, 중국의 영향력 확대가 한반도에 미칠 영향력 등 동북아에서의 중국의 부상이 통일을 바라는 미래 한반도에 미칠 영향력에 대한 의구심과 중국의 부상에 따라 한국에 닥칠 위협에 대한 대비가 필요하다는 절박감에서 다시 공부를 시작하게 되었다. 또한, 한반도를 둘러싼 미·중·일·러 4강의 변화와 동북아에서 4강의 영향력에 대해 연구하던 중 수년 전 가까운 분의 권유로 시베리아 횡단열차를 탄 것이 계기가 되어 러시아에 대한 학문적 호기심과 폭넓은 이해의 필요성에 따라 모스크바 국립대학에서 공부를 시작하게 되었고, 2018

년부터 대통령직속 북방 경제협력위원회에서 활동하면서 한국의 신북방정책과 러시아의 신동방정책의 협력, 한반도 평화체제 하에서의 남·북·러 경제협력, 중앙아시아 국가들과의 경제협력을 통한 한국 경제의 신성장동력 확보에 대한 가능성을 확인할 수 있었다.

이 책이 나오기까지 많은 분들이 삶의 스승이자 멘토로서 참 가르침을 주셨습니다. 저의 삶에 꿈과 희망과 지식을 주신 분들입니다. (전)통일연구원 허문영 박사님, 킹더마이저 이방석 대표님, C&H 차신희 부회장님, (전)푸르덴셜생명 제임스 스펙만최 회장님, (전)서울대 윤영관 교수님, 연변과기대 김진경 총장님, 김옥규 교수님, 신흥고 신희섭 선생님, 세종연구소 백학순 소장님, 주독일 정범구 대사님, (전)주러시아 우윤근 대사님, (전)베트남 박노완 총영사님, 연세대 문정인 교수님, 남북물류포럼 김영윤 대표님과 추원서 박사님, 중앙고 김종필 교장선생님, 성균관대 이준식 교수님, KDI 정권 교수님, 연세대 교육행정 지도교수 김혜숙 교수님과 학우들, 중국북경대학 지도교수 김경일 교수님, 모스크바 극동연구소 김영웅 교수님, 슬라브유라시아 학회 이상준 교수님, 홍완석 교수님, U21 김승동 이사장님, 이대식 실장님, (전)통일부장관 정동영 민주평화당 대표님과 북방 경제협력위원회 초대 위원장이신 송영길 위원장님께 깊은 감사를 드리며, 원광대 한중 관계연구원 교수님들, 의형제 정창, 김태준, 피터양, 최영, 신대식, 동예렘, 이장한, 부족한 연구를 책으로 엮어주신 출판사 논형 소재두대표님과 심재진 기획팀장님께도 감사의 말씀을 드린다.

아직은 많이 부족한 책입니다. 사랑하는 아내와 딸(유빈), 아들(찬희)에게 늘 고맙습니다. 사위의 미래를 위해 기도해주시는 장모님과 홍, 란,

미, 덕 4남매의 우애를 가장 중시하는 어머님과 하늘나라에 계시는 막내가 큰 인물이 되도록 늘 깨우쳐주시는 아버님께 이 책을 드립니다.

마지막으로 한량없는 은혜와 축복을 주신 하나님께 감사의 기도를 드린다.

2019. 8. 8

최재덕

참고문헌

강선주, “지경학(Geoeconomics)으로서의 미국의 인도-태평양 전략”, *IFANS (Instituet of Foreign Affairs & National Security)* (2018) 주요국제문제분석, 3쪽.

강태호, “기획 푸틴의 동방외교와 극동개발의 국제정치 1”, 『투코리아』 (검색일: 2017.12.13.)

______, “새로운 안보 질서의 모색”, 『투 코리아』 (검색일: 2019.05.02.)

______, “탈핵의 에너지 전환과 아시아 수퍼그리드”, 『한겨레』 (검색일: 2017.12.01.)

고정호, 중국현대를 읽는 키워드 100 ‘일대일로’, 네이버 지식백과 (검색일: 2018.05.03.)

곽예지, “美 ‘하나의 중국’ 사실상 폐기… 미 · 중 갈등 전면전”, 『아주경제』 (검색일: 2019.07.01.)

김대영 외, “G2 무역전쟁은 위기이자 기회…中 의존도 낮추는 계기 돼야”, 『매일경제』 (검색일: 2018.11.06.)

김대우, “[파리기후협정 타결 이후…] 신재생에너지 갈길 먼 한국…OECD국 중 최하위”, 『헤럴드경제』 (검색일: 2017.06.08.)

김동규, “철도공동체 구축되면 동아시아 1일 생활권 · 최대 경제권 부상”, 『연합뉴스』 (검색일: 2019.04.24.)

김봉수, “美 국무부, 대만에 2.6조대 최신형 탱크 · 미사일 판매 승인”, 『아시아경제』 (검색일: 2019.07.10.)

김선경, “김승호, WTO이사회서 일본은 ‘유구무언’”, 『CBS 노컷뉴스』 (검색일: 2019.07.28.)

김영채, “양회에서 사라졌어도 중국제조 2025 가속페달”, 『한국무역신문』 (검색일: 2019.03.21.)

김정우, “와다 하루키 등 일본 지식인 75명, ‘수출규제 철회’ 서명운동 개시,” 『한국일보』 (검색일 2019.07.26.)

김중호, “美국방부 보고서 ‘中 일대일로 명분 해외기지 늘릴 것’”, 『노컷뉴스』 (검색일: 2019.05.10.)

______, “시진핑, 홍콩 시위 직접 개입할까…‘톈안먼 참사 재현 우려까지’”, 『노컷뉴

스』(검색일: 2019.07.10.)
김창모, "중국 주변국도 '일대일로' 반발", 2018년 4월 20일 (검색일: 2018.05.25.)
김충남, "국유기업 · 부채 리스크? 발등의 불…바오류도 불투명", 『문화일보』 (검색일: 2019.05.09.)
김태성 · 이상현, "중국의 군사력 증강(强軍夢)에 따른 한국의 전략적 대응방향", 『한국동북아논총』 제23권 3호, 94쪽.
김혜경, "中, 서태평양서 패권 확장…대미 방어선 '제3열도선'부상", 『뉴시스』 (검색일: 2019.05.07.)
나일 보위, "천안문 사태 30주년, 재연 가능성 우려하는 홍콩", 『아시아타임즈코리아』 (검색일: 2019.06.15.)
남지원, "유명희 통상교섭본부장 '미 업계도 체감…목소리 내겠다는 입장," 『경향신문』 (검색일: 2019.07.29.)
네이버 지식백과, "신창타이(신常態), 중국 현대를 읽는 키워드 100, 국민대학교 중국인문사회연구소" (검색일: 2019.03.02.)
______, "남중국해 분쟁"(KIDA 세계분쟁 데이터 베이스, 한국국방연구원) (검색일: 2018.03.15.)
동아닷컴, "中 '일대일로' 맞서 美-日-印-호주판 일대일로 나오나", 2018년 2월 21일 (검색일: 2018.06.30.)
러시아 중앙은행(The Central Bank of the Russian Federation) 통계. (https://www.cbr.ru/eng/statistics/macro_itm/svs)
문동성, "홍남기 '日, 화이트리스트 제외 강행시 광범위한 피해 우려'," 『국민일보』 (검색일: 2019.07.29.)
문병기, "美 '한미동맹이 인도-태평양 전략의 린치핀'…中 견제 공조 시사", 『동아닷컴』 (검색일: 2019.07.04.)
문유근, "유럽까지 외연 확장하는 중국 '일대일로'-'차이나벨트 막아라' 美 · 中 또 다른 경제전쟁", 『매경이코노미』 (검색일: 2019.2.25.)
문화일보, "주변국 분쟁 셀프해결?…中 '一帶一路재판소' 만든다", 2018년 6월 28일 (검색일: 2018.07.05.)
민귀식, "중국이 재채기하면 독감 걸리는 한국 경제", 『오마이 뉴스』 (검색일: 2015.10.15.)
박종상, "한반도의 지정학적 분석과 국가발전전략", 박사학위논문, 경기대학교 정치전문대학원, 2012, 15쪽.

박종수, “왜 다시 북방인가?”, 동북아연구재단 편, 『북방에서 길을 찾다』, 서울: 디딤터, 2017, 19~51쪽.
배기찬, “신한반도체제의 형성과 북방협력의 미래”, 『2019 유라시아 정책세미나 ‘신한반도체제’의 형성과 한국-중앙아시아 협력』, 29~30쪽.
서동주, “러중 관계: 국제질서 재편에의 조응과 전략적 합주(合奏)”, 2019 대러 외교공동학술회의 자료, 11쪽.
서울신문, “위기의 ‘일대일로’…中 내부서도 ‘참여국 재원부족’”, 2018년 4월 16일 (검색일: 2018.07.11.)
서정경, “중국의 강대국 정체성과 주변 외교의 발현”, 『국제정치총론』, 제56권 3호, 2016.
세계일보, “세계 최강 대국 도약… 시진핑의 ‘중국몽(夢)’”, 2017년 10월 18일 (검색일: 2018.04.21.)
송홍근, “‘DJ외교 책사’ 최상용 “文, ‘98년 김대중’에게 배우라,” 『신동아』 (검색일: 2019.07.28.)
신경진, “美의 화웨이 공격에 중국 반격 ‘IT부품 수입 때 안보위험 심사’”, 『중앙일보』 (검색일: 2019.05.26.)
신화망, “시진핑, 인민군대를 세계 일류로 건설하기 위해 노력하자”, 2017년 7월 24일 (검색일: 2018.06.29.)
아시아경제, “‘골’ 깊은 중국-베트남, 반중 시위로 긴장고조”, 2018년 6월 14일 (검색일: 2018.06.15.)
아주경제, “[인민화보] ‘일대일로’의 새 장을 쓰다”, 2017년 6월 22일 (검색일: 2018.05.13.)
______, “미국은 보호주의, 중국은 패권 확장?… 일대일로 ‘반발’ 커져”, 2018년 4월 21일 (검색일: 2018.05.13.)
안승섭, “중국 부채통계 허구…공공부채, GDP의 140%”, 『MIDAS』 2019년 5월호 (검색일: 2019.04.20.)
______, “중국 일대일로 참여국 부채비율 높아…자금부족 우려”, 『연합뉴스』 (검색일: 2018.09.03)
연합뉴스, “北김정은 ‘인내심 유지할 것’…한반도 문제 해결 성과 원해” (검색일: 2019.06.21.)
______, “미국 ‘한일 갈등’, 공조에 도움 안돼” (검색일: 2019.07.14.)
______, “일대일로는 빚 좋은 개살구”, 2018년 1월 25일 (검색일: 2018.05.25.)

______, “中, ‘일대일로’ 프로젝트로 전세계 6대 경제회랑 추진” (2015년 5월 28일)
______, 폼페이오 “인도 · 태평양에 1천 200억원 투자”…中 ‘일대일로’ 맞불 (검색일: 2018.09.01.)
______, “‘영 · 불 · 독’ 이란 핵합의 지켜져야…대화 나서라” (검색일: 2019.07.15.)
예영준, “북한 영토, 99년간 中이 들어가 무역특구로 개발해야”, 『중앙일보』 (검색일: 2018.10.10.)
오피니언, “[사설] 미 의회의 한국전쟁 종전촉구 결의 환영한다”, 『경향신문』 (검색일: 2019.07.15.)
외교부, 2018 러시아 개황, http://down.mofa.go.kr (검색일: 2018.08.01.)
위클리 공감, “‘국민안전’, ‘에너지효율’ 판단은 국민의 몫”, 『대한민국 정책브리핑』 (검색일: 2017.09.03.)
윤명환, [수지향] “고구려적 세계관으로 보는 미래한국”, kmablog. (검색일: 2019.05.06.)
윤성학, ‘러시아 투자의 패러독스: 2012~2016년 러시아 외국인직접투자 부진 원인에 관한 연구,’ 『슬라브 연구』 33권 2호, 1-20쪽.
______, “왜 다시 북방인가?”, 동북아연구재단 편, 『북방에서 길을 찾다』, 서울: 디딤터, 2017, 113-115쪽.
윤영관, 『외교의 시대』, 서울: 미지 북스, 2015, 59쪽.
윤완준, “中 ‘단둥-평양-서울-부산 연결’”…“일대일로 한반도 확장 첫 명시”, 『동아닷컴』 (검색일: 2019.03.02.)
______, 동아닷컴, “中 ‘단둥-평양-서울-부산 연결”…일대일로 한반도 확장 첫 명시” (검색일: 2018.09.18.)
윤용선, “중국 부채의 불편한 진실4가지…포스코경영연구원, ‘GDP대비 253%’경고”, 『글로벌 이코노믹』 (검색일: 2019.01.31.)
이기성, “美 비자 규제에 中 유학생들 ‘좌절’…취업 포기 · 귀국 속출”, 『SBS NEWS』 (검색일: 2019.04.30.)
이동훈, “실크로드 영광 재현하겠다던 중국의 ‘일대일로’, 곳곳에서 파열음” (검색일: 2018.08.04.)
이민영, “일본, 인도태평양 지역개발 지원에 총력…중국견제”, 『아시아투데이』 (검색일: 2018.09.03.)
이상국, “중국의 2019년 전반기 전략 동향 평가 및 함의, 동북아 안보정세 분석”, 한국국방연구원 (검색일: 2019.06.22.)

이상해, “中外中 물류환경 변화와 나진 · 부산항 연계 전략”, 『KMI 물류리포트』 제 14-12호 (2014).
이성현, “미국의 대중국 전방위 압박, 트럼프 이후에도 지속된다”, 『중앙일보』 (검색일: 2019.04.24.)
______, “정세와 정책”, 2018년 제17호 (2018.12.12.), 『세종연구소』, 1-3쪽.
이세현, “폼페이오 ‘北이 필요로 하는 체제안전 보장 갖춰져야,’” 『매일경제』 (검색일: 2019.07.13.)
이승욱, “닐 스미스의 지리정치경제학, 제국, 그리고 신자유주의”, 『공간과 사회』 제 25권 4호, 2015, 67쪽.
이승주, “동아시아 지역경제질서의 다차원화: 지정학과 지경학의 상호작용”, 한국과 국제정치 제33권 제1호, 2017, 170쪽.
이용인, “한국 ‘미들파워’ 국가로 자신감 가져라-오공단 미국 국방연구원 동아시아 책임연구원 인터뷰 中”, 『한겨레』 (검색일: 2017.05.12.)
이장훈, “날개 단 중국의 진주목걸이 전략”, 『주간동아』 (검색일: 2018.05.20)
이재준, “‘韓반도체 소재 대체 추진, 일본에도 리스크’ 닛케이,” 『뉴시스』 (검색일: 2019.07.20.)
이정은, “美, 中에 환율전쟁 포문…한국도 사정권”, 『동아닷컴』 (검색일: 2019.05.25.)
이종헌, 『에너지 빅뱅』, 서울: 프리이코노미북스, 2017, 158-160쪽.
이주태, “한반도 국제포럼Ⅱ: 한반도 신경제지도와 주변국 협력” (검색일: 2018.10.03.)
이준기, [글로벌pick] “무역 · 군사 총망라…트럼프의 대中 강공, 왜?”, 『이데일리』, (검색일: 2019.05.07.)
이창재, “시진핑, 무역전쟁 속 상하이협력기구 회원국에 단합 촉구”, 『SBS 뉴스』 (검색일: 2019.06.15.)
이창주, 『일대일로의 모든 것』, 파주: 서해문집. 2017, 95쪽.
이태림, “푸틴 3기의 극동개발 법제와 우리의 전략”, 동북아연구재단 편, 『북방에서 길을 찾다』, 서울: 디딤터, 2017, 235-256쪽.
이현주, “한반도 신경제구상의 북방경제 협력 방향”, 『국토』 제443호(2018), 14쪽.
이현주 · 김원배, “중 · 몽 · 러 경제회랑 건설의 협력여건 분석”, 『동북아경제연구』 제29권 2호, 43쪽.
임강택, “판문점 선언과 한반도 신경제지도 3가지 지향점”, 『대한민국 정책브리핑』

(검색일: 2018.09.04.)
“日 경제보복, WTO 제소...승소 가능성 있을까,” 『노컷뉴스』 (검색일: 2019. 07,15)
장재은, “[무역전쟁 1년] 공정무역 빙자한 미 · 중 패권 다툼…지구촌 전쟁터로”, 『연합뉴스』 (검색일: 2019.03.17.)
정상균, 김은희, “정부 ‘원전 2038년까지 14기 감축’…월성1호기 조기 폐쇄”, 『파이낸셜뉴스』 (검색일: 2017.10.31.)
정여천, 『신북방 경제협력의 필요성과 추진방향』, 서울: 대외경제정책연구원, 2014, 35쪽.
정용환, “‘소련 봉쇄’ 47년 트루먼 독트린 vs ‘중국 봉쇄’ 2017년 ‘트럼프 독트린’”, 『중앙일보』 (검색일: 2017. 11.10)
정재호, 『중국의 부상과 한반도의 미래』, 서울: 서울대학교출판문화원, 2011, 428쪽.
정재흥, ‘중국의 강대국화 전략과 한국의 과제,’ 『세종정책브리프』 No.2019-05, 4쪽.
조지 프리드먼, 『21세기 지정학과 미국의 패권전략』, 서울: 김앤김북스, 2018, 216쪽.
주　원, “차이나 리스크, 교역 경로를 넘어선 중국 경제위기 전염가능성에 대비하자”, 『경제주평 18-28(통권 803호), 3~4쪽.
주간동아, “날개 단 중국의 진주목걸이 전략”, 2017년 1월 23일 (검색일: 2018.05.20.)
주간조선, “중국이 스리랑카 콜롬보항 접수에 공들인 이유”, 2016년 5월 9일 (검색일: 2018.05.23.)
차이나 매거진, “정부개입 강화하는 중국특색 사회주의 경제발전” (검색일: 2018.05.17.)
최윤식, 『앞으로 5년 미 · 중전쟁 시나리오』, 서울: 지식노마드, 2018, 347쪽,
최재덕, “일대일로의 이론과 실제: 중국의 지역패권주의 강화와 일대일로 사업추진에서 발생된 한계점”, 『한국동북아논총』 제23권 3호, 39~40쪽.
______, “차이나 리스크에 대한 대비와 한반도의 전략적 지정학 정립의 필요성”, 『슬라브 학보』 제34권 2호, 2019.
______, “한반도 신경제지도와 일대일로 협력의 기회요인과 위협요인: 북방 경제협력과 연계모색 중심으로”, 『평화학연구』 제19권 4호, 2018.
______, “한반도 평화체제 구축 과정에서의 남북한 주도권 강화 방안”, 『 국가전략』 제24권 4호, 2018.
최형규, “중국 동해 출구전략 2탄 북한 나선(나진 · 선봉)항 이어 청진항 운영권도 확보” (검색일: 2018.09.03.)

파이낸셜뉴스, "中 일대일로, 파산 임박한 파키스탄 때문에 좌초 위기", 2018년 7월 15일 (검색일: 2018.07.15.)
한국무역협회연구원, 『선진화된 구조로 세계 경제와 조화되는 한국무역』, 서울 : 한국무역협회 국제무역연구원, 2016, 1~2쪽.
한상희,"日 소프트뱅크, 아시아 재생에너지에 베팅", 『에너지경제』 (검색일: 2017.10.31.)
한영혜, "대만을 국가로 언급…美의 도발, 中 금기마저 건드렸다", 『중앙일보』 (검색일: 2019.06.15.)
허고운, "한 · 투르크 정상회담, 큰 성과 속 미래 기대된다." 『아시아투데이』 (검색일: 2019.05.16.)
홍건식, "시진핑의 중국몽과 정체성 정치: 일대일로, AIIB 그리고 패권정체성, 『국제정치논총』 제58권 1호, 2018.
홍은지, "권구훈 북방위원장 "중앙亞와 경협 추진 전략 3분기 내 수립", 『뉴시스』 (검색일: 2019.04.26.)
홍현익, "주변 4국의 중국인식: 러시아의 대중국인식", 『성균 차이나브리프』 1권 1호, 2013, 87쪽.
황대영, "한중 경제 동조화?…중국 성장률 하락하면 한국도 떨어져", 『데일리한국』 (검색일: 2019.03.15.)
China Economic News, "중국 외교의 정확한 의리관", 2016년 8월 11일 (검색일: 2018.05.13.)
NEWSIS, "中, '일대일로' 68국에 8조달러 지원…8개국 금융취약국 전락", 2018년 3월 5일 (검색일: 2018.07.01.)
NH 투자증권, "중국의 일대일로 구상, 아시아 관련국의 과도한 부채 심화를 초래", 2018 년 7월 5일 (검색일: 2018.07.15.)
Blackwill, Tobert D. and Jennifer M. Harris. 2016. "War by Other Means: Geoeconomics and Statecraft", Cambridge, MA: Harvard University Press.
Edward N. Nuttwak. 1990. "From Geopolitics to Geo-economics-Logic of Conflict, Grammar of Commerce", *National Interest* (Summer), pp.17-23.
Gerard Lemos. 2012. *The End of the Chinese Dream: Why Chinese People Fear the Future*. New Haven, CT: University Press.

Giovanni Arrighi. 2007. *Adam Smith in Bejing: Lineages of the twenty-first century*. London: Verso.

Halford J. Mackinder. 1942. "Democratic Ideals and Reality", New York: Henry Holtand Company, p150.

Henry Kissinger. 1994. *Diplomacy*. New York: Simon& Schuster, pp. 674~702.

Jeffrey A. Bader. "How Xi Jinping Sees the World…and Why", *Foreign Policy at BROOKINGS*, 2016.02.

Maria Hsia Chang. "China's Future: Regionalism, Federation, or Disintegration", *Studies in Comparative Communism*, Vol.25, No.3 (September 1992).

Martin Jacques. 2012. *When China Rules the World: The End of the Western World and the Birth of a New Global Order*, New York, Penguin Books, p.25

Nicholas J. Spykman. 1994. "The Geography of the Peace", New York: Harcourt, Braceand Company, p.41.

Peter Ferdinand. "Westward Ho-the China Dream and 'One Belt, One Road': Chinese Foreign Policy under Xi Jinping", *International Affairs* 92-4 (2016), p.946.

Regional Economic Outlook: *Asia and Pacific: Building on Asia's Strengths during Turbulent Times*, April. 2016.

Saul B. Cohen. 2003. "Geopolitics of the World System", Maryland: Rowman & littlefield, p13.

Smith, N. 2005. "The Endgame of Globalization", New York: Routledge. p.147.

대한책략

초판 1쇄 인쇄 2019년 7월 30일
초판 1쇄 발행 2019년 8월 8일

지은이 최재덕
펴낸곳 논형
펴낸이 소재두
등록번호 제2003-000019호
등록일자 2003년 3월 5일
주소 서울시 영등포구 양산로 19길 15 원일빌딩 204호
전화 02-887-3561
팩스 02-887-6690
ISBN 978-89-6357-229-1 94340
값 15,000원

이 도서의 국립중앙도서관 출판예정도서목록(CIP)은 서지정보유통지원시스템 홈페이지(http://seoji.nl.go.kr)와 국가자료공동목록시스템(http://www.nl.go.kr/kolisnet)에서 이용하실 수 있습니다. (CIP제어번호: CIP2019028860)